Königin in der einladenden, vielfältigen Welt der Vorspeisen.

(FOTO SECCHIAROLI)

Sophia Loren

Komm, iß mit mir

Bei Blanvalet

Aus dem Italienischen übertragen von Susanne Hurni-Maehler
Titel des Originals „In cucina con amore"
© Copyright 1971 by Rizzoli Editore, Milano
Deutsche Übersetzung © 1972 by Lothar Blanvalet Verlag in Berlin
Die deutschsprachigen Rechte besitzt der Verlag
Jede Vervielfältigung, auch im Wege des Nachdrucks, gleich welcher Form, ist untersagt
Die Farbfotos stammen von Wolf Soldati und Tazio Secchiaroli
Der Vertrieb dieses Buches innerhalb einer Buchgemeinschaft, auch als Werbeprämie, ist nur mit Einwilligung des Verlages gestattet
Für den Umschlag wurden 2 Farbfotos von Wolf Soldati verwendet. Die Beschriftung des Umschlages und des Einbandes entwarf das Atelier Bossin+Jahn in Berlin
Aus der Garamond auf der Fototronic bei Fotosatz Gleißberg & Wittstock in Berlin gesetzt und im Herbst 1972 bei der Süddeutschen Verlagsanstalt in Ludwigsburg gedruckt
ISBN 3 7645 3511 3 Printed in Germany

Inhaltsübersicht auf den Seiten 337 – 341

Für meine Großmutter Luisa

Ich bitte zu Tisch

Will man darangehen, ein Buch wie dieses zu schreiben, braucht es zweierlei: Zeit und Lust zum Kochen. Vom ersteren habe ich, zwischen einem Film und dem nächsten, immer wenig gehabt. Was dagegen das zweite angeht, so hatte ich stets große Lust dazu und habe immer noch welche; mit einer Einschränkung allerdings, und das ist die Notwendigkeit, mich zu beherrschen, um nicht Gefahr zu laufen, mir die Linie zu verderben.
Frühling, Sommer, Herbst 1968. Ich war in Genf, als freiwillige Gefangene in einem Appartement im 18. Stockwerk eines Luxushotels. Wie oft verwischte der dichte Bodennebel die Stadt unter meinen Augen, und es kam mir vor, als schwebe ich im Himmel, in einer allein von mir bewohnten Welt – von mir und meiner großen Hoffnung, die mir half, die Langeweile der Isolierung zu überwinden. Die Ärzte hatten mir geraten, jegliche Anstrengung zu vermeiden, und ich hatte mein Leben nur auf das eine Ziel gerichtet, das mir am Herzen lag: ein Kind zu haben. Was sollte ich in diesen langen Monaten tun? Was sollte ich tun, um die endlosen Stunden erzwungener Muße auszufüllen und die bange Sorge jeder Minute zu lindern? Gemeinsam mit meiner treuen Sekretärin fing ich an, in der Küche Speisen zuzubereiten. Zuerst beinah zum Spaß und dann wie eine tägliche Gewohnheit.
Eine Zeit phantastischer gastronomischer Erfahrungen begann für mich. Ich kramte alle meine Kindheitserinnerungen aus, die Erinnerungen an meine Reisen, an alles, was mir so viele Köche beige-

bracht hatten, und allmählich häuften sich meine Notizen in einem Heft in der Küche.

So ist dieses Buch entstanden. Mir ist es lieber als ein gelungener Film, denn es bringt mir jene Zeit des Wünschens und Bangens zurück, die Zeit, bevor Carlo junior geboren wurde, der die größte Seligkeit meines Lebens ist.

Wenn ich mich in den Bereich der Gastronomie hineinwage, strebe ich nicht danach, mit den großen Meistern zu wetteifern oder sie gar zu übertreffen. Was ich Ihnen hier vorlege, ist weder ein regelrechtes Kochbuch noch ein umfassender Rezeptkatalog. Es ist ein besonderes Buch, das Ihnen Gerichte vorschlägt, die ich selbst gern habe, und das Ihnen dann und wann außer dem Rezept auch einen Gedanken oder eine persönliche Erinnerung vermittelt. Dennoch sind meine Rezepte so ausgewählt, daß sie alle Aspekte der Kochkunst berühren. Außer ein paar exotischen Gerichten, die ich im Lauf meiner vielen Reisen entdeckt und mir zu eigen gemacht habe, ist die Grundlage meiner Kochkunst typisch italienisch. Ich weiß, viele Zutaten sind in den Läden außerhalb Italiens schwer zu finden. Aber ich weiß auch, daß es keine große oder mittelgroße Stadt im Ausland gibt, ob in England oder in Deutschland, in Frankreich oder Amerika, wo es nicht irgendein großartiges Geschäft mit einer reichhaltigen Auswahl an typisch italienischen Produkten gäbe. Will man also meine Rezepte befolgen, bedeutet das, daß man nach diesen Zutaten auf die Suche gehen muß. Um Ihnen aber zu helfen, habe ich daran gedacht, Ihnen auch alle anderen Möglichkeiten und gleichwertige Zutaten anzugeben, die überall, in jedem beliebigen amerikanischen, deutschen oder französischen Geschäft, leicht zu finden sind.

Nun bleibt mir nur noch, Ihnen viel Glück zu wünschen und höchste Sorgfalt anzuempfehlen, denn ich möchte gern, daß Sie mit meinen Rezepten großen Erfolg haben. Außerdem ist es eine Frage des persönlichen Stolzes. Bitte, blamieren Sie mich also nicht. Wenn Sie dieses Buch aufschlagen, sind Sie in meiner Küche willkommen. Lassen Sie uns gemeinsam essen!

Vorspeisen
Partygerichte

Der genaue Titel dieses ersten Kapitels müßte eigentlich lauten: Gerichte, die einem Lust aufs Essen machen, bei denen einem das Wasser im Mund zusammenläuft, die den Wunsch nach leckeren Genüssen erwecken ... Hier handelt sich's also gleichsam um die Vorhut der Feinschmeckerei. Es sind alles Gerichte, die ich besonders lustig, besonders schmackhaft und abwechslungsreich finde und die doch zugleich einfach sind. Gerichte, die ich mir aussuche, um eine Mahlzeit zu eröffnen, weil ich auf das klassische Horsd'œuvre verzichte, das zwar große Verdienste hat, aber immer aus der gleichen Auswahl von Wurstwaren und Fisch aus Konservenbüchsen besteht, alles Dinge, die man fertig kauft. Zugleich sind diese Gerichte, mit denen ich unsere Küchenfreundschaft beginne, sehr gut für Gelegenheiten geeignet, bei denen es sich nicht um „große Essen" nach allen Regeln der Kunst handelt, sondern um Feste, Partys, die sich vielleicht sogar im Freien abspielen, zum Beispiel an den Ufern eines Sees, in einem Garten oder auf einer Terrasse. Es sind wirklich sehr verlockende Speisen, die außerdem beim Transport weniger Gefahren ausgesetzt sind (wie viele Saucen „springen" aus der Küche an den Sonnenschirm!), und sie sind einfach zu servieren und ... zu essen.

Sellerieschiffchen Nr. 1

Beschaffen Sie sich ein paar schöne Sellerie, schneiden Sie die Knollen so, daß sie ungefähr wie Schiffchen aussehen, nachdem sie mit der Mischung gefüllt sind, die ich jetzt beschreibe: Man gibt 100 g Roquefortkäse mit einem Glas Milch und 150 g Quark in den Mixer. Wenn alles gut vermengt ist, gießt man die Mischung in eine Schüssel, fügt noch 150 g Quark hinzu, zwei Eßlöffel Zwiebelsaft (oder zwei frische, sehr fein gehackte Zwiebeln), Salz, Pfeffer, Paprika, einen Löffel Öl und ein paar feingehackte Stückchen von demselben Sellerie. Nun muß alles von Hand geknetet, verrührt und mit Schwung gestampft werden, bis sich eine zähe, aber geschmeidige Masse bildet, die man in den Kühlschrank stellt und erst in dem Augenblick herausnimmt, in dem man die Schiffchen damit füllt.

Sellerieschiffchen Nr. 2

Die Schiffchen sehen aus wie die vorher beschriebenen, aber die Füllung ist anders. Diesmal mischt man mit der Hand (ohne Mixer) in einer Schüssel: 100 g Thunfisch, 250 g Quark, eine gehackte Zwiebel, Salz, Pfeffer und Milch, soviel wie nötig ist, um die Masse weich zu halten. Nachdem man die Sellerieschiffchen mit dieser Masse gefüllt hat, garniert man sie oben mit geriebenen Karotten.

Lachsschaum in Schälchen

Das Gute an diesem Rezept ist unter anderem, daß man alle nötigen Zutaten schon fertig bekommt. Die Grundlage ist natürlich der Lachs, und zwar muß er aus der Konservenbüchse sein: für sechs Personen 600 g. Achten Sie darauf, daß Sie das ganze Fleisch herausbekommen und alle Gräten sorgfältig entfernen; dann wird es in den Mixer getan und mit einem Viertelliter Schlagsahne, die man schon vorher geschlagen hat, gründlich gemischt. Dies ist der Lachsschaum, den man in sechs mit ein paar Blättern Kopfsalat ausgelegte Schälchen verteilt. Obendrauf kann man den Schaum mit ein paar Tomaten- oder Zitronenscheibchen garnieren. Oder man kann ein paar Krabben und gehackte Petersilie darüberstreuen.

Geröstete Brotschnitten mit Auberginenmayonnaise

Auf der Platte im Backofen lassen Sie einige ungeschälte Auberginen rösten: Für sechs Personen braucht man ein Kilo. Wenn die Auberginen gut durchgebacken sind und die Schale sich ablöst, nimmt man sie aus dem Ofen, schneidet sie auf, schält alles Fleisch heraus und läßt es abkühlen. Unterdessen bereiten Sie zwei hartgekochte, feingehackte Eier sowie zwei oder drei Teelöffel Zwiebelsaft (oder eine winzig klein gehackte Zwiebel) zu und vermengen sie mit dem Auberginenfleisch, wobei Sie alles sorgfältig durchkneten, damit eine geschmeidige Masse entsteht. Außerdem richten Sie noch eine reichliche Tasse Mayonnaise an (oder nehmen sie aus der Tube) und mischen sie gründlich unter die Masse, die man dann im Kühlschrank aufbewahrt. Diese Creme streicht man auf geröstete Weißbrotschnitten oder gibt sie auch als Beilage zu gekochtem Fleisch, zu Fisch oder auch auf harten Eiern.

Variante:
Da diese Mayonnaise einen sehr zarten, exotischen, leicht „rauchigen" Geschmack hat, fügen manche noch etwas Pikantes hinzu, etwa ein wenig Sardellenfleisch. Mir persönlich ist es lieber ohne; aber wenn Sie wollen, probieren Sie es aus, und entscheiden Sie selbst, wie Sie es lieber mögen.

Meerrettichschnitten

Der Meerrettich ist jene Wurzel mit dem sehr scharfen Geschmack, bei dem einem die Augen tränen, auch „Kren" oder auf englisch „horse-radish" genannt. Nehmen Sie einen ganzen Meerrettich, lassen Sie ihn mindestens eine halbe Stunde unter fließendem kaltem Wasser liegen, damit sein beißendes Aroma herauszieht. Dann schälen Sie mit dem Messer die äußere Schale ab, schneiden das weiße Fleisch in ganz dünne Streifen, und zwar „à la Julienne", selbst wenn es Sie ein paar Tränchen kostet. Zu dem so zubereiteten Meerrettich gibt man einige Tropfen Essig, einen Teelöffel Zitronensaft und ein halbes Löffelchen Zucker. Dann vermengt man alles, und es bleibt nichts weiter zu tun, als diese Mischung auf eventuell mit Butter bestrichene dicke Schwarzbrotscheiben zu streichen.

Krebssalat mit Äpfeln

Dieses Rezept habe ich am liebsten von all den vielen Zusammenstellungen dieser Art, die ich an der Küste und auf den Inseln des Pazifiks gegessen habe. Beschaffen Sie sich Krebsfleisch, und schneiden Sie es in Würfel. Mischen Sie Mayonnaise darunter (nehmen Sie die fertige, wenn Sie es eilig haben), würzen Sie mit Zitronensaft, Salz und Pfeffer. Füllen Sie diese Mischung in Schälchen, die Sie vorher mit einem Blatt Kopfsalat ausgelegt haben, und stellen Sie sie in den Kühlschrank. Unmittelbar vor dem Servieren schälen Sie einen oder mehrere Äpfel, schneiden sie in kleine Würfel und streuen einen Löffel voll auf jedes Schälchen.

Eierschwämmchensalat und Gruyère

Besorgen Sie sich Pilze, fleischige Eierschwämme, putzen Sie sie und schneiden Sie sie in kleine Stückchen; fügen Sie in Würfelchen geschnittenen Gruyère hinzu, und zwar zu gleichen Teilen, dann ver-

*Sophia wurde mit dem « Halsband » eines
gastronomischen Ordens der Provinz Emilia ausgezeichnet.
Die Form der Medaille ist einem Dokument
aus dem 14. Jahrhundert entnommen,
das sich auf die « Corporazione bolognese dei Salaroli » bezieht.*

(FOTO SECCHIAROLI)

mengen Sie beides. Auch ein paar Stückchen Sellerie gehören dazu. Die Menge richtet sich je nach Geschmack, doch die Grundlage des Salats sind Eierschwämme und Gruyère. In einem Suppenteller würzen Sie gutes Speiseöl mit einer Prise Salz und stäuben frisch gemahlenen Pfeffer darüber. Dann gießen Sie dieses Öl über den Salat und vermischen ihn gut. Mehr braucht es nicht.

Zwiebelpâté

Mögen Sie gerne Pâté? Probieren Sie einmal, es folgendermaßen zurechtzumachen. Ich meine nicht, daß Sie alles von Anfang an selbst zubereiten sollen. Nehmen wir an, Sie hätten bereits ein gutes Pâté in Ihrer Küche, nach Hausmacherart, nicht etwa Gänseleberpastete. Fügen Sie zu 300 g Pâté 100 g Gorgonzola hinzu oder 80 g Roquefort, der pikanter ist, sowie zwei Löffelchen Zwiebelsaft. Mischen Sie, kneten Sie die Masse, so gut Sie können: Sie werden sehen, daß es sehr viel besser schmecken wird als das einfache Pâté.

Thunfischfrikadellen

200 g Thunfisch, einige Sardellenfilets, einen Löffel Butter und ein paar Kapern drehen Sie durch den Fleischwolf, rühren alles noch von Hand weiter, bis die Masse geschmeidig wird, und kneten sie zu einer

ovalen Form, die Sie in ein mit Öl ausgestrichenes Gefäß legen und in den Kühlschrank stellen. Mit dieser durch die Kälte festgewordenen und in Scheibchen geschnittenen Frikadelle können Sie Ihr Horsd'œuvre sehr wohlschmeckend bereichern. Beim Anrichten drücken Sie auf jedes Scheibchen ein wenig Mayonnaise aus der Tube und verzieren es mit einer Kaper.

Pasteten mit Krabbenfüllung

Kaufen Sie die Pasteten fertig, und nehmen Sie bereits geschälte Krabben. In eine Bratpfanne mit zerlassener Butter legen Sie ein paar kleingeschnittene Pilze und bestreuen sie mit Salz und Pfeffer. Sobald die Pilze anfangen zu bräunen, geben Sie die Krabben dazu und lassen alles noch ein paar Minuten auf dem Feuer. Wenn man ein paar Löffel Bouillon beifügt, bleibt die Masse am Boden der Pfanne flüssig. Gießen Sie auch ein paar Spritzer Kognak hinein. Zum Schluß binden Sie das Ganze, wenn es abgekühlt ist, mit einer fertigen Creme aus ein paar Löffeln Béchamelsauce und einem Eigelb. Wenn Sie merken, daß diese Creme mit Krabben und Pilzen zu dick ist, verlängern Sie sie mit ein wenig flüssiger Sahne. Dann ist alles fertig. Füllen Sie die Pasteten, legen Sie auf jede ein frisches Tomatenscheibchen und geben Sie einen Tropfen Ketchup darauf.

Neapolitanische Schnitten

Schneiden Sie zwölf Scheiben Weißbrot (zwei pro Person) von etwa 8 bis 10 Zentimeter im Quadrat. Auf jede Schnitte legen Sie eine Scheibe Mozzarella, ein oder zwei Sardellenfilets (das hängt vom persönlichen Geschmack ab), ein paar Stückchen oder auch eine ganze Scheibe einer frischen Tomate; streuen Sie Oregano, Pfeffer und Salz darüber. Dann legen Sie die Schnitten in eine gut eingefettete Bratpfanne und schieben sie in den sehr heißen Backofen. Nach ungefähr zehn Minuten servieren.

Spießchen

Eine kleine römische Spezialität, die rasch gemacht ist und für die Gäste, die zu irgendeiner Stunde des Tages oder am Abend plötzlich hereinschneien, sich begeistern können.
Schneiden Sie kleine Weißbrotscheiben von ungefähr vier Zentimeter Länge und Breite sowie Mozzarellastücke von derselben Größe, und zerkleinern Sie einige Sardellenfilets. Brot- und Mozzarellastücke stecken Sie abwechselnd auf die Spießchen, dazwischen immer ein paar Stückchen Sardellen; an beiden Enden müssen Brotscheibchen stecken. Legen Sie diese Spießchen in eine dünn mit Öl ausgestrichene Bratpfanne und lassen Sie sie so lange im Backofen, bis die Mozzarella Fäden zu ziehen beginnt. Im Moment des Anrichtens nehmen

Sie einen Eßlöffel, schöpfen die Sauce, die sich auf dem Boden der Bratpfanne gesammelt hat, heraus und gießen sie wieder über die Spießchen.

Roquefortcreme

Mischen Sie im Mixer 300 g Roquefort und 100 g Butter, geben Sie zwei Löffel Essig, zwei feingehackte Knoblauchzehen, den Saft einer halben Zwiebel, eine Prise Paprika und eine sehr klein gehackte Sellerie bei; dann mischen Sie diese Masse so lange weiter, bis sie zu einer festen Creme geworden ist. Will man die Creme weicher haben, fügt man flüssige Schlagsahne hinzu. Es kommt eben darauf an, ob man die Mischung auf geröstete Brotschnitten streichen und als Vorspeise servieren oder aber als Beigabe zu Fleisch und gekochtem Gemüse haben will. Sie eignet sich auch sehr gut zum Garnieren halbierter, hartgekochter Eier. Aus diesem Grunde nenne ich sie „Creme für alles".

„Bruschetta"

„Bruschetta" essen die Bauern in manchen Gegenden Italiens noch heute. Ich glaube, der Brauch ist uralt und geht auf die Zeit zurück, als das Brot noch das wichtigste Nahrungsmittel war, das es gab, für die armen Leute sogar das einzige Nahrungsmittel. Aber welch würziger Geschmack, welch ein Vergnügen! Es handelt sich ganz einfach um geröstete Brotscheiben, wenn möglich von hausgebackenem dunklem Brot und möglichst von einem großen Brotlaib, damit man große Scheiben davon schneiden kann, einen Finger dick. Jede Scheibe wird mehrmals eingeritzt, bevor man sie auf den Grill legt, damit sie gut durchröstet. Dann reibt man eine Knoblauchzehe darüber, damit das Brot das Aroma annimmt, und würzt mit Öl, Salz und Pfeffer.

Für ein Picknick könnte es ein großartiger Einfall sein, zu all den andern raffinierten Speisen „Bruschetta" zu essen.

Salat aus Mozzarella (oder frischem Weichkäse) und Tomaten

Dieser Salat ist in kürzester Zeit „klassisch" geworden; ich möchte wohl wissen, wer ihn sich ausgedacht hat. Man braucht dazu Mozzarella oder irgendeinen frischen Weichkäse, den man in Scheibchen schneidet, und außerdem braucht man nicht allzu reife Tomaten, die man ebenfalls in Scheiben schneidet. Eine Scheibe Mozzarella auf jede Tomatenscheibe – und das meiste ist getan. Man kann ein paar Tropfen Öl darufträufeln und etwas Oregano darüberstreuen oder mit Sardellensauce würzen oder kleine Thunfischkrümchen darauflegen (in diesem Fall kann man auf Oregano verzichten).

Artischocken und harte Eier

Bei Vorspeisen besteht die ganze Kunst oft einfach darin, die richtigen Dinge zusammenzutun, die zueinander passen und sich miteinander vertragen. Denken Sie zum Beispiel an dieses Gericht, das bei so vielen Gelegenheiten angebracht ist, sei es eine Party mit Freunden im Freien oder eine vornehme Cocktail-Einladung.

Lassen Sie die Artischocken weichkochen, nachdem sie fachgerecht geputzt sind (das heißt, daß man die äußeren Blätter, die am härtesten sind, entfernt und die Spitzen der andern großzügig abschneidet, ohne sie allerdings bis auf den Boden wegzuschneiden; wer das tut, dem entgeht wahrscheinlich der wohlschmeckendste Teil). Dann schneiden Sie sie in Schnitze. Die Eier werden gekocht, bis sie hart sind, dann geschält und ebenfalls in Scheiben oder Schnitze geschnitten. Wenn Sie anrichten, legen Sie die Artischocken in die Mitte der Platte, die Eier drum herum. Gießen Sie eine feine Sauce aus Öl, Zitronensaft, Salz und Pfeffer darüber.

Zucchine oder Zucchetti „a scapece" (Marinierte kleine Kürbisse)

Viele Speisen werden, wie man bei uns sagt, „a scapece" zubereitet, das ist eine besondere Art zu marinieren: Sardellen, Meerbarben und viele andere Fische, aber auch Gemüse. Doch am liebsten mag ich Zucchine „a scapece". Um dieses Gericht herzustellen, müssen die Zucchine gewaschen, in ziemlich dünne Scheiben geschnitten und in einer reichlichen Menge brutzelnden Öls gedämpft werden. Dann lassen Sie sie abtropfen und legen sie auf Löschpapier, damit das Öl abzieht. Wenn sie abgekühlt sind, werden sie in eine Schüssel gelegt und mit Oregano bestreut; auch ein paar Pfefferminzblätter, eine Messerspitze sehr fein gehackten Knoblauchs sowie Salz und Pfeffer werden darübergestreut. Zuletzt gießen Sie nach und nach einige Löffel Essig dazu, nur so viel, daß die Zucchine angefeuchtet, aber nicht durchtränkt werden. Die zugedeckte Schüssel stellen Sie in den Kühlschrank oder sonst an einen sehr kühlen Ort, mindestens einige Stunden, bevor Sie servieren.

Bohnen mit Kaviar

Ich weiß, wer die Kochkunst als Kult betreibt, läßt eine solche Mischung nicht zu. Auch mir schien es seltsam, daß man die ganz gewöhnlichen Bohnen (aber warum sind sie eigentlich gewöhnlich?

Nur weil sie wenig kosten, aber ein vollwertiges Nahrungsmittel sind?) mit dem anmaßenden Kaviar zusammentut, der bei den prunkvollen Festmählern der „belle époque" heiliggehalten wurde. Doch was soll ich sagen? Seit meiner Reise nach Rußland bin ich dem Kaviar sehr zugetan, und lieber als in irgendeiner anderen Zusammenstellung mag ich ihn mit Bohnen. Also überlegen wir einmal: Fast alle Leute mögen sehr gern gekochte Bohnen mit Thunfisch, und wenn man sie nun mit Kaviar ißt, schmeckt das nicht noch besser? Ist das nicht eine noch großartigere Zusammenstellung? Und wie einfach ist dieses Gericht zuzubereiten: die Bohnen gut weichgekocht, den Kaviar direkt aus der Büchse genommen (auch ich bin selbstverständlich für den grauen „Beluga", aber auch der schwarze, der den schärferen Geschmack hat, paßt gut zu Bohnen), ein paar Tropfen Öl, ein paar Körnchen Salz, wenn man will (ist aber eigentlich überflüssig), und das ist alles. Dazu schmeckt geröstetes, mit Butter bestrichenes Brot ausgezeichnet.

„Caponata"

Dies ist die berühmte sizilianische Vorspeise auf der Grundlage von Auberginen.
Man wäscht die Auberginen, schneidet sie in Stückchen, ohne die Schale zu entfernen, legt sie in eine Schüssel und bestreut sie mit grobem Salz. Noch besser wäre es, sie in ein durchlöchertes Gefäß zu legen, damit der bitterste Teil des Gemüses, der innere Saft, den die Auberginen absondern, herausfließen kann. Dieser Vorgang dauert

*Denkt Sophia an einen Salat,
der des Pantagruel würdig wäre?*

(FOTO SECCHIAROLI)

einige Stunden. Unterdessen bereitet man das übrige zu. Wenn man 600 g Auberginen genommen hat, schneidet man jetzt etwa 250 g Zwiebeln und dünstet sie in Öl; dann fügt man 250 g in Scheiben geschnittene Tomaten hinzu, eine Handvoll Kapern, ein paar in Stückchen geschnittene Selleriestengel, einige entkernte und ebenfalls in Stückchen geschnittene Oliven (für die jeweilige Menge gibt es keine strengen Vorschriften; jeder richtet sich nach seinem eigenen Geschmack, oder wie es in der Familie Brauch ist). Dann läßt man alles noch eine Weile leicht weiter ziehen. Nun nimmt man die Auberginen aus der Schüssel, spült sie mit Wasser ab, läßt sie gut abtropfen und brät sie in schwimmendem Öl. Wenn sie kalt sind, fügt man sie der Sauce aus Zwiebeln, Tomaten und dem übrigen bei. Nachdem man immer wieder gut umgerührt hat, gibt man noch drei Löffel Essig und einen Teelöffel Zucker dazu. Dann stellt man alles wieder auf den Herd und kocht bei mittlerer Hitze weiter, bis der Essig verdampft. Zuletzt läßt man die „Caponata" abkühlen. Sie wird köstlich munden.

Es gibt auch Leute, die nach altem Brauch Rosinen und Pinienkerne mit hineintun, und zwar in dem Augenblick, in dem man Essig und Zucker beigibt. So ist die „Caponata" erst wirklich vollkommen. Ich persönlich mag diese „klassische Version" am liebsten.

„Ratatouille"

Wenn ich an die Côte d'Azur denke, fallen mir gleich viele herrliche Dinge ein: vor allem auch „Ratatouille", dieses köstliche Gericht, das die Bauern in Südfrankreich essen. Von ihnen habe ich gelernt, es folgendermaßen zuzubereiten: 500 g Auberginen werden gewaschen, ungeschält in Würfel geschnitten und in eine Suppenschüssel unter Salz gelegt, damit der bitterste Geschmack auszieht. Dies muß mindestens drei oder vier Stunden vor der Zubereitung des eigentlichen Gerichts gemacht werden. Zur gegebenen Zeit läßt man einige sehr dünn geschnittene Zwiebeln in Olivenöl bräunen, fügt 400 g geschälte, in Streifchen geschnittene und entkernte Tomaten bei, dann 500 g in dünne Scheiben geschnittene Zucchetti und ein paar in Streifen geschnittene Peperoni (nachdem man den Strunk und die Samen entfernt hat), und zwar von der süßen Sorte; darauf die Auberginen, von denen man vorher das Salz abgespült hat, eine Knoblauchzehe (oder auch zwei, wenn es einem schmeckt) und das Sträußchen der Gewürze: Basilikum, Petersilie, Majoran, Salbei sowie Salz und Pfeffer. Dann braucht man alles nur noch kochen zu lassen, mindestens eine halbe Stunde lang, damit die Sauce etwas eindickt, aber immer noch flüssig bleibt.

Pikante Avocados

Als ich zum erstenmal zum Filmen in die Vereinigten Staaten reiste, wohnte ich in der herrlichen Villa des Regisseurs Charles Vidor in Beverly Hills. Dort kam es zu meiner ersten Begegnung mit dieser Frucht, die so schön anzusehen und so wunderbar zu essen ist: die Avocado. Der Garten war voll von unzähligen Avocados. Tagtäglich zwinkerten sie mir zwischen den Blättern zu ... und ich pflückte sie. Wie gewöhnlich versuchte ich, aus den verschiedenartigen Rezepten und Anregungen meiner amerikanischen Freunde das Beste herauszufinden und etwas Eigenes hinzuzufügen. So ist das Rezept entstanden, das ich Ihnen vorschlage:

Die Avocado, die gerade die richtige Reife haben muß, wird halbiert, und der Kern wird herausgenommen. In die Höhlung gießt man einen reichlichen Löffel Sauce, die so hergestellt wird:

Mischen Sie Öl, Essig (nur wenige Tropfen, besonders wenn es Kräuteressig ist), Salz, Pfeffer, Senf und gehackte Petersilie. Die Dosierung bei dieser Sauce hängt ganz vom persönlichen Geschmack ab. Wichtig ist, daß sie pikant ist, aber nicht brennt. So zubereitet, stellt man die Avocados in den Kühlschrank. Sie werden eisgekühlt serviert.

„Napoletanine"

Wenn ich durch die Welt reise und das Heimweh mich überfällt, mache ich mir „Napoletanine". Es ist ein feines Gericht und weniger kompliziert, als es bei der Beschreibung aussieht.

„Napoletanine" sind im Grunde gefüllte Eierküchlein. Sie werden so zubereitet: Verrühren Sie in einer Schüssel sechs Eier (für sechs Personen) mit drei Löffeln Milch, zwei Löffeln Mehl, das Sie vorher in etwas Milch aufgelöst haben, und einer Prise Salz. Mit je einem Eßlöffel voll von dieser Mischung formen Sie die Eierküchlein, die ganz dünn, fast durchsichtig sein müssen. Unterdessen bereiten Sie eine gute Tomatensauce zu: Zwei gestoßene Knoblauchzehen werden in drei Löffeln Öl gedünstet, dann geben Sie reichlich Tomaten, Basilikum und etwas Salz dazu und lassen alles 10 – 15 Minuten kochen. Nun nehmen Sie gute Mozzarella oder (noch besser) Rahmkäse und schneiden ihn in Scheiben oder Stückchen. Jetzt füllen Sie die Eierküchlein mit der Mozzarella, rollen sie zusammen und legen sie dicht nebeneinander in eine feuerfeste Backschüssel. Dann gießt man die Tomatensauce darüber, streut reichlich geriebenen Parmesankäse darauf und stellt alles für eine knappe halbe Stunde in den Backofen. Sehr heiß servieren.

Filet à la Loren

Gelegentlich kommt es vor, daß man ein Gericht nach mir benennt; das geht vielen Künstlern so. Aber mit diesem Buch wollte ich Ihnen ja meine eigene Kochkunst zeigen, und deshalb habe ich überhaupt darauf verzichtet, „Rezepte mit Widmung" wiederzugeben. Hier möchte ich eine einzige Ausnahme machen, denn dieses Rezept kommt wirklich meinem persönlichen Geschmack und meiner Phantasie entgegen. Guido Furiassi, ein Mann mit originellen Einfällen, hat es in seinem Mailänder Lokal für mich zubereitet.
Zu diesem Gericht benötigt man sehr kleine und dünngeschnittene Scheiben Rindsfilet. Rechnen Sie pro Person vier Scheiben, was einem Gewicht von ungefähr 60 g entspricht. Das sagt Ihnen schon, daß es sich hier eher um eine appetitanregende Vorspeise als um eine Hauptmahlzeit handelt; allerdings verbietet einem ja niemand, die Mengen zu erhöhen. Außerdem braucht man zerbröckelten (nicht geriebenen!) Parmesankäse, Trüffeln, Salz und Olivenöl. Stellen Sie den Tischkocher bereit – denn es wird erst bei Tisch gebraten – und Teller aus feuerfestem Porzellan. Nun legen Sie vier Stückchen Fleisch auf jeden Teller, ohne irgendwelche Zutaten, und stellen ihn auf die sehr heiße Flamme. Und gleich darauf streuen Sie eine Prise Salz aufs Fleisch, einen halben Eßlöffel zerkrümelten Parmesankäse und in Scheiben geschnittene Trüffeln. Unterdessen bräunt das Fleisch, und der Käse beginnt zu schmelzen. Dann wenden Sie das Fleisch und nehmen es vom Feuer; erst in diesem Augenblick träufeln Sie ein wenig Öl darüber. Es schmeckt wirklich phantastisch.

Sandwiches

Kochbücher widmen diesem Bereich im allgemeinen höchstens flüchtige Andeutungen. Tatsächlich gehört ja auch keine besondere Kunst oder Fertigkeit dazu, Sandwiches zuzubereiten. Trotzdem kann man auch hier seine eigene Phantasie und seine besondere Begabung entfalten, um die üblichen Zusammenstellungen von Schinken, Hühnchen, Ölsardinen und wenigen anderen Dingen zu vermeiden. Im übrigen muß man zugeben, daß ein paar gut zubereitete Sandwiches bei vielen Gelegenheiten wertvolle Hilfe leisten: Wenn man etwa plötzlich ein Picknick oder ein Abendbrot improvisieren muß oder wenn man ein Party-Essen bereichern möchte. Es kommt alles nur darauf an, nicht allzu alltägliche Zusammenstellungen zu wählen. Jetzt will ich Ihnen verraten, wie ich persönlich Sandwiches zubereite. Ich bilde mir natürlich nicht ein, die Zusammenstellungen erfunden zu haben, aber nachdem ich sie mehrmals mit Erfolg ausprobiert hatte, habe ich sie in mein Repertoire aufgenommen.

Sandwich mit Mozzarella und Sardellen
Auf eine Schnitte Weißbrot legt man eine etwa fingerdicke Scheibe Mozzarella und darauf ein Stück Sardellenfilet, von dem man das Salz weggekratzt hat, das aber noch von Öl durchtränkt ist. Dann deckt man eine Schnitte Weißbrot darüber. Es handelt sich also um eine vereinfachte Version der „neapolitanischen Schnittchen".

Sandwich mit Mozzarella und Peperoni

Wieder legen Sie auf eine Schnitte Weißbrot eine dicke Scheibe Mozzarella und darauf ein paar kleine Streifen gebratene Peperoni, die noch von Öl triefen; dann wieder Brot darüberdecken.

Käsesandwich

Aus folgenden Zutaten wird eine Mischung angerührt, und zwar für jedes Brötchen 40 g geriebenen Gruyère, das Gelbe von einem hartgekochten Ei, genügend Butter, um alles zu binden, ein kleines Löffelchen Senf, einen Tropfen Essig, Pfeffer und Salz. Füllen Sie mit diesem Gemisch ein Sandwich, nach Möglichkeit aus mit Butter bestrichenem Schwarzbrot.

Sandwich mit Ölsardinen und Gurken

Bereiten Sie eine Mischung zu, die pro Sandwich aus zwei Ölsardinen, einem nußgroßen Stück Butter, einem Löffelchen Senf, dem Gelben eines hartgekochten Eis, Mayonnaise, Pfeffer und Salz besteht. Streichen Sie diese Masse auf eine Scheibe Weißbrot, legen Sie eine Schicht ganz dünn geschnittener oder gehackter Gurken darüber und decken Sie mit einer Brotschnitte zu.

Sandwich mit Kresse und Sardellenpaste

Die Sardellenpaste stellt man her, indem man Butter mit abgespülten und zu einem Brei zerstoßenen Sardellenfilets vermengt. Mit dieser Paste bestreicht man das Brot, streut die kleingeschnittene Kresse darüber und deckt mit einem Stück Brot zu.

Sandwich mit Salat und Mayonnaise
Streichen Sie Butter und dicke Mayonnaise auf eine Scheibe Weißbrot, legen Sie dann ein paar Blätter gut gewaschenen Kopfsalat darauf, bestreuen Sie ihn mit Pfeffer und Salz, und decken Sie mit Brot zu.

Sandwich mit Sardellen und Oliven
Man vermischt Sardellen, Butter und entsteinte, zu einem Brei verarbeitete Oliven, streicht die Masse über die Schnitte und klappt eine Schnitte darauf.

Lachssandwich
Vermischen Sie (pro Sandwich) eine feingehackte Scheibe Lachs, zwei zu Brei zerstoßene Sardellen, ein Eigelb, Butter, Salz und Pfeffer. Bestreichen Sie damit eine Schnitte Weißbrot, und decken Sie eine weitere Schnitte Brot darüber.

Sandwich mit Sellerie und Mandeln
Verrühren Sie feingehackte Sellerie, feingehackte Mandeln und Mayonnaise; aufs Brot streichen und mit einer zweiten Scheibe Brot zudecken.

Sandwich mit Mozzarella und Tomaten
Auf eine Schnitte Weißbrot eine Scheibe Mozzarella und eine Scheibe einer nicht allzu reifen Tomate legen; Oregano, Salz, Pfeffer darüber und mit Brot bedecken.

Sandwich mit Huhn und Salat
Bestreichen Sie die Schnitte mit Mayonnaise; auf die Mayonnaise legen Sie ein paar schöne Blätter Salat, darüber gekochtes oder gebratenes Hühnchenfleisch, Salz, Pfeffer – zuklappen, fertig.

Weitere Sandwiches mit Huhn
Wenn man von dem eben beschriebenen Sandwich ausgeht, kann man noch folgendes hinzufügen: Tomatenscheibchen, Gruyère, gekochten Schinken, harte Eier; entweder das eine oder das andere von diesen Dingen oder alle miteinander.

Wenn man an den Gast denkt...

Ein wenig Psychologie ist unbedingt nötig, um zu entscheiden, wie ein Essen beschaffen sein sollte; man muß also an die Gewohnheiten, den Geschmack und auch an die Eigenheiten des Gastes oder derjenigen Gäste denken, die im Mittelpunkt der Einladung stehen. In dieser Hinsicht sind wir, glaube ich, in der heutigen Zeit sehr im Vorteil.
Früher war eine Einladung zum Essen, soviel ich gehört habe, vor allem eine Gelegenheit, seinen Reichtum zur Schau zu stellen, zu zeigen, was man besitzt, und man fühlte sich verpflichtet, dem Gast Ehre zu erweisen. Deshalb folgte das Menü genau vorgeschriebenen Gesetzen; es mußte eine Fülle von Speisen sein, die aufs prächtigste aufgemacht waren. Gewiß, es müssen märchenhafte Festmähler gewesen sein, nach allem, was man so liest, großartige Gerichte wurden aufgetragen, mindestens zehn Gänge. Aber mir scheint, heute kann man es anders machen, und sogar mit Vorteil. Ich halte es jedenfalls so:
Zuerst versuche ich in Erfahrung zu bringen, was derjenige, der zu mir kommt, essen darf und was nicht; was er gern hat und was er nicht gern mag; ob er eine einfache, bescheidene oder eine reichhaltige, anspruchsvolle Mahlzeit liebt. Dann versuche ich, das Menü so zusammenzustellen, daß all diese Dinge berücksichtigt werden; ein Menü also, das den Gast zufriedenstellt und ihm ein Gefühl von Wohlbefinden gibt. Und ich gebe mir Mühe, darüber hinaus noch irgend etwas dazuzutun, vielleicht eine Überraschung, eine eigene Erfindung. Es kann zum Beispiel etwas sein, das nicht leicht zu bekom-

men ist, oder etwas, das man gerade in dieser Gegend zu essen pflegt und sonst nirgends. Wenn ich etwa in Rom Gäste habe, gebe ich irgendeine römische Spezialität, vielleicht „penne all'arrabbiata" oder Artischocken „alla giudia" oder eine besonders gewürzte Quarkspeise. Bin ich dagegen in meinem Haus in den Wäldern im Tessin, denke ich etwa an Fasane, wenn es gerade die Jahreszeit dafür ist, oder an Aale, an irgend etwas, das sowohl der Vorliebe des Gastes entgegenkommt als auch den Eßgewohnheiten der Gegend entspricht. Mit ein bißchen Geduld findet man immer etwas Besonderes.
Außerdem versuche ich stets, zu der Mahlzeit, die ich für Gäste zubereite, etwas Eigenes dazuzutun. Damit will ich sagen, daß ich – nehmen Sie es mir nicht übel – Anspruch darauf erhebe, eine gute Köchin zu sein. Alle Rezepte, nach denen in meinem Hause gekocht wird, habe ich immer wieder selbst ausprobiert, und oft habe ich entdeckt, daß man eine Kleinigkeit ändern oder etwas Passendes hinzufügen kann, was dem Gericht meine persönliche Note gibt; und ab und zu wird mir auch gesagt, daß es mir gelungen ist. Ich habe eine sehr tüchtige Köchin, die nach diesen Rezepten kocht, aber wenn ich dem Gast wirklich mein Interesse zeigen will, bereite ich gern wenigstens ein Gericht mit meinen eigenen Händen zu. Glauben Sie mir, es bringt Erfolg, wenn man sagt: „Dies habe ich selbst für dich (oder für Sie) gemacht." Gleich ist eine freundschaftliche, verständnisvolle Atmosphäre hergestellt, die sonst oft schwer zu schaffen ist. Es gibt kein Gericht der großen Kochkunst, und sei es noch so raffiniert, das dem Vergleich mit dem standhält, was Sie selbst zu Ehren des Gastes zubereitet haben. Wie etwas schmeckt, empfindet man nicht allein mit dem Gaumen – und darüber werde ich später noch sprechen –, sondern es hängt auch von allem Drum und Dran ab, das eine Mahlzeit begleitet.

Teigwaren

Es gibt Hunderte – ja, wirklich Hunderte – von Methoden, Teigwaren zuzubereiten; aber ich kann Ihnen nur die mitteilen, die ich selbst befolge und die ich gelernt habe, als ich meiner Großmutter mütterlicherseits in der Küche zuschaute. Einige sind klassisch, andere wieder sind weniger bekannt, und für manchen mögen sie vielleicht eine vergnügliche Entdeckung sein. Doch bevor ich Ihnen die Rezepte beschreibe, möchte ich diesmal ein paar Regeln zusammenstellen, wie man Teigwaren kocht. Alle Leute meinen, daß Teigwaren von jeher das Nationalgericht der Neapolitaner gewesen seien, aber das ist durchaus nicht so, oder zumindest ist es bis vor zwei- oder dreihundert Jahren nicht so gewesen. Vielleicht sind Sie erstaunt, das zu hören. Dennoch war früher einmal das gewöhnlichste Gericht der Neapolitaner die „minestra maritata", die aus Kohlblättern und Fleischschnipseln bestand. Wie sehr sich alles geändert hat, werden wir gleich sehen.

Die acht Gebote fürs Teigwarenkochen

Ich möchte gern alle Leute davon überzeugen, daß Teigwaren „al dente" gekocht sein müssen, wie man in Neapel sagt, sonst sind es eben keine richtigen Teigwaren. Wissen Sie, was „al dente" heißt? Es bedeutet, daß man die einzelnen Nudeln noch zwischen den Zähnen spüren muß, daß sie nicht durch zu langes Kochen zu einem Brei werden dürfen. „Al dente" gekocht, passen am besten Tomatensauce, Ragout und hundert andere Beigaben und Gewürze dazu, welche die kulinarische Phantasie im Laufe der Jahrhunderte erfunden hat. Außerdem sind sie „al dente" leichter zu verdauen. Ich sage dies aus eigener Erfahrung, doch viele Ernährungsfachleute sagen es jetzt auch. Eine amerikanische Zeitschrift schrieb vor einiger Zeit, daß die „pastasciutta al dente" auch eine der Ursachen für die erotische Leidenschaftlichkeit des „latin lover" sein könnte. Auf die wissenschaftliche Grundlage einer solchen Behauptung möchte ich zwar nicht schwören, aber man weiß ja nie: Ausprobieren ist immer das Beste.
Die Teigwaren haben eine sehr lange Geschichte. Schon im Mittelalter waren sie bekannt, vor allem die „Vermicelli" (Fadennudeln), die etwas dicker sind als die heute überaus beliebten Spaghetti. Allerdings wurden sie damals nicht so häufig gegessen wie heute. Zum täglichen Brauch wurde das Nudelessen erst, als irgend jemand auf die Idee kam, sie mit Tomatensauce anzurichten. Die Tomate ist ja bekanntlich eins der schönsten Geschenke, das Europa von Amerika bekommen hat. Doch brauchte es Zeit, bis die nach Europa gebrachten Pflänzchen sich akklimatisiert und bewährt hatten und auf den land-

wirtschaftlichen Pflanzungen verbreitet waren. Die Neapolitaner begeisterten sich mehr als alle andern Europäer für die Tomaten. Und eines Tages hatte jemand die glorreiche Idee, die aus dieser Pflanze gewonnene Sauce mit den Vermicelli zusammen zu essen. Von da an ist diese Zusammenstellung ein unbedingter, geradezu überwältigender Erfolg gewesen.

Es gibt sogar Bücher, die diese Geschichte in allen Einzelheiten erzählen und von allerlei Folgen berichten, die das Aufkommen der Vermicelli mit sich brachte. Da war zum Beispiel das Problem der Gabel. Vor ein paar Jahrhunderten hatten die Gabeln nur drei Zinken, die sehr lang und wenig geeignet waren, Vermicelli und Spaghetti mit ihrer Hilfe aufzuwickeln. Die armen Leute aßen die Teigwaren natürlich mit den Händen, die Herrschaften auch, doch bei Galaessen konnten sie das selbstverständlich nicht tun. Um einem der Könige von Neapel, der Spaghetti wahnsinnig gern aß und verlangte, daß sie auch bei den Festmählern bei Hof serviert würden, eine Freude zu machen, wurde die Gabel mit vier Zinken eingeführt, die sehr viel kürzer war als die frühere. Mehr oder weniger schon der gleiche Typ von Gabel, wie er heute gebraucht wird.

Nun möchte ich einige Ratschläge erteilen, welches die richtigste Methode ist, Teigwaren zu kochen. Es sind eigentlich ganz einfache Handhabungen, aber man sollte sie mit sehr großer Sorgfalt ausführen, um das ideale Ergebnis zu erzielen. Vor allem muß man sich vergewissern, daß man Teigwaren von guter Qualität nimmt, das heißt, sie müssen aus Hartgrieß hergestellt sein. Dies ist nicht nur für den Geschmack sehr wichtig, sondern auch deshalb, weil von der Qualität der Teigwaren das gute Gelingen der Zubereitung abhängt. Teigwaren aus Hartgrieß kochen gleichmäßig, innen und außen, die andern nicht. Hier also die Regeln, die ich vorschlage:

1. Man braucht einen sehr großen Kochtopf mit viel Wasser im Verhältnis zur Menge der Vermicelli oder Spaghetti, die man kochen will. Auf diese Weise können die einzelnen Teigwarenfäden frei kochen, ohne aneinander zu kleben.

2. Das Wasser muß sieden, bei sehr großer Hitze. Wenn es kurz vor dem Aufwallen ist (in Neapel sagen wir: „Wenn das Wasser zittert"), wirft man eine Handvoll Salz hinein. Aber übertreiben Sie nicht; es genügt, wenn das Wasser nur einen leicht salzigen Geschmack annimmt. Man streut das Salz gerade im Moment des Aufwallens hinein, um dadurch die Heftigkeit des Hochkochens noch zu erhöhen.

3. Sofort danach schütten Sie die Teigwaren hinein und geben noch mehr Hitze. Das Doppelte an Hitze, das durch das Salz und das Höherstellen des Feuers erreicht wird – darin besteht das uralte, einfache Geheimnis der Frauen von Neapel. Dadurch wird nämlich das Absinken der Temperatur, das durch die kalt hineingeworfenen Teigwaren verursacht wird, wieder ausgeglichen.

4. Breiten Sie die Teigwaren unmittelbar, nachdem Sie die Hitze verdoppelt haben, soweit wie möglich auseinander.

5. Überwachen Sie das Kochen, und stellen Sie unterdessen ein großes, handliches Sieb bereit. Vergessen Sie nicht, daß die Kochdauer sich nach vielen verschiedenen Faktoren richtet: nach der Qualität der Teigwaren, der Zusammensetzung des Wassers, der Jahreszeit und danach, wieviel Meter über dem Meer man sich befindet. Die einzige Möglichkeit, sich zu überzeugen, ob die Teigwaren gar sind, ist die, eine der Nudeln herauszuziehen und zu probieren. Wenn Sie spüren,

daß sie den rohen Geschmack völlig verloren hat, obwohl sie noch fest ist, dann zögern Sie nicht: Die Nudeln sind fertig, Sie können sie ins Sieb gießen. In dieser Hinsicht erwirbt man ziemlich rasch die notwendige Erfahrung. Manche Leute sind sogar imstande, nur durch bloßes Hinsehen zu unterscheiden, ob die Spaghetti gar sind oder nicht. Aber aufgepaßt: Wenn die Teigwaren anfangen, äußerlich auseinanderzufallen, innen aber noch hart sind, ist es das Zeichen dafür, daß es keine gute Qualität ist. Noch eine Warnung: Die auf den Tüten angegebene Kochzeit ist nicht unbedingt richtig, denn im Bestreben, sich dem internationalen Geschmack anzugleichen, ist sie meiner Meinung nach oft zu lang berechnet.

6. Ein weiteres kleines Geheimnis: Bevor Sie die Teigwaren ins Sieb schütten, gießen Sie ein Löffelchen Öl in den Kochtopf. Es wird die Teigwaren glitschiger machen, so daß man sie viel besser anrichten kann.

7. Gießen Sie die Nudeln sofort in ein Sieb, das Sie ein paarmal tüchtig schütteln, damit alles Wasser, aber auch wirklich alles, abtropft. Wenn etwas zurückbleibt, passieren zwei unangenehme Dinge: Die Teigwaren kochen weiter und kochen zu weich; außerdem mischt sich das Wasser unter die Sauce, verdünnt sie und verdirbt den Geschmack. Aber wenn Sie gut durchsieben, passiert das alles nicht, und es ist auch gar nicht nötig, kaltes Wasser über die Teigwaren zu gießen (was manche tun), um sie abzuschrecken.

8. Jetzt darf man keine Zeit verlieren, sondern muß die Teigwaren sofort in die Schüssel schütten, würzen und servieren; sie müssen noch dampfend auf den Tisch kommen.

Und nun beschreibe ich Ihnen die Rezepte, die ich, auf meine Art gemacht, unter den Hunderten von Teigwarenrezepten, die in den neapolitanischen Kochbüchern aufgezählt werden, am liebsten habe.

Spaghetti mit Tomaten

Niemand hat je über das erste historische Zusammentreffen von Spaghetti oder Vermicelli und Tomatensauce geschrieben. Das Ereignis fand statt, als die exotische Tomate gegen Ende des 17. Jahrhunderts zu einer der besonderen Köstlichkeiten der neapolitanischen Küche wurde. Ich kann das klassische Rezept an Sie weitergeben, wie es in jeder neapolitanischen Familie von der Mutter auf die Tochter überliefert wird. Die Spaghetti oder Vermicelli müssen gekocht werden, wie ich es zuvor bei den Anweisungen, die für alle Arten von Teigwaren gelten, beschrieben habe, nämlich „al dente". Rechnen Sie 600 g Teigwaren für sechs Personen. Wenn die Teigwaren gar sind, muß die Sauce schon fertig sein.
Um die Sauce zu bereiten, machen Sie folgendes: Gießen Sie in eine Kasserolle kaltes Olivenöl, drei Löffel für je zwei Personen; dann legen Sie feingehackten Knoblauch, eine Zehe für je zwei oder drei Personen, hinein. Knoblauch ist eine Zutat, die in der neapolitanischen Küche, wie übrigens überall im Mittelmeergebiet, nie fehlen darf. Sollten Sie Knoblauch wirklich nicht mögen, können Sie die Menge natürlich reduzieren oder ihn auch ganz weglassen, aber es wäre schade, auf sein Aroma zu verzichten. Lassen Sie bei ziemlich starker Hitze kochen. Wenn das Öl brutzelt und der Knoblauch an-

fängt zu bräunen, geben Sie die Tomaten dazu. Für sechs Personen braucht man zu neun Löffeln Öl und zwei oder drei Knoblauchzehen 500 g geschälte Büchsentomaten oder Fleisch von durchs Sieb gerührten frischen Tomaten. Geben Sie auch ein paar Blättchen Basilikum dazu (wenn Sie keine haben, geht auch Basilikumpulver aus der Streudose), eine gute Prise Salz (auch da kommt es auf den persönlichen Geschmack an) und einen Löffel Zucker. Heutzutage wird der Zucker oft vergessen, aber das ist ein Fehler, denn der Zucker dient dazu, den Tomaten ihren etwas säuerlichen Geschmack zu nehmen. Jetzt stellt man auf kleine Hitze und läßt eine halbe Stunde sanft sieden. Sonst ist nichts zu tun. Sobald die Teigwaren in der Schüssel sind, gießen Sie die Sauce darüber, dazu eine reichliche Menge geriebenen Parmesankäse, mindestens einen gehäuften Eßlöffel pro Person. Tüchtig umrühren und servieren.

Spaghetti mit rohem Tomatensaft

In eine Suppenschüssel legen Sie folgende Zutaten: ein Kilo nicht ganz ausgereifte und in Scheibchen geschnittene Tomaten, zwei schöne feingeschnittene Zwiebeln, 100 g entsteinte und in Stückchen geschnittene grüne Oliven, 100 g Kapern, Salz, Pfeffer, eine reichliche Prise Oregano, eine Handvoll, oder auch zwei, feingewiegter Petersilie, ein paar ganze, aber zerquetschte Knoblauchzehen. Bedecken Sie alles mit Öl und lassen Sie es vierundzwanzig Stunden ziehen. Danach nehmen Sie den Saft, der sich inzwischen gebildet hat und in dem viele Tomatenstückchen und anderes enthalten sind, ohne daß man ihn je aufs Feuer gesetzt hat, und richten damit die gerade eben „al dente" gekochten Spaghetti an: 100 g pro Person. Über die Spaghetti streuen Sie reichlich geriebenen Parmesankäse.

Spaghetti, Knoblauch und Öl

Dies war der allgemein verbreitete Brauch, Spaghetti oder Vermicelli zu essen, bevor die „Ehe" mit der Tomate eingegangen wurde; und es müßte eigentlich das einfachste Rezept sein, doch hat es verschiedene Versionen. Zuerst sage ich Ihnen meine Version, dann deuten wir noch die anderen an.
Für sechs Personen schütten Sie 600 g Teigwaren in den Kochtopf. Während sie kochen, bereiten Sie schon die Sauce zu, indem Sie in der Kasserolle oder Bratpfanne (am besten sind die schwarzen Gußeisenpfannen) zwölf Löffel Olivenöl, sechs nicht allzu fein gehackte Knoblauchzehen, 50 g Sardellenfleisch (Sie zerstampfen im Mörser einige Sardellenfilets mit ein paar Tropfen Öl), eine Prise Salz, eine Prise frisch gemahlenen schwarzen Pfeffer und etwas feingewiegte Petersilie erhitzen. Lassen Sie einige Minuten kochen. Die Sauce ist fertig, sobald sie eine goldene, aber nicht zu dunkle Tönung annimmt.
In diesem Augenblick schütten Sie auch die sehr „al dente" gekochten Spaghetti in die Pfanne und lassen alles noch ein paar Minuten weiterkochen, während Sie die Teigwaren umrühren, damit die Sauce sich gleichmäßig verteilt. Zum Schluß füllen Sie alles in die Suppenschüssel, würzen mit pikantem Schafkäse – einen Löffel voll pro Person – und tragen sofort auf.

Andere Möglichkeiten:
1. Man befolgt dasselbe Rezept, läßt aber den Schafkäse weg.
2. Man läßt das Sardellenfleisch weg und ersetzt den Pfeffer durch rote Pfefferschoten, entweder gehackt oder in Stücken.

Vermicelli mit Venusmuscheln

Die Vermicelli werden wie üblich „al dente" gekocht: 600 g für sechs Personen. Für die Sauce brauchen Sie ein Kilo Venusmuscheln, die Sie in kaltem Wasser gründlich spülen, indem Sie sie rasch hin und her schwenken; dann schütten Sie sie in einen hochrandigen Kochtopf und stellen ihn aufs Feuer. Nach und nach fangen die Muscheln an, sich zu öffnen und das Wasser aus ihrem Inneren herauszulassen. Sobald Sie sehen, daß alles Wasser heraus ist, nehmen Sie den Topf vom Herd, schütten die Muscheln heraus und gießen das auf dem Topfboden gebliebene Wasser in eine Tasse. Nun schälen Sie die Muscheln aus ihren Gehäusen und mischen sie in einer Schüssel mit einer reichlichen Handvoll feingewiegter Petersilie.
Dann erhitzen Sie in der Bratpfanne acht bis zehn Löffel Öl mit zwei oder drei gehackten Knoblauchzehen und einem Kilo Tomaten (wenn es geschälte Tomaten sind, gießen Sie das Wasser ab, das noch in der Büchse ist). Lassen Sie fünfzehn Minuten kochen (Achtung: kein Salz dazugeben!), dann gießen Sie das Wasser hinein, das die Muscheln ausgeschieden haben, und stellen den Herd auf die stärkste Wärmestufe ein. Warten Sie, bis die Sauce sich durch das Verdampfen des Wassers verdickt, und geben Sie zum Schluß die Muscheln

hinein. Nun lassen Sie alles noch einige Augenblicke kochen, nur so lange, daß die Muscheln ihren rohen Beigeschmack verlieren, aber ihre Festigkeit und Frische beibehalten. Mit dieser Sauce richten Sie die Vermicelli oder Spaghetti an, oder Sie geben die Teigwaren in die Pfanne hinein, rühren sie darin um und bringen alles heiß auf den Tisch.

Achtung: Wenn frische Venusmuscheln nicht erhältlich sind, denken Sie daran, daß die Büchsenmuscheln meistens in sauren Lösungen konserviert werden; in diesem Fall eignen sie sich nicht besonders gut für dieses Gericht. Anstelle der Venusmuscheln können Sie eventuell auch Miesmuscheln oder Krabben verwenden, wenn es leichter ist, sie frisch zu bekommen. Sollte es aber wirklich unmöglich sein, etwas Frisches zu erhalten, dann nehmen Sie das folgende Rezept.

Spaghetti mit Sardellenbutter

Dies ist ein Rezept, das Ihnen dazu verhelfen wird, Ihren Gästen eine vergnügliche Überraschung zu bereiten.
Zuallererst sollten Sie die Sardellenbutter zubereiten, indem Sie eben lauwarm gemachte Butter mit abgespülten (damit alles Salz entfernt wird) Sardellenfilets mischen. Sie vermengen 100 g Butter mit vier Sardellenfilets; am besten ist es, wenn Sie alles in einer Schüssel zerstampfen und die Masse noch gut durchkneten, damit sie schön geschmeidig wird. Dann formen Sie diese Masse zu einer Kugel, die Sie bis zu dem Moment, in dem Sie sie brauchen, im Kühlschrank liegen lassen.

Wenn Sie anfangen, das Essen zuzubereiten, gießen Sie zuerst zwei Löffel Öl pro Person in die Bratpfanne, zwölf Löffel für sechs Personen, dazu drei ganze, aber zerquetschte Knoblauchzehen. Wenn der Knoblauch zu bräunen beginnt, geben Sie 300 g geschälte Tomaten dazu. Wenn es Büchsentomaten sind, müssen Sie vorher das Wasser abgießen. Zerdrücken Sie die Tomaten ein wenig mit der Gabel, und lassen Sie alles etwa zehn Minuten kochen. Dann fügen Sie ein paar Körnchen Salz und etwas Pfeffer hinzu, nehmen die Pfanne vom Feuer und streuen zum Schluß eine Handvoll feingewiegter Petersilie darüber. Unterdessen lassen Sie die Spaghetti kochen, 600 g für sechs Personen. Einen Augenblick, bevor Sie sie ins Sieb schütten, legen Sie Ihre Sardellenbutter in eine Suppenschüssel, geben die gut abgetropften heißen Spaghetti darüber und nutzen die Wärme aus, um alles unaufhörlich durcheinanderzumischen, damit die Butter schmilzt. Erst in diesem Augenblick (übrigens müssen Sie alles sehr rasch machen!) gießen Sie die Sauce mit der frischen Petersilie darüber, rühren noch einmal alles gut um und servieren. Dieses Gericht – und das ist die Überraschung – schmeckt sehr ähnlich wie Spaghetti mit Venusmuscheln, enthält aber keine Muscheln. Deshalb streut man auch keinen geriebenen Parmesankäse darüber.

Zerbrochene Spaghetti mit Zucchetti

Für diese Gemüsesuppe benötigt man für sechs Personen ein Kilo Zucchetti, die „nach Frühling" riechen. Man wäscht sie, läßt sie trocknen und schneidet sie in kleine Würfelchen. Dann brät man in zwölf

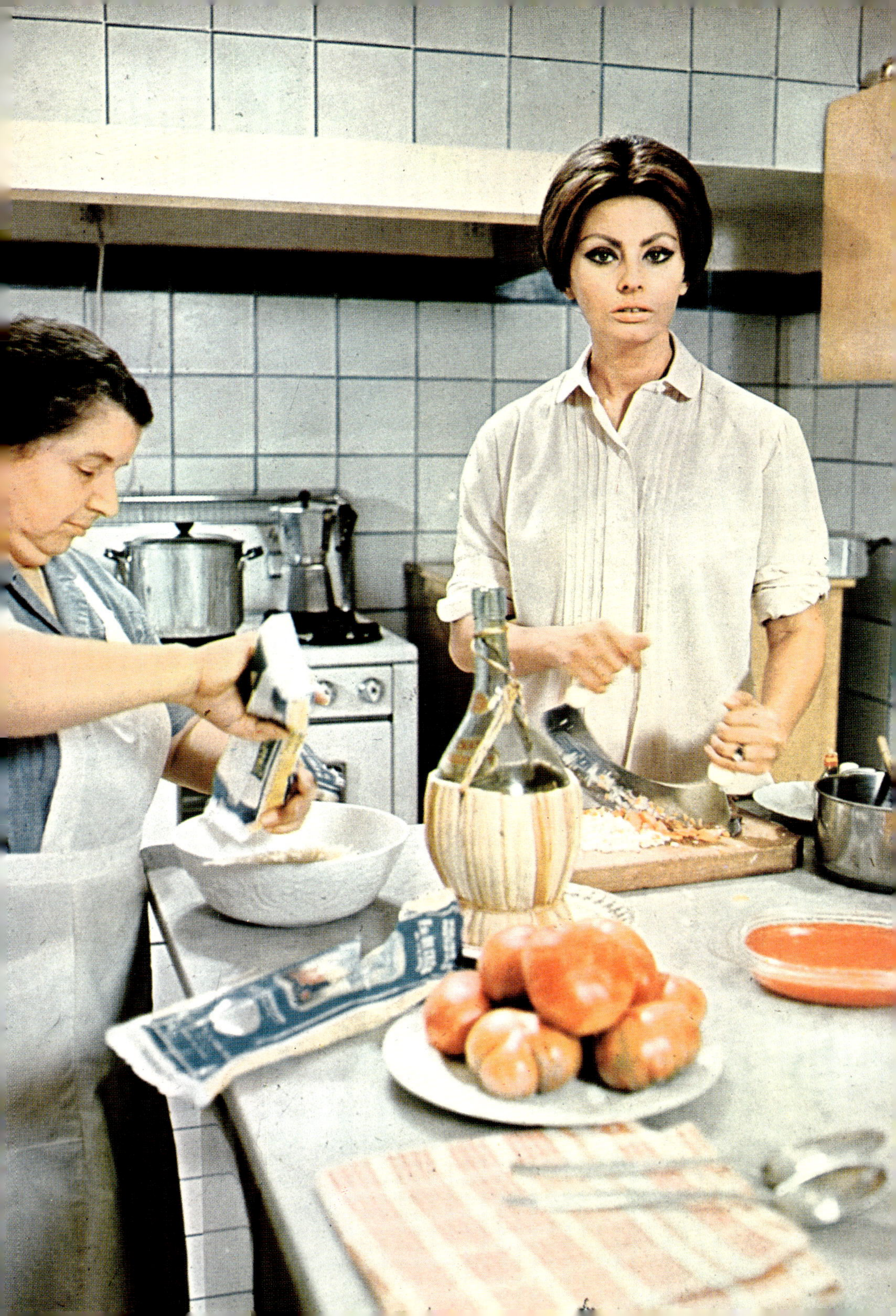

*Die Köchin Livia hilft Sophia
bei der Vorbereitung der Tomatensauce
für die Spaghetti.*

(FOTO SECCHIAROLI)

Löffeln Öl eine feingewiegte Zwiebel und eine gehackte Knoblauchzehe, bis sie leicht goldgelb werden. Nun gibt man die Zucchetti, einige gehackte Basilikumblätter und eine oder zwei zerdrückte Tomaten hinein, aber nicht mehr; dann gießt man ein Glas Wasser dazu, bedeckt die Pfanne und läßt eine halbe Stunde – oder auch länger – kochen, bis die Zucchetti zu zerfallen beginnen. In diesem Augenblick geben Sie 300 g Spaghetti dazu, die Sie in Stücke von fünf oder sechs Zentimeter Länge zerbrochen haben, und gießen noch mehr Wasser hinein (Fleischbrühe ist noch besser), damit die Suppe recht flüssig wird.
Wenn die Spaghetti gekocht sind (nicht allzu weich!), ist die Suppe fertig.

Spaghetti mit Lorbeer

Diese Art Spaghetti habe ich im Hause eines Freundes gegessen, der meinen „Oscar" für die „Ciociara" im Jahre 1961 feiern wollte. Er sagte, anstatt mir einen Lorbeerkranz zu überreichen, wolle er mich lieber das Lorbeeraroma in der Sauce schmecken lassen. Ich fand die Abwechslung recht vorteilhaft und bat ihn um das Rezept. Hier ist es: Für sechs Personen erhitzen Sie in der Pfanne vier Eßlöffel Öl und ein nußgroßes Stück Butter; dünsten Sie darin eine schöne, in Scheiben geschnittene Zwiebel oder auch zwei mittelgroße Zwiebeln. Wenn die Zwiebeln sich goldgelb färben, fügen Sie 300 g geschälte Tomaten hinzu, etwa ein Dutzend Lorbeerblätter, etwas Salz, eine Prise frisch gemahlenen Pfeffer sowie ein halbes Löffelchen Zimt.

Lassen Sie alles zehn Minuten kochen, damit die verschiedenartigen Gewürze sich gut vermengen. Es wird eine großartige, ganz ungewöhnliche Sauce daraus, mit der man 600 g Spaghetti anrichtet.

Spaghetti mit Artischockensauce

Für sechs Personen nimmt man 600 g Spaghetti. Die Sauce wird aus sechs gut geputzten Artischocken zubereitet, von denen man die äußeren Blätter und den holzigsten Teil des Stengels entfernt. Dann schneidet man die Artischocken in Schnitze und den übriggebliebenen Teil des Stengels in kleine Stückchen. Für etwa zwanzig Minuten legt man alles in mit Zitronensaft gesäuertes Wasser. Unterdessen gießt man pro Person zwei Löffel Öl in die Pfanne und gibt zwei oder drei feingehackte Knoblauchzehen sowie eine reichliche Handvoll Petersilie hinein. Wenn alles zu brutzeln beginnt, fügen Sie die Artischocken hinzu und lassen ungefähr vierzig Minuten weitersieden, bis sich eine ziemlich dicke Sauce gebildet hat. Damit richten Sie die eben fertiggekochten Spaghetti an. Geriebener Käse braucht nicht dazugegeben zu werden.

Spaghetti mit Pilzsauce

Dieses Rezept hat mich einmal ein Amateurkoch, ein „gentleman-chef", probieren lassen, der sich als „beat" ausgab und am Kochherd seine Phantasie entfaltete. Ich habe es aufbewahrt, denn es schien mir recht lecker zu sein. Gießen Sie für sechs Personen zwölf Löffel Öl in die Pfanne. Geben Sie zwei oder drei ganze, aber zerquetschte Knoblauchzehen, zwei oder drei abgespülte Sardellenfilets, 300 g geschälte Tomaten (bei Büchsentomaten gießt man vorher das Wasser ab), 300 g sehr fein gehackte Pilze (bei frischen Pilzen geht es ohne weiteres so, gedörrte muß man zuerst in lauwarmem Wasser aufquellen lassen), ein paar Körnchen Salz, etwas Pfeffer, eine reichliche Prise Oregano und zuletzt sechs Löffel Worcestersauce dazu. Lassen Sie alles zusammen zwanzig Minuten kochen. Dann stellen Sie das Feuer ab und schütten in die noch kochende Sauce zwei gute Handvoll feingewiegter Petersilie. Mit dieser Sauce richtet man 600 g Spaghetti an.

Bandnudeln mit scharfer Knoblauchsauce (Trenette mit „Pesto")

„Trenette" nennt man eine besondere Sorte Nudeln, die dünn und plattgedrückt sind wie kleine Bänder; manche nennen sie auch „Zünglein". „Pesto" ist eine ligurische Saucenspezialität, die sehr gut zu den Bandnudeln paßt. Wenn Sie dieses Gericht machen wollen, denken Sie daran, daß man Knoblauch dazu braucht, sehr viel Knoblauch. Heutzutage pflegt man diese Sauce auch mit sehr wenig oder sogar ganz ohne Knoblauch zu machen, aber meiner Meinung nach sollte man die Dinge entweder so machen, wie es sich gehört, nach der ursprünglichen Tradition, oder sie besser überhaupt lassen und irgend etwas anderes wählen.

Für die richtige „Pesto"-Sauce muß man Knoblauch und Basilikumblätter zerstoßen (zerstoßen, zerstampfen heißt auf italienisch pestare; daher also der Name „Pesto"), mindestens ein Drittel Knoblauch zu zwei Dritteln Basilikum, und zwar von Hand im Mörser, und dazu braucht man viel Geduld. Wenn Sie auf diese Weise einen richtigen Brei zustande gebracht haben, fügen Sie ein paar Löffel geriebenen Käse hinzu, halb Schaf-, halb Parmesankäse, bis die Masse geschmeidig, fast ölig wird. Wenn es so weit ist, gießen Sie ganz langsam, tropfenweise, leichtes Olivenöl unter stetigem Rühren hinein, damit die Masse flüssig und zu einer richtigen Sauce wird. Und damit richten Sie Bandnudeln oder Vermicelli (Fadennudeln) oder irgendwelche anderen Teigwaren an, die Sie gern mögen.

Vermicelli mit Sauce à la Sophia

Jetzt sage ich Ihnen, was für eine Sauce ich mir ausgedacht habe, die vom „Pesto" zwar inspiriert, aber doch etwas ganz anderes geworden ist; sie ist wirklich meine eigene Erfindung. Meine Freunde sagen, sie schmecke sehr gut, und ich hoffe, sie sagen es nicht nur, um mir eine Freude zu machen; aber wenn ich diese Sauce anbiete, werden immer große Portionen gegessen.

Wenn Sie also meine Sauce zubereiten, zerstoßen Sie Petersilie (lieber als Basilikum) und Knoblauch, fügen dann einige gut abgespülte und entgrätete Sardellen hinzu, ein paar Oliven, aus denen Sie zuvor den Kern entfernt haben, einige Kapern, ein feingewiegtes Zwiebelchen. Zerstoßen Sie alles, und rühren Sie sorgfältig, damit eine gleichmäßige, geschmeidige Masse entsteht. Nun träufeln Sie nach und nach Olivenöl hinein, um eine flüssige Sauce zu erhalten. Was die Mengenverhältnisse betrifft, lassen Sie ruhig eine gewisse Freiheit walten, denn es sind alles sehr würzige Zutaten, die sich gut miteinander vertragen, auch wenn die Menge der einen oder anderen verändert wird. Nun lassen Sie die Bandnudeln oder Vermicelli „al dente" kochen, und zwar 100 g pro Person. Dann nehmen Sie sie noch gut „al dente" vom Herd, lassen sorgfältig abtropfen und geben sie für ein paar Augenblicke in eine Pfanne mit sehr wenig Öl: nur solange es braucht, bis sie etwas trocknen und anfangen, goldgelb zu werden, aber noch weich sind. In diesem Moment schütten Sie sie in eine Suppenschüssel, richten sie mit der vorher beschriebenen Sauce an und servieren sie schön heiß. Vergessen Sie dabei nicht, zuletzt noch eine Prise Pfeffer darüberzustreuen.

„Bucatini alla matriciana"
(Hohlnudeln nach Amatricianer Art)

Eigentlich müßte man sagen „Bucatini all'amatriciana", weil sie eine Spezialität von Amatrice sind, einer Stadt in Latium, aus der das antike Rom seine besten Legionäre bezog. Aber es ist einfacher, „alla matriciana" zu sagen, und es ist allgemeiner Brauch geworden, dieses Gericht so zu nennen. Sie werden sehen, daß wir es hier nicht mehr mit der neapolitanischen Küche, sondern mit einer kräftigeren Kost zu tun haben.

Man könnte natürlich auch Vermicelli (Fadennudeln) oder Spaghetti verwenden, doch alle Hausfrauen scheinen sich darin einig zu sein, daß sie lieber „Bucatini" nehmen, die etwas dicker sind und ein ziemlich großes Loch haben, in das die Sauce gut eindringen kann. Noch etwas muß gesagt werden: Nach dem Originalrezept sollte die Sauce aus dem Backenstück zubereitet werden, das heißt aus einer Schweinebacke, die auf dieselbe Art konserviert wird wie das Bauchfleisch. Der Grund dafür ist, daß das Backenstück ganz besonders zart schmeckt, aber es ist ziemlich schwer erhältlich, und man kann statt dessen ohne weiteres auch das Bauchfleisch nehmen.

Es wird so zubereitet: Für sechs Personen geben Sie einen Löffel Öl in die Pfanne, ein nußgroßes Stück Butter und 150 g in Stücke geschnittene Schweinebacke (oder Schweinebauch) sowie zwei oder drei ebenfalls in Stücke geschnittene Zwiebeln. Wenn die Zwiebeln goldgelb werden, fügen Sie eine halbe kleingeschnittene Pfefferschote hinzu, ein halbes Kilo in Stückchen geschnittene frische Tomaten oder auch geschälte Büchsentomaten, ein paar Blätter Basilikum und wenig Salz. Lassen Sie alles eine Viertelstunde lang kochen. Wichtig ist, daß man die Schweinebacke (oder den Schweinebauch) nicht zu sehr austrocknen läßt, weil sie sonst einen äußerst scharfen Geschmack annimmt. Mit dieser Sauce und einer reichlichen Menge geriebenem Schafkäse richten Sie die „Bucatini" an (600 g für sechs Personen).

Spaghetti „alla carbonara" *(nach Köhlerinnenart)*

Dies ist eine andere römische Spezialität. Sie gilt allgemein als ein sehr schweres Gericht, aber meiner Meinung nach kommt es nur darauf an, wie man die Dinge ansieht: Man muß sich nämlich nur davon überzeugen, daß Spaghetti „alla carbonara" nicht eine gewöhnliche Teigwaren-Vorspeise sind, sondern eine vollständige Mahlzeit. Wenn man einen Teller voll davon ißt, nimmt man schon genügend Kalorien für einen ganzen Tag zu sich, außerdem genügend Proteine, Kohlehydrate und alles sonst noch Notwendige.
Für sechs Personen geben Sie einen Löffel Öl und ein nußgroßes Stückchen Butter in die Pfanne. Fügen Sie 150 g in kleine Stücke geschnittenen Schweinebauch und ein wenig feingewiegte Petersilie hinzu. In der Zwischenzeit schlagen Sie in einer Schüssel sechs Eidotter mit zwei Löffeln flüssiger Sahne oder Milch, drei Löffeln Schafkäse oder geriebenem Parmesankäse. Kochen Sie 600 g Spaghetti (oder „Penne", das sind kürzere und breitere Nudeln, eine Art Schnitt-Makkaroni, die sich besonders gut mit Sauce füllen). Gießen Sie

die Sauce mit dem Schweinefleisch über die gekochten Spaghetti und rühren Sie rasch um; dann gießen Sie die geschlagenen Eier darüber und vermengen noch einmal alles gründlich. Wenn Sie servieren, reichen Sie zusätzlich geriebenen Käse dazu, falls jemand noch mehr daraufstreuen möchte.

Teigwaren mit Auberginen

Die Sizilianer sind Meisterköche, wenn sie Auberginen zubereiten. Immer, wenn ich in Sizilien bin, versuche ich, alle verschiedenen Arten von Auberginengerichten vorgesetzt zu bekommen. Hier möchte ich Ihnen eins davon beschreiben, das mir ganz besonders gut geschmeckt hat.
Als erstes schneidet man die Auberginen in Scheiben, ohne die Schale zu entfernen; die Samenkerne, die eventuell im Innern sein können, muß man allerdings herausnehmen. Dann brät man die Scheiben in einer besonders großen, wenn möglich gußeisernen Pfanne mit sehr reichlich Öl, damit sie gleichmäßig durchbacken. Einige Hausfrauen lassen die Auberginenscheiben auch ein paar Stunden „unter Salz ruhen", bevor sie sie in die Pfanne geben. Das geht so vor sich: Man legt die Scheiben in eine Schüssel, bestreut sie gut mit Salz und deckt sie mit einem Teller zu, auf den man irgend etwas Schweres legt. Auf diese Weise „reinigen" sich die Auberginen, das heißt, sie sondern ihre leicht bittere Flüssigkeit ab. Es kommt also darauf an, wie man sie gern mag, ob bitter oder nicht. Jedenfalls brät man die Auberginenscheiben, breitet sie dann auf Löschpapier aus, damit das über-

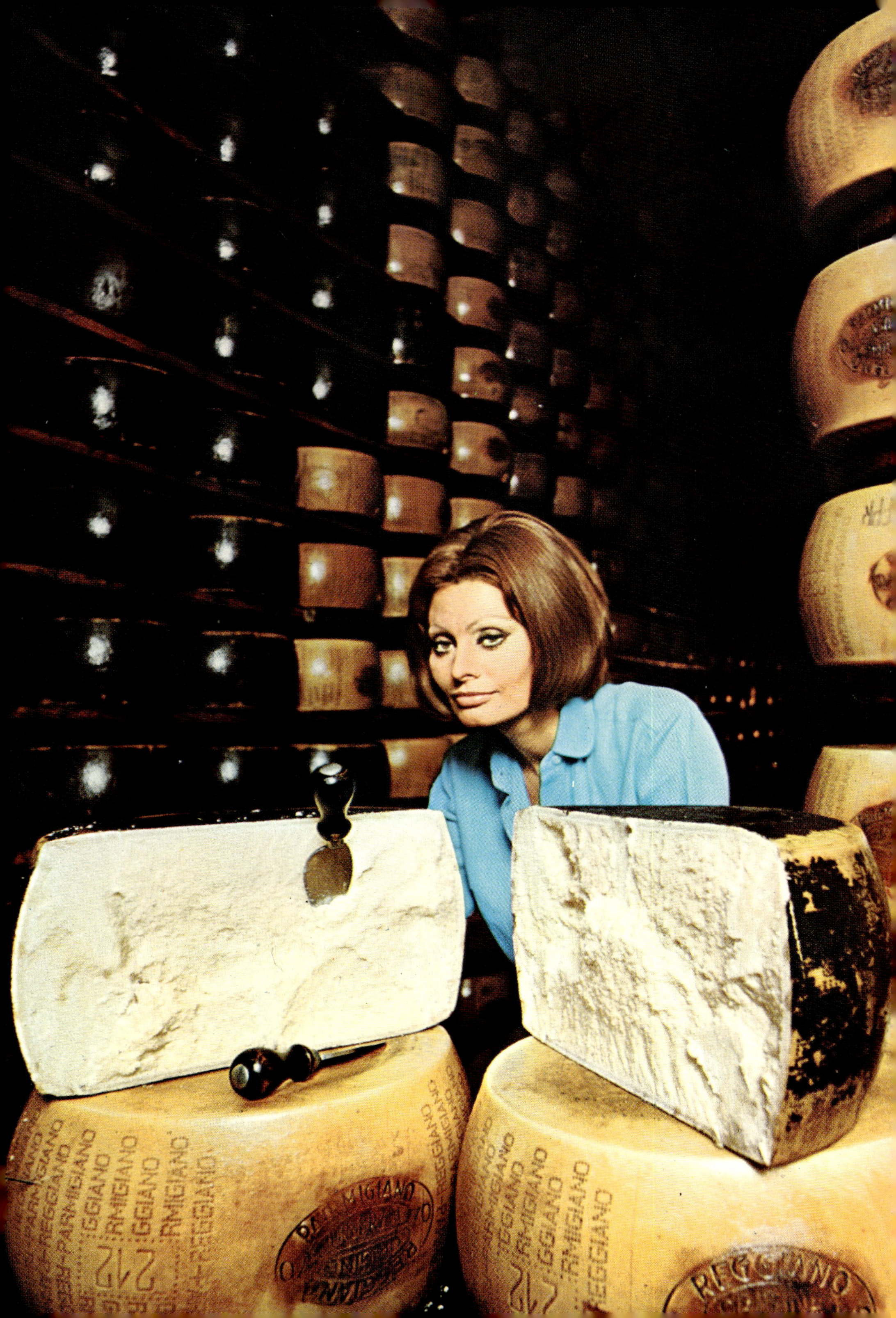
PARMIGIANO
REGGIANO

Sophia in der Höhle des Parmesans aus Reggio.

(FOTO SOLDATI)

schüssige Fett absorbiert wird, und stellt sie beiseite, irgendwo an die Wärme.

Inzwischen bereitet man die zweite Zutat vor, nämlich die Sauce. Sie wird ebenfalls in einer Bratpfanne gemacht mit zwei Löffeln Öl pro Person, gehacktem Knoblauch (eine Zehe für je zwei Personen), einer Prise Pfeffer und ein paar Blättchen Basilikum.

Jetzt kochen Sie die Teigwaren: entweder Hohlnudeln (Bucatini), Spaghetti oder Streifennudeln (Rigatoni). Richten Sie sie mit der Sauce und mit geriebenem, pikantem Käse an (in Sizilien nimmt man Schafkäse); dann geben Sie die Auberginen hinein und servieren. Das Gericht ist äußerst schmackhaft.

Eine Variante besteht darin, daß man der Sauce Tomaten beigibt, allerdings nur wenige, da sonst der Geschmack mit den Auberginen in Widerspruch gerät.

Eine großartige Variante, die ich von einer sizilianischen Verehrerin übernommen habe, ist auch diese: Man schneidet die Auberginen nicht in Scheiben, sondern in Schnitze, und zwar nicht bis ganz hinunter, sondern so, daß die Schnitze an der Stengelseite aneinander bleiben. Dann brät man die eingeschnitzte Aubergine im ganzen. Natürlich braucht man dazu eine sehr große Bratpfanne. Die gebratene Aubergine sieht dann aus wie eine große, leuchtende Blume. Auf jeden schon mit Nudeln und Sauce gefüllten Teller legt man eine Aubergine mit dem Stengel nach oben; die Schnitze sind dann hochgebogen wie in einem Strahlenkranz, einer Art Hut, was sehr hübsch aussieht.

Teigwaren im Backofen
Nudelauflauf Nr. 1

Dies ist ein Gericht, das in Süditalien sogleich Feststimmung hervorruft, denn es enthält sehr viele gute Sachen, und alles paßt zusammen, der würzige Geschmack und die lebhaften Farben. Es hat auch meinen Gästen aus allen Gegenden der Welt immer sehr gut geschmeckt. Ich glaube, daß alle es gern mögen, weil es sehr würzig ist, aber auch, weil es die Leute – ja, wie soll man das sagen? – sogleich mit der Umgebung, der Atmosphäre, mit unserer Küche vertraut macht. Jedenfalls weiß ich, daß ein Nudelauflauf immer etwas Passendes ist, wenn ich irgendeinen Gast habe. Deshalb habe ich ihn auch Professor Christian Barnard vorgesetzt, als er zum Mittagessen in mein Haus nach Marino kam, das wenige Kilometer von Rom entfernt liegt. Er war buchstäblich begeistert.

Für dieses Gericht benötigt man Teigwaren mit einem ziemlich großen Loch, so daß die Zutaten eindringen können: Rigatoni (dicke Nudeln mit Rillen) oder „Mezze zite" (eine Art Makkaroni); am besten eignen sich aber meiner Meinung nach die Teigwaren, die wir „Penne" nennen. Außerdem braucht man Mozzarella (frischer, nicht fermentierter Käse, meist rund), Basilikum, Tomaten und andere gute Sachen. Zu Anfang bereiten Sie mit den Tomaten eine reichliche Menge Sauce zu, indem Sie eine Pfanne mit ein paar Löffeln Öl und sehr fein gewiegten Zwiebeln aufs Feuer stellen. Wenn die Zwiebeln zu bräunen beginnen, geben Sie das durchs Sieb gestrichene Tomatenfleisch dazu. Rechnen Sie mindestens einen Löffel Öl, Zwiebeln nach Geschmack und 120–150 g Tomaten pro Person. Lassen Sie alles bei mittlerer Hitze etwa zwanzig Minuten dünsten, und vergessen Sie nicht, etwas Salz und Pfeffer und einen halben Teelöffel Zucker drüberzustreuen. Wenn die Sauce fertig ist, schneiden Sie die Mozzarella in kleine, dünne Scheibchen, sagen wir etwa 30–40 g pro Person. Bereiten Sie Basilikumblätter vor (die neapolitanischen Frauen bevorzugen es, sie mit Tüchlein abzureiben, ohne sie naß zu machen, damit ihr Aroma besser erhalten bleibt, aber vielleicht ist das heute eine etwas unpraktische Verfeinerung). Halten Sie geriebenen Käse (am besten Schafkäse, aber es kann auch Parmesankäse sein) bereit, Paniermehl und recht pikante, in Würfelchen geschnittene Hartwurst (doch das steht Ihnen frei; viele sind der Ansicht, daß das Gericht auch ohne die Hartwurst vollständig sei, die dem Ganzen einen zu scharfen Geschmack geben würde). Nun lassen Sie die Teigwaren („Penne" oder was Sie sonst gewählt haben) in einer reichlichen Menge siedendem, leicht gesalzenem Wasser kochen: 100 g pro Person. Wenn sie noch „al dente", aber wirklich sehr „al dente" sind, lassen Sie sie gründlich abtropfen. Dann werden sie mit einem Teil der Sauce angerichtet. Den Boden einer feuerfesten Schüssel fetten Sie gut ein mit Öl oder Butter, am besten aber mit Schweinefett (wenn Sie welches haben), und bestreuen ihn mit Paniermehl. In die so vorbereitete Backschüssel schütten Sie die Hälfte der angerichteten Teigwaren, geben noch etwas Sauce darüber, dann reichlich Mozzarellascheibchen, Basilikumblätter, geriebenen Käse und die Wurstwürfelchen. Nun bedecken Sie mit den übrigen Teigwaren, gießen den Rest der Sauce darüber, streuen noch etwas Käse und eine Prise Paniermehl darauf. Zum Schluß verteilen Sie noch ein paar Tropfen Öl oder einige Flöckchen Butter oder Schweinefett auf das Ganze. Dann für wenige Minuten in den Backofen stellen, bis die Mozzarella anfängt, „Fäden zu ziehen". Alles paßt vollkommen zusammen.

Varianten:

Sie können auch drei Schichten Teigwaren und zwei Schichten Füllung machen. Oder Sie können auf die oberste Schicht halbierte, vorher in der Pfanne mit etwas Öl gedünstete Tomaten legen. Es sieht sehr hübsch aus.

Nudelauflauf Nr. 2

Für diese Variante des Nudelauflaufs braucht man Teigwaren mit einem ziemlich großen Loch, in das die Zutaten gut hineinkönnen; die sogenannten „Penne" eignen sich sehr gut dafür. Außerdem braucht man Ragout nach Bologneser Art (siehe „Tagliatelle mit Ragout nach Bologneser Art", Seite 88) und Béchamelsauce. Für 600 g „Penne" bereitet man die Béchamelsauce folgendermaßen zu: Man läßt 100 g Butter im Kochtopf schmelzen, gibt drei Löffel Mehl hinein und rührt bei schwacher Hitze, bis das Mehl sich fast aufgelöst hat. In diesem Augenblick fügt man unter fortwährendem Rühren ein Liter lauwarme Milch sowie eine Prise Salz hinzu und rührt so lange weiter, bis eine dickflüssige Creme hergestellt ist. Nun gibt man die „Penne" in kochendes Wasser. Sobald sie fertig sind, läßt man sie abtropfen, richtet sie mit einigen Löffeln Ragout an und vermengt alles gründlich. Jetzt geben Sie eine Schicht „Penne" in die gut gebutterte, feuerfeste Schüssel; darüber verteilen Sie wieder ein paar Löffel Ragout, einige Löffel Béchamelsauce und geriebenen Parmesankäse. Dann wieder eine Schicht „Penne", wieder Ragout darüber und so fort wie oben beschrieben. Dann in den Backofen schieben und bei mäßiger Hitze etwa 45 Minuten lang backen. Aber warten Sie noch eine halbe Stunde, bevor Sie servieren, damit die „Penne" abkühlen und die Gewürze gut durchziehen, denn dann ist das Gericht noch schmackhafter.

Nudeln mit Ei überbacken

Pulcinella, der berühmte neapolitanische Hanswurst, pflegte zu sagen: „Am liebsten von allen Nudeln mag ich die gebratenen. Nur schade, daß ich nie welche zu essen bekomme." Und wenn man ihn fragte, warum nicht, erwiderte er: „Weil nie welche übrigbleiben." Dies läßt sich damit erklären, daß die Neapolitaner diesen Nudeleierkuchen gewöhnlich aus den Teigwarenresten zubereiten, die nach einem Mittagessen übriggeblieben sind. Aber der arme Pulcinella, der immer hungrig war, hatte nie Makkaroni oder Vermicelli übrig: Wenn es ihm gelang, einen Teller voll zu bekommen, aß er sie sofort ratzekahl auf. Doch er hatte recht, wenn er sagte, daß dieses Gericht ganz besonders gut schmeckt. Und heute kocht man oft die Teigwaren extra, um sie nachher zu braten.
Es können Makkaroni oder Vermicelli sein, entweder mit Tomatensauce oder auch „weiß", das heißt, nur mit Butter und geriebenem Käse oder auch mit einer Fleischsauce angerichtet. Jede Art ist geeignet. Wenn Sie sie allerdings extra zubereiten, würde ich Tomatensauce vorschlagen (siehe Seite 49). Wenn die Nudeln fertiggekocht und angerichtet sind, läßt man sie abkühlen. Dann gibt man noch ein paar Eier (eins für je zwei oder drei Personen) und geriebenen

Käse darüber. Nun erhitzen Sie Öl oder Schweinefett in der Pfanne und schütten die Makkaroni hinein. Mit der Gabel verteilen Sie alles gleichmäßig, das heißt, Sie versuchen, eine gleichmäßige, ziemlich dicke Scheibe zu formen. Braten Sie bei mäßiger Hitze weiter, und achten Sie darauf, daß der „Eierkuchen" überall gleichmäßig durchbäckt, was man dadurch erreicht, daß man die Pfanne nach allen Seiten hin etwas schräg hält, so daß die Hitze nicht nur die Mitte, sondern auch den äußeren Rand erreicht. Der Nudeleierkuchen ist fertig, wenn sich ringsherum eine Kruste bildet. Man ißt ihn lauwarm oder kalt. Er kann eine hübsche Überraschung sein, wenn man zum Beispiel ein Picknick macht oder wenn man etwa zu einem Cocktail oder einem Fest zahlreiche Gäste hat.

Phantasie und unverfälschte Speisen

Da wir es immer noch mit Psychologie zu tun haben, sollte man bei Einladungen zum Essen immer daran denken, daß wir heutzutage in dieser Hinsicht zwei wichtige Anliegen haben: das Verlangen nach wirklich unverfälschten Speisen und die fixe Idee mit der Diätkost.
Wenn man sagt: unverfälschte Speisen, muß man wissen, was man darunter versteht. Wir sollten denen dankbar sein, glaube ich, die so viele gute Sachen in die Konservenbüchsen tun, und auch denen, die uns ausgezeichnete Nahrungsmittel in tiefgefrorenem Zustand liefern. Damit stellen sie uns erstklassige Erzeugnisse und Nahrungsmittel aus allen Teilen der Welt und an allen Tagen des Jahres zur Verfügung. Sie ersparen uns viel Mühe und lösen das Problem des Zeitmangels bei der Zubereitung der Mahlzeiten. Aber ich glaube, daß es uns auch zu übermäßiger Faulheit verleitet. Wie oft läßt uns die Annehmlichkeit, Konservenbüchsen und Tiefgefrorenes zur Verfügung zu haben, vergessen, daß wir auch natürliche, frische Nahrungsmittel verwenden und mit unseren eigenen Händen zubereiten können. Wir vergessen es nur allzu leicht, selbst wenn uns die Umstände entgegenkommen und genügend Zeit zur Verfügung stehen würde.
Ich glaube, wenn wir von unverfälschten Speisen reden, sollten wir zuerst einmal das Vergnügen zu kochen entdecken, das Vergnügen, kleine Meisterwerke eigenhändig zu schaffen, auch wenn sie nur kurzlebig sind. Der Vorzug der unmittelbar vor dem Essen eigenhändig

zubereiteten Speisen liegt in der Frische der Zutaten, vor allem aber auch darin, daß sie mit Liebe und Freude und dem Gefühl von Vertrautheit hergestellt worden sind. Früher bedeutete das Kochen für die Frauen eine Sklavenarbeit, heute ist diese Versklavung zu Ende: Warum soll man nicht in ein Vergnügen verwandeln, was einmal eine Last war? Ich kenne viele Leute, die so denken, aber auch andere, die einen kleinen Schubs brauchen, und ich möchte gern ein bißchen schubsen helfen.

Eine Entwicklung oder, besser gesagt, eine solche Rückkehr beeinflußt natürlich auch die Art zu kochen. Früher bestand die hohe Kunst des Kochens darin, die Zutaten derart zu verarbeiten, daß sich ihr natürlicher Geschmack veränderte; man schuf etwas Neues, und auch beim Anrichten der Mahlzeiten versuchte man, etwas zustande zu bringen, das wie eine Erfindung aussehen sollte. Heute haben wir nicht die Ausbildung und auch nicht die Zeit für solche Dinge. Nicht nur zu Hause, sondern auch in den Restaurants hat man selten die Möglichkeit, etwas Derartiges zu machen. Doch ich glaube, auch hierbei wirkt sich vor allem ein psychologischer Faktor aus, eine neue Mentalität, die es vorzieht, das zu schmecken, was natürlich und ursprünglich ist, nämlich die Gerichte der volkstümlichen Tradition, und das ist auch ein Aspekt der unverfälschten Lebensart. Ich glaube, daß all dies nichts Schlechtes ist und auch nicht heißen soll, daß man sich immer auf Beefsteaks und Salat beschränken muß. Lassen Sie außer Ihren Händen auch Ihre Phantasie arbeiten; vor allem in der Küche und ganz besonders, wenn Sie Diätprobleme haben. Was heißt überhaupt Diät? Wenig zu essen oder sich nur an bestimmte Speisen zu halten, weil Sie ein Leberleiden oder sonstige Beschwerden haben? Wenn es sich nur darum handelt, wenig zu essen, um nicht dick zu werden, ist es erst recht ein Grund dafür, daß das Wenige gut sein

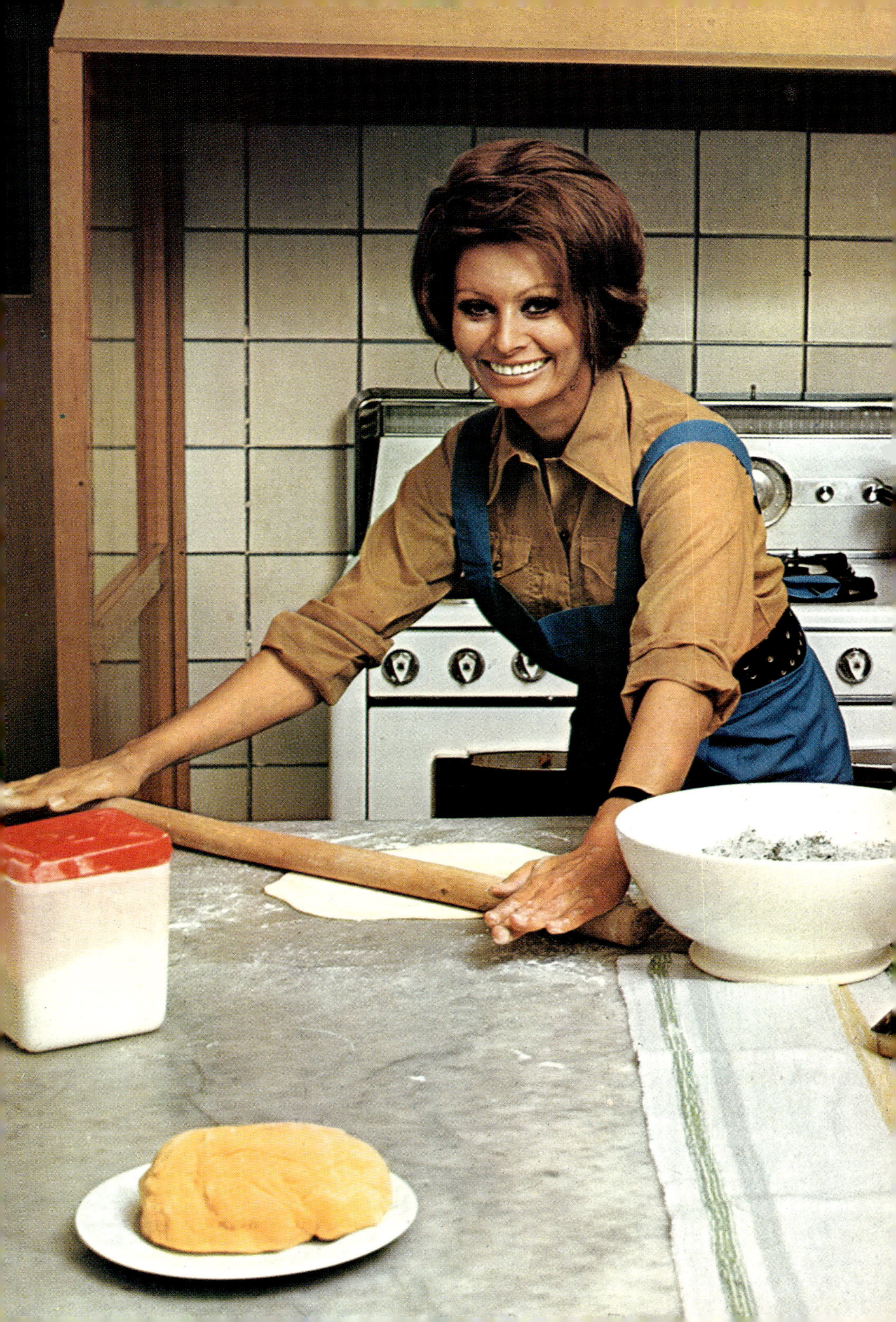

In der Küche ihres Hauses in Marino bereitet Sophia die dünnen Teigfladen für die Nudeln vor.

(FOTO SOLDATI)

muß. Warum Sklave von Tabellen und Zahlen werden und immer die gleichen alltäglichen Dinge essen, wenn man sich mit einer Willensanstrengung selbst bezwingen kann, und zwar alles ißt, aber im richtigen Moment aufhört? Dies ist der springende Punkt: Es ist nicht notwendig, schlecht zu essen, um wenig zu essen. Das wäre ein schlechter Tausch. Wenn es sich dagegen um genaue ärztliche Verordnungen handelt, können Sie gleichwohl mit dem, was Ihnen erlaubt ist, appetitliche Gerichte zubereiten oder sich zubereiten lassen. Das Wichtigste ist, daß man sich nie dem Pessimismus überläßt, nie die Flinte ins Korn wirft. Eines weiß ich gewiß: Wenn man bei Tisch schlecht ißt, verkümmert man und gerät in eine Stimmung, die der Gesundheit abträglich ist.

Hausmachernudeln

Auch in Italien gibt es ein Matriarchat, und zwar das der „Fettuccine, Lasagne, Tagliatelle, Tagliolini oder Pappardelle" (fünf verschiedene Sorten von Bandnudeln). Das Matriarchat der Hausmachernudeln, die etwas viel Älteres und – darf ich das sagen? – Ehrwürdigeres sind als die an der Sonne getrockneten Hohlnudeln, wie zum Beispiel Vermicelli, Bucatini und viele andere mehr. Die Hausmachernudeln sind das Ergebnis der angestrengten Bemühung, Mehl und Eier miteinander zu verquicken, einer Arbeit, die seit undenklichen Zeiten verrichtet wird. Ursprünglich ist es wohl einfach eine Masse aus Mehl und Wasser gewesen, die Eier sind erst später zur Bereicherung dazugekommen. Sicher ist, daß die Neapolitaner zur Zeit der Magna Grecia den Römern beigebracht haben, wie man diese Art von Teigwaren macht. Man hat jetzt die historischen Beweise dafür. Und eine Frau, die es versteht, nach allen Regeln der Kunst Nudeln zu machen, genießt von jeher bei uns ein Ansehen, das auch heute noch unübertroffen ist.

Fettuccine, Lasagne und Tagliatelle

Bei uns zu Hause wurde die klassische Regel befolgt, ein Ei mit 100 g Mehl zu vermengen. Für sechs Personen muß man also 600 g Mehl auf dem Hackbrett zu einem Berg aufhäufen und dann mit dem Finger von oben in den Berg hineinbohren, so daß ein Krater entsteht. In diesen Krater läßt man nun sechs aufgeklopfte Eier hineinfallen, sowohl das Eidotter als auch das Eiweiß (in anderen Gegenden Italiens ist es üblich, nur das Eigelb zu nehmen, aber bei uns ist es Brauch, alles zu verwenden). Außer den Eiern gießt man ein wenig Milch in den Krater, so viel wie in eine halbe Eierschale hineingeht; das ist genau die richtige Menge. Als kleines Mädchen faszinierte mich die Handbewegung, mit der man zuerst die Milch in die Eierschale und dann ins Mehl gießt. Sie kam mir vor wie die Vollziehung einer glückverheißenden Handlung.
Aber wie dem auch sei, nun fängt man an, das Mehl vom Kraterrand auf die Eier und die Milch zu häufen und mit allen zehn Fingern einen Teig zu kneten, der zu Anfang sehr dünnflüssig ist, aber nach und nach immer dicker wird, je mehr das Mehl darin aufgeht. Nach einer gewissen Zeit spürt man unter den Händen, daß der Teig fest und schwer geworden ist, und nun muß man mit Ausdauer weiterarbeiten und die entstandene Kugel auf dem Hackbrett plattdrücken, auseinanderbreiten und immer von neuem zu einer Kugel formen, viele, viele Male, bis der Teig elastisch und weich geworden ist und die Oberfläche sich zu spannen und auszudehnen beginnt. Wichtig ist bei dieser Arbeit, daß man sie mit den Handflächen verrichtet; vor allem muß man mit dem Teil nahe dem Handgelenk, also dem Hand-

ballen, den Teig plattdrücken und auseinanderbreiten und dann mit den Fingern alles wieder zusammenkneten und mit viel Geduld wieder von vorn anfangen.

Wie schon gesagt, der Teig ist fertig, wenn er gut zusammengeknetet ist und sich elastisch anfühlt, fast als wäre er innen lebendig und keine leblose Masse. Wenn es soweit ist, wickelt man den zu einer Kugel geformten Teig in ein leinenes Tuch und läßt ihn eine halbe Stunde ruhen. Dann kommt der Moment, in dem man den Teig mit dem Nudelholz auseinanderzieht, was auf einem mit Mehl bestreuten Nudelbrett geschehen muß, um zu vermeiden, daß der ausgerollte Teig am Brett festklebt und bricht. Der Teig wird also mit dem klassischen Nudelholz ausgerollt, und zwar zwei- oder dreimal, bis er nur noch ein paar Millimeter hoch ist; darauf rollt man ihn auf und schneidet ihn vom einen Ende zum andern in Streifen von einem Zentimeter Breite, die sich beim Auseinanderrollen in die gewünschten „Fettuccine" verwandeln. Sind die Streifen schmaler, dann haben wir die „Tagliolini"; wenn sie breiter sind, etwa vier Zentimeter oder noch breiter, werden es „Lasagne".

Wenn man sie kocht, ist der Vorgang der gleiche wie bei allen anderen Teigwaren: eine reichliche Menge kochendes Wasser, in dem die Fettuccine (oder Tagliolini oder Lasagne) beim Kochen genügend Platz haben, so daß sie nicht zusammenkleben. Die benötigte Kochzeit ist kürzer als die für fertig gekaufte Teigwaren. Hausmachernudeln haben zuerst, nachdem man sie ins Wasser gegeben und aufgelockert hat, die Tendenz, nach unten zu sinken; wenn sie dann nach ein paar Minuten wieder an die Oberfläche steigen, ist es bereits Zeit, sie vom Feuer zu nehmen und sorgfältig abtropfen zu lassen.

Fettuccine und Tagliolini kann man mit Butter und sehr viel geriebenem Käse servieren oder auch mit Tomatensauce (siehe Seite 49) oder mit Ragout (siehe Seite 88) und im allgemeinen mit allen Saucen, die man auch für die übrigen Teigwaren verwendet. Mit den Lasagne hingegen bereitet man andere Gerichte zu, wie wir bald sehen werden.

Fettuccine mit viererlei Käse

Fettuccine wie vorher beschrieben. Sobald sie gut „al dente" gekocht sind, richtet man sie in der Suppenschüssel an und gießt (für sechs Personen) 100 g zerlassene Butter (die man bei schwacher Hitze schmelzen läßt, damit sie nicht brutzelt) darüber und mischt gut durch, so daß alle Fettuccine gleichmäßig eingefettet sind. Gleich darauf fügt man 300 g flüssigen Rahm hinzu und vermengt wieder alles. Dann gibt man die vier Sorten Käse hinein: Gruyère, Parmesan, Fontina und nicht allzu pikanten Provolone. Man braucht von jedem Käse 50 g, im ganzen also 200 g, gerieben oder zerkrümelt, und zwar schon alle vier Käsesorten zusammengemischt. Dann alles in der Suppenschüssel gründlich durcheinandermengen, bis der Käse anfängt, Fäden zu ziehen und zu schmelzen (aber nicht vollständig schmilzt) und gut verteilt ist. Heiß servieren.

Lasagne im Backofen

Zur Fastnachtszeit macht man überall in Süditalien die „Lasagna", das heißt riesige Mengen von Lasagne mit lauter guten Zutaten. Ich bringe es zwar nicht fertig, sie nach dem äußerst komplizierten klassischen Rezept zuzubereiten, aber ich habe ein „abgekürztes", das ebenfalls sehr gut ist. Um nicht gegen die Tradition zu verstoßen, wird diese andere „Lasagna" während der ganzen übrigen Zeit des Jahres in Ehren gehalten, nur nicht in der Karnevalszeit.

Die Lasagne sind natürlich die gleichen, die wir eben beschrieben haben: sehr breit, sogar 7 – 8 Zentimeter breit. Außerdem braucht man in Scheiben geschnittene Mozzarella, ein gutes Ragout (siehe Seite 88), in Scheiben geschnittene harte Eier und Fleischkügelchen, etwa so groß wie Haselnüsse oder ein wenig größer. Wenn man Lasagne für sechs Personen zubereitet, macht man die Fleischkügelchen aus 100 g gehacktem Rindfleisch, 100 g gehacktem Hühnerfleisch, einem Ei, ein wenig feingewiegter Petersilie, Salz, Pfeffer und 80 g Paniermehl. Das Ganze muß sehr gut miteinander vermischt werden. Dann formt man es zu Kügelchen, die man in brutzelndem Öl brät. Und nun folgt der Schluß: Man legt eine Schicht Lasagne in eine gut gebutterte Backform, gießt über die Lasagne einige Löffel Ragout und legt ein paar Scheiben Mozzarella darauf; dann kommt eine zweite Schicht Lasagne, dann wieder Sauce, wieder Mozzarellascheibchen und außerdem Scheiben von harten Eiern und Fleischkügelchen. Dann fängt man wieder mit Lasagne an, mit Sauce, mit Mozzarella, Fleischkügelchen. Schließlich eine letzte Schicht Lasagne (aber man kann natürlich auch die Zahl der Stockwerke dieses „gastronomi-

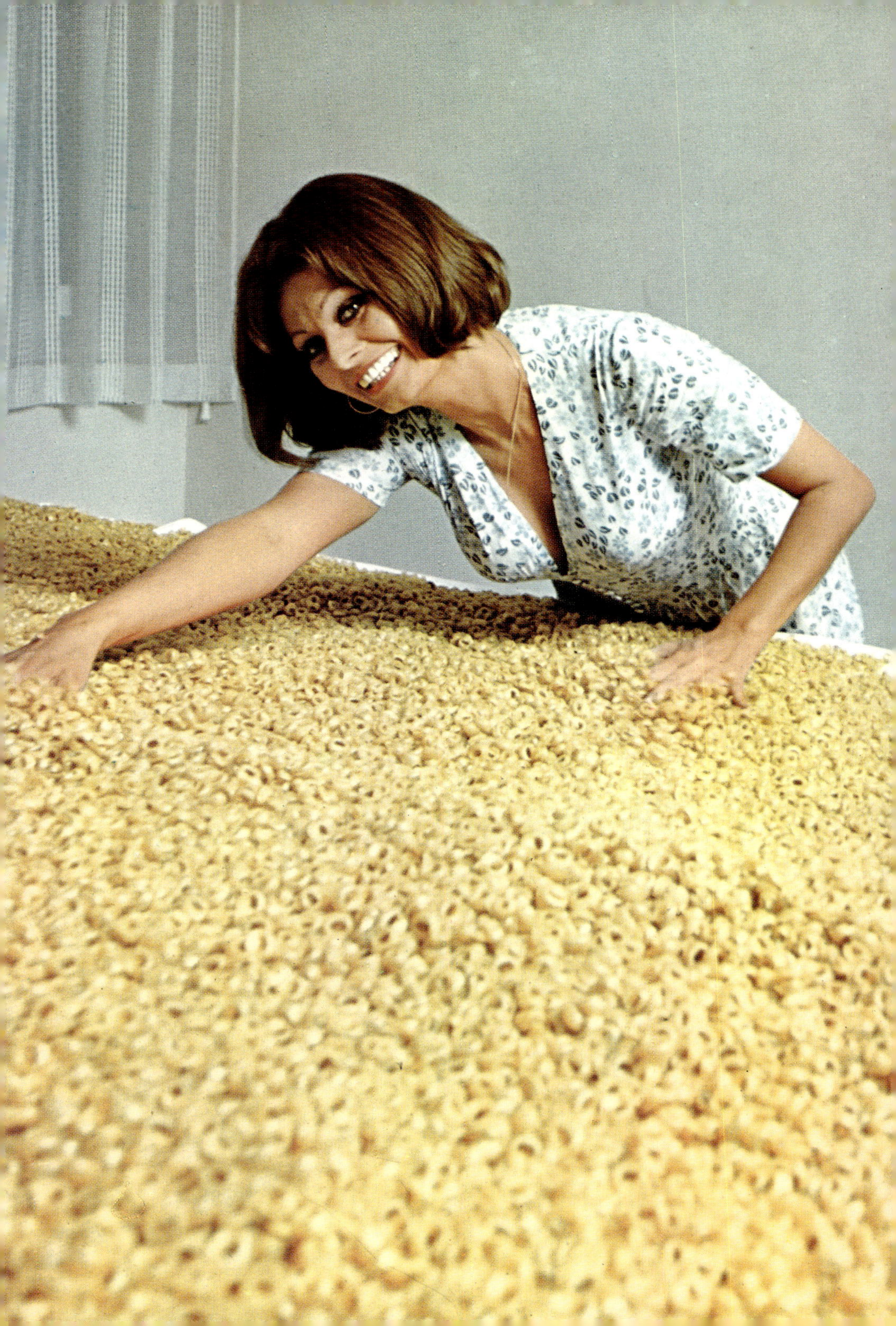

Schwimmen in einem Meer von Tortellini...

(FOTO SOLDATI)

schen Gebäudes" erhöhen, solange die Zutaten ausreichen). Auf die letzten Lasagne träufelt man nur ein paar Tropfen zerlassener (nicht gebratener) Butter und stellt das Ganze in den Backofen, gerade so lange, bis sich alles bindet und sich obendrauf eine schöne goldgelbe Kruste bildet. Ein solches Gericht kommt natürlich einer vollwertigen Mahlzeit gleich.

Grüne Lasagne

Sie werden wie die gewöhnlichen Lasagne zubereitet, aber dem Teig wird noch gekochter, gut ausgedrückter und durchs Sieb gestrichener Spinat beigegeben, während die Zahl der Eier verringert wird. Eine gute Proportion ist die folgende: ein halbes Kilo Mehl, drei Eier, 300 g gekochter und durchgesiebter Spinat. Dann geht man genauso vor wie bei den gewöhnlichen Lasagne.

Tagliatelle mit Trüffeln

Tagliatelle sind praktisch dasselbe wie Fettuccine. Der Unterschied besteht vorwiegend im Namen, der je nachdem, in welcher italienischen Region man sich befindet, wechselt. Was die Trüffeln betrifft, ißt man sie in Italien wie auch in Frankreich für gewöhnlich in dünne Scheibchen geschnitten auf irgendeiner anderen Speise.

Aber in Piemont habe ich einmal so gute Tagliatelle bekommen, daß mir jedesmal, wenn ich daran denke, das Wasser im Mund zusammenläuft. Sie waren mit einer Sauce angerichtet, in der die Trüffeln anders verwendet waren. Hören Sie nur, wie:

Lassen Sie – für sechs Personen – zwei Löffel Butter in der Pfanne zergehen, fügen Sie 100 g in dünne Streifchen (damit er rasch schmilzt) geschnittenen Gruyère, eine Prise Salz und eine Prise Pfeffer hinzu. Bringen Sie alles zum Kochen, und verlängern Sie diese Mischung mit einigen Löffeln Fleischbrühe, so daß sie halbflüssig wird. Wenn Sie sehen, daß alles gut gebunden ist, schütten Sie eine reichliche Menge in Stücke geschnittener oder grob gehackter Trüffeln in die Pfanne und rühren zwei- oder dreimal um, damit auch die Trüffeln sich mit allem übrigen binden. Zuletzt verteilen Sie diese Mischung großzügig über die Tagliatelle.

Tagliatelle mit Ragout nach Bologneser Art

Die Tagliatelle sind die gleichen, wie vorher beschrieben. Welches wirklich das orthodoxe Ragout nach Bologneser Art ist, weiß ich nicht genau. Über dieses Thema wird sogar unter den Meistern der Kochkunst viel diskutiert. Jede Bologneser Hausfrau ist natürlich davon überzeugt, daß sie selbst das beste Ragout macht, das man sich vorstellen kann. Und jetzt möchte ich Ihnen eines beschreiben, das mir ausgezeichnet zu sein scheint, selbst wenn es nicht das älteste ist.

Mischen Sie 300 g gehacktes Rindfleisch mit einer zerkleinerten Salsiz (Hartwurst), einem Mohrrübchen, etwas Sellerie, einer Zwiebel, einer

Knoblauchzehe, einem Büschel Petersilie, einigen Blättchen Basilikum, alles nicht allzu fein gehackt. Lassen Sie es mit ein paar Löffeln Öl und 50 g Butter auf lebhaftem Feuer in der Pfanne schmoren. Wenn Sie nach einer Weile sehen, daß die Masse eindickt, verlängern Sie sie mit einigen Löffeln Brühe. Sobald das Ganze dann von neuem dick und bräunlich zu werden beginnt – rechnen Sie dafür ungefähr 40 Minuten –, gießen Sie ein Glas Weißwein hinein, und warten Sie, daß er verdunstet; schließlich geben Sie noch frische oder geschälte, durchgesiebte Tomaten dazu. Was die Mengen betrifft, richtet man sich je nach Geschmack. Das Ragout muß von brauner, heller Farbe sein, aber nicht etwa rot. Lassen Sie bei schwachem Feuer noch weiterkochen, bis alles gut gebunden ist, und richten Sie dann die Tagliatelle (oder irgendeine beliebige andere Teigwarensorte) mit dieser Sauce an.

Passatelli

Dieses Gericht ist für mich eine Erinnerung an die Zeit, als ich eine Episode von „Boccaccio '70" drehte, und außerdem ist es der Ruhm der romagnolischen Küche. Die Romagna, eine Region in Mittelitalien, die ans Adriatische Meer grenzt, ist für ihre Feinschmecker und ihre gewaltigen Esser berühmt. Ich erinnere mich noch mit Schrecken und Bewunderung an das Frühstück, das dem Besitzer der Villa, in der ich wohnte, serviert wurde: ein Eierkuchen aus 24 Eiern, einige Meter Hartwurst und zwei Hühner.
Sie werden mich fragen: „Und die Linie?" Nun ja, ich glaube, das

Problem der Linie machte ihm schon seit geraumer Zeit keine Sorgen mehr.

In der Romagna rühmt sich jedes Dorf und jedes Haus, das echte Rezept für Passatelli zu besitzen. Ich kenne eins, das ich sehr gut finde. Für sechs Personen vermengen Sie drei ganze Eier, drei Eidotter, zwölf Löffel geriebenen Parmesankäse, sechs Löffel Paniermehl, ein wenig Muskatnuß (etwas mehr oder weniger, je nach Geschmack), 100 g Ochsenmark und die abgeriebene Schale einer Zitrone (wobei man darauf achten sollte, nur den äußeren gelben Teil zu reiben und nicht das weiße Innere). Vermengen Sie alles gut, und formen Sie dann mit diesem Teig eine Kugel, die Sie in einen Durchschlag legen und sanft durchpressen, so daß „Schnürchen" herauskommen: die Passatelli. Lassen Sie diese Passatelli auf ein ausgebreitetes Tuch fallen, und kochen Sie sie dann in der Brühe; wenige Minuten genügen. Servieren Sie sie mit der gleichen Brühe, in der Sie sie gekocht haben.

Achtung: Ich habe sehr geschickte Bauersfrauen gesehen, welche die Passatelli aus dem Durchschlag direkt in den Kochtopf fallen ließen.

Tortellini (Gefüllte Teigringe)

Es gibt kein Dorf und kein Dörfchen in der ganzen Poebene, wo nicht eine besondere Variante jener gefüllten Teigwaren in Ehren stünde, die Cappelletti, Tortellini, Ravioli usw. heißen. Ich mag die folgende Version sehr gern:

Der Teig ist der gleiche wie bei den Fettuccine (siehe Seite 81), doch ist es besser, weniger Eier zu nehmen; zwei genügen für 300 g Mehl (für sechs Personen). Dieser Teig wird sehr dünn ausgerollt, dann werden Scheiben von ungefähr drei Zentimeter Durchmesser ausgestochen, entweder mit einem kleinen Glas oder einem eigens dazu bestimmten Rädchen, das alle italienischen Hausfrauen besitzen. Auf jede kleine Scheibe legt man ein etwa nußgroßes Kügelchen der Füllung, die folgendermaßen zubereitet wird:

In der Bratpfanne dünsten Sie einen Eßlöffel Butter mit 50 g Kalbshirn und 100 g Schweinelende. Dann hacken Sie alles sehr fein und vermengen es mit 30 g ebenfalls feingehackter Mortadella. Vermischen Sie diese Zutaten mit 50 g geriebenem Parmesankäse, zwei oder drei Eiern und ein wenig Muskatnuß. Die Füllung muß so lange verrührt werden, bis alles gut durcheinandergemengt ist. Dann formt man die Kügelchen und legt sie auf die Teigscheiben (es ist besser, den Teig erst auszustechen, wenn die Füllung schon fertig ist). Jedes Scheibchen wird zusammengeklappt, so daß es aussieht wie ein Halbmond; dann drückt man vorsichtig die Ränder gegeneinander, damit sie zusammenhaften. Dies sind dann die Tortellini, die in einer Fleischbrühe gekocht und mit derselben Brühe serviert werden; dazu gibt man noch geriebenen Käse. Oder man kann sie auch in reichlich siedendem Wasser kochen und, nachdem man sie sorgfältig hat abtropfen lassen, mit zerlassener Butter und geriebenem Parmesankäse oder auch mit Ragout (siehe Seite 88) anrichten.

„Rotolone" (Große Rolle)

Warum, weiß ich nicht, aber bei diesem Namen kommt mir immer der Titel eines Films in den Sinn; statt dessen handelt es sich um ein Gericht, und zwar um ein echtes Schlemmergericht. Ich mag es sehr gern und gebe Ihnen das Rezept.

Zuerst machen Sie einen dünn ausgerollten Teig wie für die Fettuccine, aber nehmen Sie etwas mehr Mehl dazu: für sechs Personen 700 g Mehl und sechs Eier. Dann kochen Sie ein Kilo Spinat in sehr wenig gesalzenem Wasser, lassen ihn abtropfen, hacken ihn grob und dünsten ihn mit einem nußgroßen Stück Butter in der Pfanne. Nun verteilen Sie den Spinat auf dem ausgerollten Teig, streuen Schinkenwürfel (im ganzen 150 g Schinken) und eine Handvoll geriebenen Parmesankäse darüber und rollen den Teig zusammen. Auf diese Weise ist die „große Rolle" entstanden. Nun wickeln Sie die Rolle in ein weißes Tuch und legen sie zum Kochen in einen sehr langen Topf (es gibt dafür spezielle Töpfe) mit siedendem Wasser, etwa zwanzig Minuten lang. Dann wickeln Sie die Rolle aus dem Tuch und lassen sie etwas abkühlen; schließlich schneiden Sie sie in Scheiben von etwas mehr als einem Zentimeter Dicke. Ordnen Sie diese Scheiben dicht nebeneinander auf der Platte an, gießen Sie zerlassene Butter oder neapolitanische Tomatensauce (Öl, Knoblauch, Tomaten, Basilikum; siehe Seite 49) darüber, und bestreuen Sie alles mit Parmesankäse. Wenn Sie die in Scheiben geschnittene Rolle mit zerlassener Butter anrichten, können Sie sofort servieren; richten Sie sie aber mit Sauce an, empfiehlt es sich, sie ein paar Minuten in den Backofen zu stellen.

Gnocchi

Auch die „Gnocchi" (sprich: Njocki) gehören in Italien zur Tradition und sind meistens „hausgemacht". Hier ist das einfachste Rezept, mit dem bei uns zu Hause oft das Problem gelöst wurde, wie man Mahlzeiten abwechslungsreich gestaltet. Für sechs Personen werden ein Kilo Kartoffeln geschält, gekocht und durchgerührt. Das so entstandene Püree läßt man abkühlen, gibt dann 200 g Mehl und, wenn man will, auch ein Ei dazu. Darauf wird alles gründlich vermengt. Wenn der Teig gut verknetet ist und zusammenhält, formen Sie daraus kleine Röllchen von ungefähr einem Zentimeter Durchmesser und zwei bis drei Zentimeter Länge. Zuletzt drücken Sie, am besten mit dem Daumen, eine kleine Öffnung in die Mitte der Röllchen (damit sie besser gar kochen, weil sonst das Innere zu hart bliebe). Jetzt lassen Sie die Gnocchi auf einem Leinentuch ruhen. Im gegebenen Augenblick sieden Sie eine große Menge leicht gesalzenes Wasser, schütten die Gnocchi hinein und nehmen sie wieder heraus, sobald sie an die Oberfläche kommen, denn das ist das Zeichen dafür, daß sie gar sind. Richten Sie die Röllchen mit einer guten Fleischsauce und geriebenem Parmesan oder anderem Reibkäse an. Auch eine Prise Pfeffer paßt gut dazu.

Grüne Gnocchi

Ein halbes Kilo Spinat (Quantität für sechs Personen) wird gewaschen, gekocht und sorgfältig gesiebt, dann mit ein paar Löffeln Öl und einer zerquetschten Knoblauchzehe in die Pfanne gegeben. Wenn der Spinat gut gedünstet ist, hacken Sie ihn klein (nachdem Sie die Knoblauchzehe herausgenommen haben) und fügen zwei ganze Eier sowie 150 g geriebenen Parmesankäse hinzu. Aus diesem Gemisch formen Sie kleine Röllchen (wie bei den gewöhnlichen Gnocchi) von etwa zwei bis drei Zentimeter Länge. Dann läßt man sie in einer reichlichen Menge leicht gesalzenem Wasser kochen. Wenn sie nach und nach an der Oberfläche auftauchen, sind sie gar. Sie werden mit zerlassener Butter oder mit Ragout (siehe Seite 88) und viel geriebenem Parmesankäse gegessen.

Gnocchi mit Gorgonzola

Dieselben Gnocchi, die ich im ersten Rezept beschrieben habe, kann man auch mit einer Gorgonzolasauce essen (Gorgonzola ist der sehr charakteristische italienische Käse, der ähnlich schmeckt wie der französische Roquefort), die es meiner Meinung nach verdient, ins goldene Buch der besten kulinarischen Erfindungen eingetragen zu werden. Ich habe sie in Mailand entdeckt, wieder im Restaurant von Guido Furiassi, der den genialen Einfall hatte, die Gnocchi mit dieser

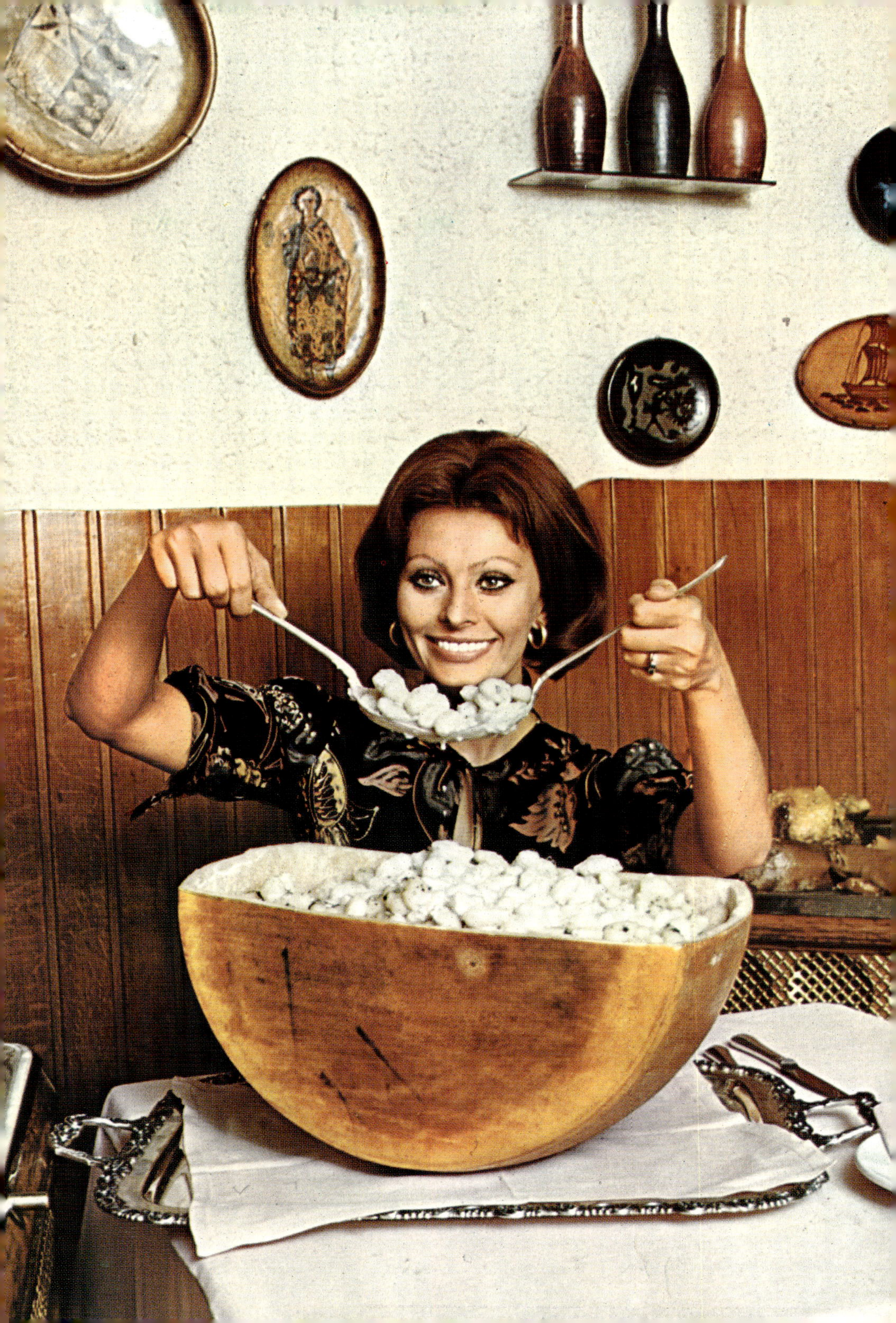

*Die berühmten Nockerln mit Gorgonzola,
serviert in einem ausgehöhlten Parmesankäse.*

(FOTO SOLDATI)

Sauce anzurichten. Er serviert sie in der ausgehöhlten Form eines halben Parmesankäses, was den Geschmack noch verbessert und vor allem ein großartiger Anblick ist. Stellen Sie sich vor: Auf den Serviertisch wird vor die Augen der Gäste diese Art Schiff gestellt, das aus der vertikal aufgerichteten Form eines halben Parmesankäses besteht, der so ausgehöhlt ist, daß außer der Rinde noch eine etwa einen Zentimeter dicke Käsemasse bestehen bleibt. In ihr strömen die Gnocchi in der Gorgonzolasauce einen unwiderstehlichen Duft aus. Guido hat mir erklärt, daß dieses Parmesanschiff allerhöchstens eine Woche lang benutzt wird. Jeden Abend wird es gesäubert, indem man immer ein bißchen mehr wegschabt; dann nimmt man eine neue Käseform. Natürlich ist das nur bei dem enormen Parmesanverbrauch eines Restaurants möglich. In einem privaten Haushalt kann man dieses System nicht befolgen. Aber die Sauce kann man trotzdem zubereiten. Allerdings macht Guido die Gnocchi ein bißchen härter, als ich sie vorher beschrieben habe. Zum Beispiel nimmt er für fünf bis sechs Personen 800 g Kartoffeln und 200 g Mehl, und dazu kommen noch zwei ganze Eier. Für das übrige bleibt die Zubereitung die gleiche. Man vermengt alles, formt aus der Masse viele kleine Röllchen von etwa einem Zentimeter Dicke und zwei bis drei Zentimeter Länge, in die man mit dem Daumen in der Mitte eine Öffnung hineindrückt, und die Gnocchi sind fertig. Was die Sauce anbetrifft, so ist sie ziemlich einfach. Für ein Kilo Gnocchi läßt man zwei Löffel Butter in der Pfanne zergehen, dann gibt man 200 g Gorgonzola von möglichst weicher und butterartiger Qualität hinein. Wenn der Gorgonzola geschmolzen ist, fügt man zwei Löffel frische Tomaten (oder Fleisch geschälter Büchsentomaten) sowie 7–8 Löffel Bratensauce hinzu. Unterdessen muß man auch die Gnocchi kochen, genau wie die anderen in siedendem Wasser: Wenn sie nach oben kommen, nimmt man sie heraus. Sobald die Gnocchi fertig sind, schüttet man sie in die Pfanne zur Sauce, wendet sie darin um und vervollständigt schließlich die Mischung mit einem Glas flüssiger Sahne und einem Löffel geriebenem Parmesankäse pro Person. Auch wenn Sie dieses Gericht in einer gewöhnlichen Suppenschüssel servieren, wird es außergewöhnlich gut schmecken.

Anmerkung: Wenn Sie Roquefort verwenden wollen, bedenken Sie, daß er pikanter ist als der Gorgonzola und daß daher 150 g genügen. Aus demselben Grund müssen Sie die Quantität der Butter auf mindestens vier Löffel erhöhen.

Gnocchi nach römischer Art

Sie schmecken milder als die anderen Gnocchi, was sehr gut verständlich ist, wenn man die Zutaten kennt.

Für sechs Personen zerlassen Sie 50 g Butter bei schwacher Hitze in einem Liter Milch; dann stellen Sie auf höhere Temperatur ein, und wenn die Milch kocht, schütten Sie 200 g Grieß hinein, während Sie immerfort rühren. Wenn die Masse sehr fest wird, gießen Sie noch einen Schluck Milch dazu, rühren noch einmal um, stellen den Herd ab und fügen 100 g geriebenen Parmesankäse sowie zwei Eigelb hinzu, immer unter ständigem Rühren. Wenn Sie sehen, daß die immer noch sehr heiße Masse gut gebunden ist, gießen Sie sie auf die Marmorplatte des Küchentischs, die Sie vorher mit kaltem Wasser naß gemacht haben. Darauf breiten Sie die Masse so aus, daß sie eine Höhe von ungefähr einem Zentimeter hat, und lassen sie abkühlen. Dann stechen Sie mit dem Rand eines Glases Scheibchen aus dem Teig: die Gnocchi. Jetzt nehmen Sie eine feuerfeste Form, buttern sie gut ein und bestreuen sie mit Paniermehl. Legen Sie die Gnocchi dicht nebeneinander hinein, so daß der Rand des einen auf den vorhergehenden zu liegen kommt, bedecken sie mit zerlassener Butter und geriebenem Parmesan, machen Sie eine zweite Schicht Gnocchi, wieder Butter und Parmesan darüber, und stellen Sie sie eine Stunde in den Backofen.

Von den Tischmanieren und vom Rauchen

Ich frage mich immer, warum bei Tisch so viele Anstandsregeln und gute Manieren eingehalten werden, die sich im Leben von heute oft als absurd erweisen, während man andere, die eigentlich unantastbar sein sollten, mißachtet.
Es wird immer gesagt, die Anstandsregeln seien die Frucht von Erfahrungen, seien zu Gesetzen gemacht worden, weil sie sich als vorteilhaft erwiesen hätten. Aber wie es immer ist: Mit der Zeit ändern sich die Umstände, und die Vorschriften bleiben, doch sie verlieren ihren Sinn, wenigstens zum Teil. Auf allen Gebieten ist das so. Zuweilen mag es sich herausstellen, daß es gut ist, sie zu bewahren, zuweilen aber hat es auch eine gegenteilige Wirkung.
Ich möchte einige Beispiele anführen. Es besteht kein Zweifel darüber, daß man bei Tisch anständig sitzen und sich so benehmen soll, daß man denjenigen, der neben einem oder einem gegenüber sitzt, so wenig wie möglich stört. Folglich ist es richtig, daß man nicht allzu sehr mit den Händen herumfuchtelt, daß man nicht geräuschvoll seine Suppe schlürft und auch sonst keine Geräusche macht, daß man sich nicht mit Zahnstochern die Zähne säubert und so weiter. Alles Dinge, die an die weniger angenehme Seite des Essens erinnern.
Nur allzu richtig, daß man bei Tisch nicht raucht. Rauchen ist das Schädlichste, was den Geschmackssinn betrifft. Der Geschmack der Zigarette stumpft die Empfindlichkeit der Zungenpapillen ab und verhindert, daß man den Geschmack der Speisen deutlich wahrnimmt. Der Rauch stört nicht nur denjenigen, der raucht, sondern auch den,

der sich in seiner Nähe befindet, ja sogar mehr den in der Nähe Sitzenden als den Raucher selbst. Bei Tisch zu rauchen, ist wirklich ein Widersinn. Und doch sind die meisten Leute, die bei Tisch rauchen, beleidigt, wenn man dies sagt, und meinen, man habe etwas Unrichtiges behauptet, obschon sie in anderen Dingen tolerant sind. Sie sagen, der Rauch mache ihnen nichts aus, sie hätten eben besondere Papillen. (Sollte es möglich sein, daß alle Raucher ohne Ausnahme besondere Papillen haben?) Aber am meisten mißfällt mir, daß es größtenteils Frauen sind, die bei Tisch als erste die Zigaretten anzünden. Die Männer, selbst die leidenschaftlichsten Raucher, warten oft, daß die Frauen die „Rauchpause" während der Mahlzeit eröffnen. Eine bequeme Art, ihrer dringenden Begierde das Alibi guter Erziehung zu verschaffen – und die Frauen nehmen auch ohne zu überlegen diese heuchlerische Form der Ehrerbietung an.

Früher wagten es selbst die leidenschaftlichsten Raucher nicht, bei Tisch eine Zigarette anzuzünden. Sie hörten auf zu rauchen, bevor sie sich zu Tisch setzten, und fingen wieder an, sobald das Essen zu Ende war. Dann kam ausgerechnet aus den Vereinigten Staaten – es tut mir leid, dies sagen zu müssen – das schlechte Beispiel zu uns herüber und griff rasch um sich. Dieselben Leute, die früher bereit waren, auf das Laster, bei Tisch zu rauchen, zu verzichten, sagen heute, sie könnten nicht widerstehen. Und das Schönste daran ist, daß man sich unterdessen wiederum ausgerechnet in den Vereinigten Staaten zuerst bewußt geworden ist, welchen Schaden das Rauchen im allgemeinen anrichtet. Und von den Vereinigten Staaten geht jetzt auch die heftigste und wirksamste Kampagne der Welt gegen das Rauchen aus.

Nun, es sei mir gestattet, meinen Beitrag zu dieser Kampagne zu leisten mit einem ganz leicht zu verwirklichenden Vorschlag. Da festgestellt worden ist, daß die Schädlichkeit des Rauchens schon sehr begrenzt wäre, wenn man in vermindertem, vernünftigem Maße und nur in gewissen Zeitabständen rauchte, warum kehrt man dann nicht zum alten Brauch, bei Tisch nicht zu rauchen, zurück? Die Zigarettenfabriken zögen vielleicht selbst einen Vorteil daraus, wenn sie eine solche Kampagne unterstützten und vorschlügen, sich bei Tisch zu enthalten, damit dann am Schluß der Mahlzeit die Zigarette um so besser schmeckt. Ja, am Schluß ist der Geschmack der Zigarette noch ein zusätzliches Vergnügen, zum Kaffee oder zum Kognak. Was sagen Sie dazu? Wollen Sie gemeinsam mit mir diese gute neue Regel verbreiten und für die Wiedereinführung des Rauchverbots während der Mahlzeiten Propaganda machen?

Reis

Auch Reis kann man wie Teigwaren auf hunderterlei verschiedene Arten zubereiten. Denken Sie daran, daß fast alle Zutaten, die zu Teigwaren passen, sich auch für Reis sehr gut eignen. Man kann also Reis mit Tomatensauce essen oder mit Ragout, mit Pilzen, Zucchetti, Artischocken, Venusmuscheln, Krabben, Erbsen, Linsen und vielem anderen mehr. Es steht Ihnen also, glaube ich, bereits ein „Repertoire" zur Verfügung, das sich aus den Rezepten der vorangegangenen Kapitel zusammensetzt.

Dennoch möchte ich Ihnen im folgenden ein paar Rezepte vorschlagen, die ausschließlich für die Zubereitung von Reis gelten.

Reissalat

Ich weiß wohl, daß es viele Arten von Reissalat gibt: Diese ist eine der klassischsten, und ihr „Klima" ist vor allem der Sommer.
Für sechs Personen braucht man ein halbes Kilo in leicht gesalzenem Wasser „al dente" gekochten und gut abgetropften Reis. In einer Suppenschüssel vermengt man nun diesen Reis mit 150 g zerbröckeltem Thunfisch, 150 g in Würfelchen geschnittenem Gruyère, vier Tomaten, zwei Karotten, einer Sellerieknolle, alles in kleine Stückchen geschnitten. Ferner gibt man 100 g entsteinte, kleingeschnittene grüne Oliven dazu, eine Handvoll gewiegte Petersilie, ein paar gehackte Basilikumblätter sowie zwei hartgekochte, ebenfalls zerkleinerte Eier. Vermengen Sie alles gründlich, und richten Sie mit ein paar Löffeln Öl, dem Saft einer Zitrone, einer Prise Salz und etwas frischem Pfeffer an, damit der Salat schön „gleitet" und nicht klebt, aber auch nicht „durchtränkt" wird. Diesen Salat kann man mit einigen Scheiben eines hartgekochten Eies garnieren.

Reis nach Genueser Art

Dünsten Sie eine schöne, nicht allzu dünn geschnittene Zwiebel mit 40 g Butter und einer Handvoll feingewiegter Petersilie. Wenn die Zwiebel goldgelb wird, fügen Sie 300 g geschnetzeltes oder gehacktes

Kalbfleisch sowie drei gut geputzte und in Schnitze geschnittene Artischocken hinzu. Unterdessen haben Sie 600 g Reis in einer guten Fleischbrühe aufgesetzt. Nach der halben Kochzeit geben Sie den Reis zu den gebratenen Zutaten. Lassen Sie alles weiterkochen, während Sie dann und wann umrühren und Salz, Pfeffer und geriebenen Parmesankäse dazutun. Wenn der Reis gar ist – er muß fast trocken sein –, schütten Sie alles in eine mit Butter eingefettete, feuerfeste Form und lassen es so lange im Backofen, bis sich obendrauf eine goldbraune Kruste gebildet hat.

Reis nach Fischerinnenart (mit Krabben und Venusmuscheln)

Gießen Sie in die Bratpfanne – wenn möglich, in eine schwarze, gußeiserne Pfanne – drei bis vier Löffel Öl, geben Sie eine zerquetschte Knoblauchzehe, eine Karotte und eine Sellerieknolle dazu, beides in ziemlich große Stücke geschnitten. Warten Sie einige Minuten, bis das Gemüse zusammenschrumpft und sein Aroma hergibt; dann nehmen Sie es heraus und lassen in demselben Öl die Krabben braten. Für sechs Personen braucht man ein Kilo. Doch bevor man sie in die Pfanne tut, müssen sie geschält werden, und auf diese Weise nimmt ihr Gewicht erheblich ab. Achtung: Sie dürfen Ihre Krabben nicht salzen und auch nicht mit Mehl bestäuben, sondern man läßt sie „nature" braten. Gießen Sie lieber, wenn die Krabben eine goldbraune Farbe annehmen, ein halbes Glas Kognak darüber. Wenn der

Kognak verdampft ist, was ungefähr zehn Minuten dauert, gießen Sie das Wasser von einem Kilo Venusmuscheln hinein, die Sie gesondert zubereitet haben, wie es für die Vermicellisauce (siehe Seite 52) vorgeschrieben ist. Natürlich gilt hier dasselbe, was wir bei jedem Rezept in bezug auf die Venusmuscheln aus Büchsen gesagt haben. Wenn auch das Muschelwasser verdampft ist, geben Sie die Muscheln selbst sowie ein Büschelchen gehackte Petersilie dazu und stäuben etwas Pfeffer darüber. Lassen Sie noch ein paar Minuten kochen; im ganzen rechnet man etwa 15 Minuten Kochzeit. Unterdessen kocht der Reis in einer feuerfesten Form. Man nimmt 600 g für sechs Personen. Zuerst setzen Sie den Reis mit wenig Öl auf, ungefähr zwei oder drei Minuten, dann gießen Sie ein Liter und 200 g siedendes, leicht gesalzenes Wasser darauf; noch besser wäre dieselbe Menge Brühe von magerem Fleisch. Nun in den mäßig heißen Backofen stellen. Es braucht ungefähr 15–20 Minuten, bis der Reis gar wird und das Wasser oder die Brühe absorbiert ist. Dann lassen Sie ihn in einem Sieb gut abtropfen (Sie können ihn auch auf einen Marmortisch schütten, damit die restliche Flüssigkeit herausgeht) und geben ihn zuletzt in die Pfanne mit der Muschel- und Krabbensauce. Rühren Sie eine, zwei oder drei Minuten lang um, so daß alles gut vermengt wird; noch eine Handvoll Petersilie dazu und schön heiß servieren.

Risotto nach Mailänder Art

Der Risotto nach Mailänder Art ist für mich eins der köstlichsten Gerichte der Welt. Es kommt dabei alles darauf an, daß man zum Geschmack des Safrans Vertrauen gewinnt, der dem Reis jene goldene Farbe verleiht, wie sie die Logen der Mailänder Scala haben. Es ist ein exotischer Geschmack, zwar etwas scharf, aber er wird durch alle anderen Gewürze ausgeglichen. Was ich mir nicht vorstellen konnte, als ich mir das Rezept zeigen ließ, war, daß es auch bei diesem Gericht viele Auseinandersetzungen über die Art der Zubereitung gibt und daß sie von Haus zu Haus und von Koch zu Koch verschieden ist. (Und ich konnte mir auch nicht vorstellen, daß Risotto, wie man mir erklärte, in vergangenen Jahrhunderten sogar in den Vorlogen der Scala, das heißt in jenen kleinen Kämmerchen, in denen die Logeninhaber heute ihre Mäntel und Pelze lassen, gekocht und am Schluß der Aufführung gegessen wurde. Man lernt immer etwas dazu.)

So jedenfalls lautet das Rezept des besten Risotto, den ich je gegessen und nach dem ich ihn dann und wann zubereitet habe:

Zerlassen Sie in einer Pfanne 40 g Butter, geben Sie ebensoviel Ochsenmark dazu sowie eine feingehackte Zwiebel. Wenn die Zwiebel goldgelb wird, geben Sie den Reis dazu, 600 g für sechs bis acht Personen, und lassen Sie ihn so kochen, fast als ob er rösten müßte. Die Hauptsache bei diesem Gericht ist nämlich, daß der Reis nicht in kochendem Wasser gesotten werden darf, sondern ganz allmählich dünsten muß und nur dann und wann, wenn es nötig ist, mit Brühe befeuchtet wird (dafür braucht man ungefähr ein Liter). Sobald der Reis allmählich weich zu werden beginnt, geben Sie eine Löffelspitze Safran dazu. Und schon sind wir fast am Schluß: Wenn der Reis beinahe gar ist (er braucht zwischen 12 und 14 Minuten, um gar zu werden), richten Sie ihn noch auf dem Herd mit frischer Butter und geriebenem Parmesankäse an. Rühren Sie gut um, damit alles schmilzt und sich bindet, und servieren Sie.

„Supplì"

Wer auch nur ein einziges Mal in Rom gewesen ist, kennt dieses Gericht: Die sogenannten Supplì sind Reishüllen, in deren Mitte Sauce, Hackfleisch und Mozzarellastückchen eingeschlossen sind. Mit zweien oder dreien von diesen Kroketten ist das Problem einer Mahlzeit schon gelöst. Wie oft habe auch ich dieses Gericht in Rom gemacht, zwischen zwei Szenen eines Films. In Süditalien, besonders in Sizilien, gibt es etwas Ähnliches: die Reisorangen. Aber nachdem ich beide Rezepte ausprobiert habe, muß ich sagen, daß mir die römischen „Supplì" besser schmecken, denn sie haben etwas Lebendigeres, Fröhlicheres im Geschmack. Doch die Supplì, die man jetzt bekommt, sind nur ein schwacher Abklatsch – gestatten Sie mir die kleine Eitelkeit – von denen, die ich nach dem traditionellen Rezept zubereiten kann.

Den Reis läßt man wie gewöhnlich in einer reichlichen Menge leicht gesalzenen Wassers kochen: 600 g für sechs Personen. Schütten Sie ihn ab, wenn er gut „al dente" ist. Schon vorher haben Sie eine Fleischsauce zubereitet wie das Ragout nach Bologneser Art (siehe

Seite 88), das ich hier noch einmal kurz zusammenfasse: In ein paar Löffeln Öl Karotte, Zwiebel, Selleriestückchen, gehackten Knoblauch bräunen, dann 300 g gehacktes Kalbfleisch, eine Handvoll Petersilie, Salz und Pfeffer beigeben und dazu noch ein Glas trockenen Weißwein hineinschütten. Zuletzt, wenn der Wein verdampft ist, noch ein Kilo geschälte Tomaten zu allem anderen für etwa anderthalb Stunden in den Topf tun.

Nun haben Sie einerseits das Ragout, andrerseits den Reis. Schütten Sie den Reis in eine sehr weite Suppenschüssel oder in einen sehr großen Teller, und gießen Sie den Fleischsaft durch ein Sieb darüber, so daß die Fleischstückchen und das Gemüse im Sieb zurückbleiben. Fügen Sie außerdem zum Reis drei Eigelb und eine gute Handvoll geriebenen Parmesankäse hinzu, vermengen Sie alles sorgfältig, und lassen Sie die Masse – und dies ist von besonderer Wichtigkeit – ein paar Stunden ruhen. Jetzt müssen Sie die Supplì mit den Händen zubereiten: Nehmen Sie jedesmal eine Menge, die etwa zwei Löffeln voll Reis entspricht (aber auch etwas mehr oder etwas weniger, je nachdem, wie groß Sie die Supplì haben möchten), in die Mitte tun Sie einen kleinen Löffel Fleisch, mit dem Gemüse vermischt, das im Sieb zurückgeblieben ist. Legen Sie auch zwei oder drei Stückchen Mozzarella (oder Rahmkäse) darauf, den Sie für diese Endphase in einem Teller vorbereitet haben. Formen Sie die Supplì um diese Mitte herum, aber nicht ganz rund, ein wenig länglich, eiförmig. Dann wälzen Sie sie in Paniermehl und backen sie in einer reichlichen Menge brutzelndem Öl in einer Pfanne mit hohem Rand. Backen Sie alle rasch nacheinander, denn sie sollten sehr heiß gegessen werden – und es wird Ihnen fast so vorkommen, als seien Sie in Rom, in einem seiner ältesten und menschlichsten Stadtviertel, rings um die Fontana di Trevi herum, in Trinità dei Monti oder im Herzen von Trastevere.

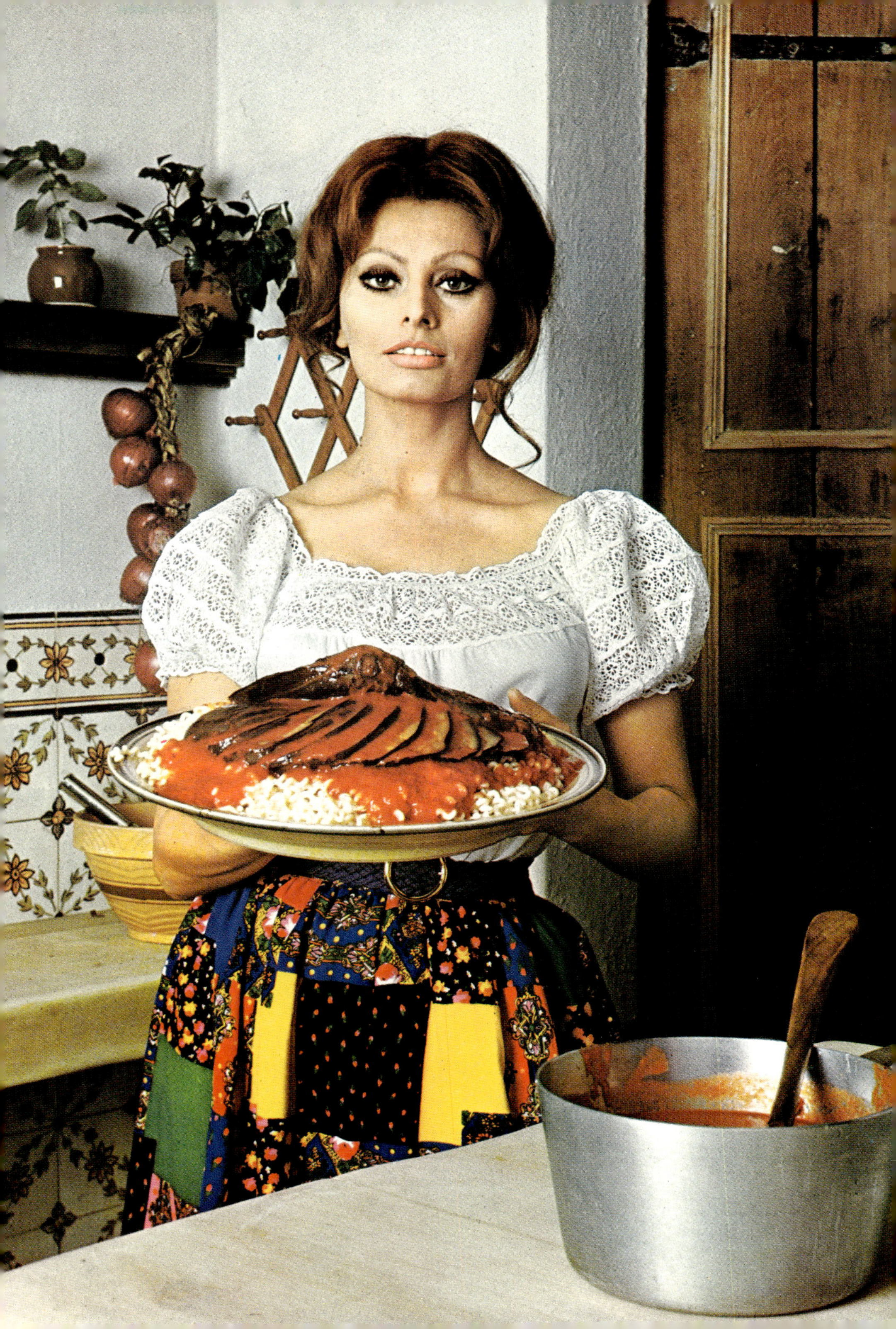

*In der Küche ihres New Yorker Hauses
präsentiert Sophia
einen appetitlichen Risotto mit Auberginen.*

(FOTO SECCHIAROLI)

"Tiella" von Reis, Kartoffeln und Miesmuscheln

"Tiella" heißt bei den Bewohnern Apuliens, des Gebietes Italiens also, das Griechenland gegenüberliegt und in dem noch sehr alte Bindungen zur orientalischen Küche bestehen, die "Teglia", die Bratpfanne. Kommt man zu einer apulischen Familie und weiß Fisch zu schätzen, ist es sehr schwer, keine Schlemmersünden zu begehen. Dieses Gericht wird folgendermaßen zubereitet:

Setzen Sie in einem Kochtopf 400 g Venusmuscheln und Miesmuscheln auf, bis sie sich öffnen und ihr Wasser herausfließt. Dann nehmen Sie die Weichtiere aus der Schale, gießen das Wasser durchs Sieb und stellen es beiseite.

Jetzt geben Sie ein paar Löffel Öl in die Bratpfanne sowie eine in dünne Scheiben geschnittene Zwiebel. Wenn die Zwiebel goldbraun wird, fügen Sie einige frische, zerkleinerte Sardinen hinzu (etwa 200 g), drei oder vier geschälte und in dünne Scheiben geschnittene Kartoffeln, ein paar in Stückchen geschnittene Tomaten sowie das Wasser der Venus- und Miesmuscheln, in dem Sie eine Löffelspitze Safran aufgelöst haben. Lassen Sie alles bei mäßiger Hitze eine Viertelstunde lang kochen, dann geben Sie die Muscheln und 500 g Reis dazu.

Kochen Sie weiter, indem Sie ab und zu umrühren und, wenn es zu trocken zu werden beginnt, ein paar Löffel lauwarmes Wasser oder, noch besser, Fischbrühe hinzufügen. Nach fünf oder sechs Minuten nehmen Sie alles vom Feuer, mengen zwei geschlagene Eier darunter, geben noch mehr Brühe hinein und stellen die "Tiella" in den

Backofen, bis sich auf der Oberfläche eine goldbraune Kruste bildet. Unmittelbar vor dem Servieren können Sie Ihre „Tiella" mit einem Spritzer kaltem Olivenöl anfeuchten.

Von Tischmanieren und den Händen

Noch einmal zum Thema Tischmanieren. Ist es eigentlich wirklich richtig, wie wir Messer und Gabel gebrauchen? Gewiß, das Besteck ist sehr bequem. Doch manchmal übertreiben wir, denn wir vergessen, daß die Berührung mit dem Metall (besonders wenn immerfort alles kleingeschnitten und mit Messer und Gabel in den Speisen herumgestochert wird) den natürlichen Geschmack der Speisen beeinträchtigen kann.
Kommt Ihnen das seltsam vor? Aber sicher haben Sie alle erfahren, welch ein Unterschied es ist, ob man einen Apfel oder einen Pfirsich mit den Händen ißt oder ob man einen Apfel oder einen Pfirsich mit Messer und Gabel schält und zerschneidet. Ihr Geschmack verändert sich. In den Vereinigten Staaten haben einige Forscher diesbezügliche Experimente gemacht und festgestellt, daß kleine chemische Veränderungen eintreten, die zwar für die Gesundheit nicht gefährlich sind, aber doch für die Kochkunst.
Wir alle wissen, daß es verboten ist, mit den gewöhnlichen Messern und Gabeln Fisch zu essen. Es scheint eine normale Anstandsregel zu sein, aber sie hat ihren Ursprung in etwas anderem, nämlich in der Tatsache, daß eine Veränderung im Geschmack eintritt. Ich glaube, daß man manche Früchte, auch manche gekochten Speisen wie etwa eine Pizza oder den Flügel eines Hühnchens oder Bratkartoffeln, die ganz, ganz dünnen, fast durchsichtigen, mit den Händen essen darf, ja sogar mit den Händen essen muß. Es ist tatsächlich eine Frage des Geschmacks, der sich verändert, aber in manchen Fällen ist es sogar

die Frage, ob nicht das Beste daran verlorengeht, wie etwa das Fleisch, die knusprige Kruste auf dem Hühnerflügel. Für mich ist es zum Beispiel ein Dogma, daß der Geschmack der Bratkartoffeln bei den Fingerspitzen anfängt. Es ist ein längeres, vollständigeres Genießen, weil es den Tastsinn und andere Sinne mit dem Geschmackssinn verbindet. Schon wenn man ein Stückchen Bratkartoffel zwischen die Finger nimmt, spürt man ihre ersten guten Eigenschaften: das Knusprige ihrer Kruste, ihre duftende Wärme, ihr goldgelbes Fett. (Verzeihen Sie mir soviel übertriebene Begeisterung, aber ich mag Bratkartoffeln wahnsinnig gern.)
Was ist also schon Schlimmes dabei, gewisse Dinge mit den Händen zu essen? Die offenkundige Antwort darauf scheint zu sein: Es ist schlimm, weil man sich die Hände schmutzig macht. Aber die Hände kann man sich gleich hinterher waschen, und mit ein bißchen Geschicklichkeit macht man sich nur die Spitzen der Finger, sogar nur einiger Finger schmutzig. Wir sind nicht mehr an diese Dinge gewöhnt, doch in vielen orientalischen Ländern ißt man noch mit den Händen, und zwar auf die eleganteste und unbefangenste Art und Weise. Die Chinesen essen, wie Sie wissen, mit Stäbchen. Sie sind Erben einer uralten Kultur und haben der westlichen Welt, der europäischen Kultur viel gegeben. Haben Sie sich nie gefragt, warum eigentlich die Araber und die Orientalen überhaupt in der heutigen Zeit so vieles von der westlichen Kultur übernommen haben, aber nicht unsere Art, die Speisen zum Munde zu führen?
Man sollte darüber nachdenken. In Italien habe ich über dieses Thema Artikel gelesen und außerordentlich interessante Diskussionen gehört. Die Gabel ist übrigens sehr alt. Man spricht schon bald nach dem Jahr Tausend davon, und zwar in Zusammenhang mit einer venezianischen Dogaressa, die eine Gabel für ihren persönlichen Ge-

brauch besaß und damit großen Skandal erregte. Man spricht auch in bezug auf die mediceischen Königinnen in Frankreich davon, und so weiter. Aber warum verbreitete sich der allgemeine Gebrauch erst sehr viel später, im achtzehnten Jahrhundert? Und warum wurde dann in der „belle époque" ein so übertriebener Gebrauch davon gemacht? In der „belle époque" war die Geschicklichkeit, virtuos mit Messer und Gabel umzugehen, ein Zeichen für Überlegenheit und Distinktion. Ein Gentleman, der mit Messer und Gabel eine Orange nicht nur schält, sondern auch das weiße Pelzchen von jedem Schnitz entfernt, ist wirklich ein Virtuose. Was aber in seinem Fall ein Fehler ist, ist das Ergebnis, was den Geschmack der Orange betrifft. Was mich angeht, so möchte ich darauf bestehen: Befreien wir uns von der Sklaverei des Bestecks, wenn es, statt ein Vorteil zu sein, den Speisen zum Schaden wird.

Minestra (Gemüsesuppe)

Die Gemüsesuppen, von denen ich Ihnen sprechen möchte, sind anders als die gewöhnlichen Suppen oder „potages", denn sie sind dicker und haben weniger Ähnlichkeit mit einer Brühe. Sie sind oft das Ergebnis eines Zusammenklangs von Teigwaren oder Reis mit verschiedenen Gemüsen und Kräutern. Ich habe mich manchmal gefragt, warum wir in Italien die Minestra so mögen, und die Antwort hat mir mein eigener Geschmack gegeben. Wir sind an Teigwaren gewöhnt, wir wollen immer etwas Festes zwischen den Zähnen spüren. Im übrigen möchte ich noch sagen, daß gerade diese unsere italienische Minestra mit ihrem natürlichen Geschmack, ihrem nahrhaften und doch leichten Gehalt eine Bereicherung für jede beliebige Küche sein könnte.

Blumenkohlminestra

In ein paar Löffeln Öl lassen Sie einige zerquetschte Knoblauchzehen goldbraun dünsten, geben einen gut gewaschenen und in kleine Stücke geschnittenen Blumenkohl dazu, streuen Salz und Pfeffer darüber und lassen das Ganze bei kleinem Feuer in bedecktem Topf so lange kochen, bis ein regelrechtes Gemisch entsteht. Nun kochen Sie für sechs Personen 500 g Teigwaren (am besten eignen sich „Bucatini" – Röhrchennudeln) gut „al dente". Richten Sie mit dem Blumenkohl und mit reichlich geriebenem Parmesankäse an.

Minestra mit Teigwaren und Kartoffeln

Dies ist wirklich die Minestra der armen Leute: aber wie gut und würzig sie schmeckt! Für sechs Personen schälen Sie ein Kilo Kartoffeln und schneiden sie in kleine Stückchen. Lassen Sie im Topf zerkleinerte Karotten und Tomaten mit ein paar Basilikumblättern und etwas Öl schmoren. Dann geben Sie die Kartoffeln dazu, und sobald Sie sehen, daß alles zu kochen anfängt, schütten Sie die Teigwaren hinein (am besten kurz gebrochene Spaghetti oder Cannolicchi), und zugleich verlängern Sie den Fond mit heißem Wasser. Wenn die Teigwaren gar sind und die Minestra dick, aber noch nicht „glitschig" zu sein scheint, servieren Sie.

Erbsenminestra

Lassen Sie mit einem Löffel Öl und einem nußgroßen Stück Butter 100 g Schweinebauch, eine feingewiegte Zwiebel und ein paar Blätter Basilikum etwa zehn Minuten lang dünsten, dann geben Sie 500 g ausgehülste Erbsen dazu. Machen Sie einen Teig wie für Fettuccine – Bandnudeln (siehe Seite 81) – mit 350 g Mehl und drei ganzen Eiern, und schneiden Sie ihn in sehr kurze Streifen. Wenn die Erbsen nahezu kochen – nach einer halben Stunde etwa –, geben Sie die Nudeln hinein, und verlängern Sie den Fond mit wenig Wasser. Dann warten Sie, bis die Nudeln gar sind, und servieren.

Minestrone

Die Minestrone ist ein weiteres Grundgericht der italienischen Küche, aber es ist nicht nur von Stadt zu Stadt und von Haus zu Haus verschieden, sondern verändert sich auch in jeder Jahreszeit, ja sogar vom einen Tag zum andern. Dies hängt allerdings nicht allein mit dem Individualismus der Italiener zusammen; es hängt von dem ab, was die Jahreszeit und die Landschaft gerade zu bieten haben, denn in eine Minestrone gehört alles Gemüse und sämtliches Grünzeug hinein, das nur aufzutreiben ist, mit oder auch ohne Teigwaren oder Reis. Berühmt ist die Minestrone nach Mailänder Art (ich erinnere mich sogar, daß ein Berichterstatter der Zeitschrift „Life" Mailand die

„mother of minestrone" nannte), aber das ist ein berühmtes Gericht nach einem festgelegten Rezept. Ich gebe Ihnen hier meine sehr vereinfachte Version.

Geben Sie (was immer erhältlich ist) Sellerie, Möhren und Zwiebeln zusammen in einen Topf, im ganzen 50 g pro Person. Hacken Sie alles recht fein und dämpfen Sie es in ein wenig Öl mit einigen (eine für je zwei Personen) feingewiegten Knoblauchzehen. Wenn dieses erste Gemüse goldbraun wird, fügen Sie – je nachdem, was in der Jahreszeit gerade erhältlich ist – gehackte rote Rüben, geschälte und in Stückchen geschnittene Kartoffeln, Erbsen, frische Bohnen und ein wenig kleingeschnittene Tomaten hinzu. Gießen Sie auch genügend Brühe dazu, um den Fond zu verlängern, damit das Gemüse beim Kochen nicht aneinanderklebt, und so entsteht die ziemlich dicke Minestrone. Lassen Sie so lange kochen, bis alles weich, beinahe breiig wird: Dann ist das Gericht fertig.

Minestrone mit Reis oder Teigwaren

Die Minestrone wird so zubereitet, wie eben beschrieben, doch gießt man eine reichlichere Menge Brühe oder Wasser zum Gemüse. Wenn es beinahe gar ist, geben Sie eine Handvoll Reis pro Person dazu oder die Art kurzer Hohlnudeln, die man „Cannolicchi" nennt, ungefähr die gleiche Menge. Wenn der Reis oder die Nudeln gerade richtig gekocht sind, vom Feuer nehmen und servieren.

Teigwaren und Kichererbsen

Für sechs Personen wäscht man ein Kilo Kichererbsen und legt sie über Nacht in Wasser. Ein kleines Geheimnis ist, daß man auch ein Löffelchen Bikarbonat beigibt, denn damit lassen sie sich viel besser kochen. Am nächsten Morgen setzt man sie in einer reichlichen Menge gesalzenem Wasser aufs Feuer. Wenn sie halb gar gekocht sind, das heißt nach ein paar Stunden, schüttet man einen Teil des Wassers ab und läßt nur soviel im Topf, daß sie bedeckt sind. Dann läßt man mindestens noch eine Stunde weiterkochen, gibt zwei oder drei Löffel Öl, eine gehackte Knoblauchzehe, eine halbe feingewiegte Zwiebel, einige Basilikumblättchen, eine zerkleinerte Tomate, eine Prise Salz und eine Prise Pfeffer dazu. Noch eine Stunde Kochzeit (im Ganzen braucht man etwa vier oder fünf Stunden), und endlich sind die Kichererbsen weich, und man kann die Teigwaren dazugeben: kleingebrochene Spaghetti, Bucatini oder Cannolicchi. Im gleichen Augenblick stellt man die Hitze stärker und gießt, wenn nötig, kochendes Wasser hinzu, damit die Teigwaren nicht zusammenkleben. Auf diese Weise wird die Minestra fest, doch nicht allzu kompakt werden. Dann serviert man. Bei Tisch, wenn die Minestra in die Suppenteller gefüllt ist, einen letzten Spritzer kaltes Öl und Pfeffer hineingeben.

Teigwaren und Bohnen

Hacken Sie dies alles zusammen: eine halbe Zwiebel, das Herz einer Sellerieknolle, ein paar Basilikumblätter, eine Knoblauchzehe und 50 g Schweinebauch. Dünsten Sie alles in einem Löffel Öl und einem nußgroßen Stück Butter. Dann geben Sie, für sechs Personen, ein Kilo bereits gekochter Bohnen dazu und lassen weiterkochen, bis alles schön weich wird. In diesem Augenblick verlängern Sie den Fond mit heißem Wasser und schütten die Teigwaren in den Topf. Entweder können es die trockenen sein (zum Beispiel „Linguine" oder „Cannolicchi") oder aber die hausgemachten Teigwaren, also „Fettuccine" (Bandnudeln), die allerdings sehr kurz geschnitten sein müssen. In jedem Fall braucht man 400 g. Lassen Sie weiterkochen, bis die Fettuccine oder Linguine oder andern Nudeln gar sind, und servieren Sie.

Varianten:
Sie können die Bohnen auch durchrühren, bevor Sie die Nudeln dazugeben: So wird das Gericht noch verfeinert.
Eine andere Variante oder vielmehr ein kleiner Kunstgriff, um die Minestra dickflüssiger zu machen, ist der: Wenn die Bohnen gar sind, nimmt man eine oder zwei Handvoll davon aus dem Topf, rührt sie durch, gibt das so erhaltene Püree in die Brühe und schüttet dann die Teigwaren zum Kochen hinein. Dies kann man selbstverständlich auch mit den anderen Gemüsen tun. Aber natürlich ist die Methode anders, als wenn man das Gemüse ganz durchrührt. Dann hat man eine richtige Suppe.

Teigwaren und Linsen

Alles hängt davon ab, daß man die Linsen richtig kocht. Für sechs Personen braucht man ein Kilo. Waschen Sie die Linsen gut, und legen Sie sie mindestens eine Nacht ins Wasser. Am nächsten Morgen lassen Sie sie in viel gesalzenem Wasser bei mäßigem Feuer kochen. Wenn sie halb gar sind – sie brauchen dazu über eine Stunde, vielleicht anderthalb Stunden –, gießen Sie einen Teil des Wassers ab, genau wie bei den Kichererbsen, und lassen so viel zurück, daß die Linsen knapp bedeckt sind, aber nicht mehr. Fügen Sie zwei oder drei Löffel Öl hinzu, ein paar kleingeschnittene Tomaten, Basilikum und Pfeffer. Geben Sie auch eine in sehr kleine Stückchen geschnittene Schweinssalsiz (Hartwurst) und eine gehackte Zwiebel dazu, die Sie zuvor in wenig Öl gedünstet haben. Nun lassen Sie alles zusammen kochen. Wenn es fast fertig ist, geben Sie 300 g Teigwaren dazu (am besten sind Linguine) und lassen bei starkem Feuer weiterkochen. Wenn es nötig ist, gießen Sie noch kochendes, leicht gesalzenes Wasser hinzu. Die Minestra muß dick, aber nicht kompakt werden. Wenn Sie servieren, stellen Sie auch das Ölfläschchen auf den Tisch. Ein kleiner Spritzer rohes Speiseöl direkt in den Suppenteller macht Ihre Linsen besonders schmackhaft.

Bohnen mit Schwarte

An die Adresse der Fans von Marcello Mastroianni: Wenn es schwierig ist, an ihn heranzukommen, entweder weil er Ihnen entwischt oder weil er tatsächlich beschäftigt ist, laden Sie ihn mit einer List, selbst einer unerlaubten, zu einem „Bohnen- und Schwarten-Essen" ein. Sie werden sehen, daß er sogleich zur Stelle ist. Dieses Gericht hat auf ihn die gleiche Wirkung wie die Flöte auf die Schlange.
Doch Scherz beiseite, ich habe immer feststellen können, daß Bohnen mit Schwarten besonders für Männer eine unwiderstehliche Verlockung sind, für Frauen viel weniger. Warum eigentlich, habe ich mir noch nicht recht erklären können, zumindest wenn man nicht die chauvinistisch-männliche Interpretation gelten lassen will, daß der Magen der Frauen empfindlicher sei als derjenige der Männer.
Gewiß ist dieses Gericht, der Ruhm der traditionellen römischen Küche, ziemlich handfest und schwer; aber gerade in seinem volkstümlichen Charakter und seiner „Deftigkeit" liegt das Faszinierende.
Die Schwarten brauchen eine Vorbereitung. Zuallererst muß man sie absengen, das heißt, man muß sie dicht an eine Kerzenflamme halten, um jede noch übriggebliebene Borste wegzubrennen. Dann muß man sie aussieden, indem man sie ein paar Minuten in kochendem Wasser ziehen läßt, damit man sie gleich danach in Quadrate oder Rechtecke von vier bis fünf Zentimeter schneiden kann. Schließlich legt man sie in eine reichliche Menge kalten Wassers zum Kochen bei mäßiger Hitze.
Obschon die Kochzeit ziemlich lang ist, sind sie auch hinterher noch immer etwas hart und schwielig.

Unterdessen läßt man die Bohnen in recht viel leicht gesalzenem Wasser kochen, mit einem Rosmarinzweig und einem Schinkenknochen darin. Am Knochen sitzen immer noch Fleisch- und Fettreste, die sich gut dazu eignen, das Ganze würziger und schmackhafter zu machen. Nun haben Sie also Bohnen und Schwarten vorbereitet: zum Beispiel 250 g Bohnen, 100 g Schwarten. Doch vorher dünsten Sie in einer Pfanne mit wenig Öl einen Löffel kleingehacktes Schinkenfett, eine Knoblauchzehe, Basilikum, Petersilie, eine halbe Zwiebel, alles fein gehackt. Fügen Sie durch ein Sieb gestrichenes Tomatenfleisch hinzu, etwa die gleiche Menge wie die Bohnen und Schwarten zusammen, und stäuben Sie Pfeffer und Salz darüber. Nach ungefähr zwanzig Minuten geben Sie Bohnen und Schwarten und auch das Fleisch, das sich vom Schinkenknochen gelöst hat, in Stückchen geschnitten, dazu. Nochmals zehn Minuten kochen, immer bei mäßiger Hitze, und das römische Gericht ist fertig.

„Fonduta"

Dieses berühmte Gericht ist sehr einfach, weshalb ich es auch oft in Notfällen zubereitet habe. Man gibt pro Person zwei Löffel Milch und 60 – 70 g Weichkäse (klassisch für dieses Rezept wäre Fontina) in ein Gefäß und stellt es im Wasserbad aufs Feuer. Wenn der Käse geschmolzen ist, fügt man pro Kopf ein Eigelb hinzu, das man vorher mit einem halben Löffel heißer Milch und einem nußgroßen Stück Butter verrührt und aufgelöst hat. Nun rührt man immerfort, bis alles geschmeidig und glatt ist und auf der Oberfläche schön glänzt.

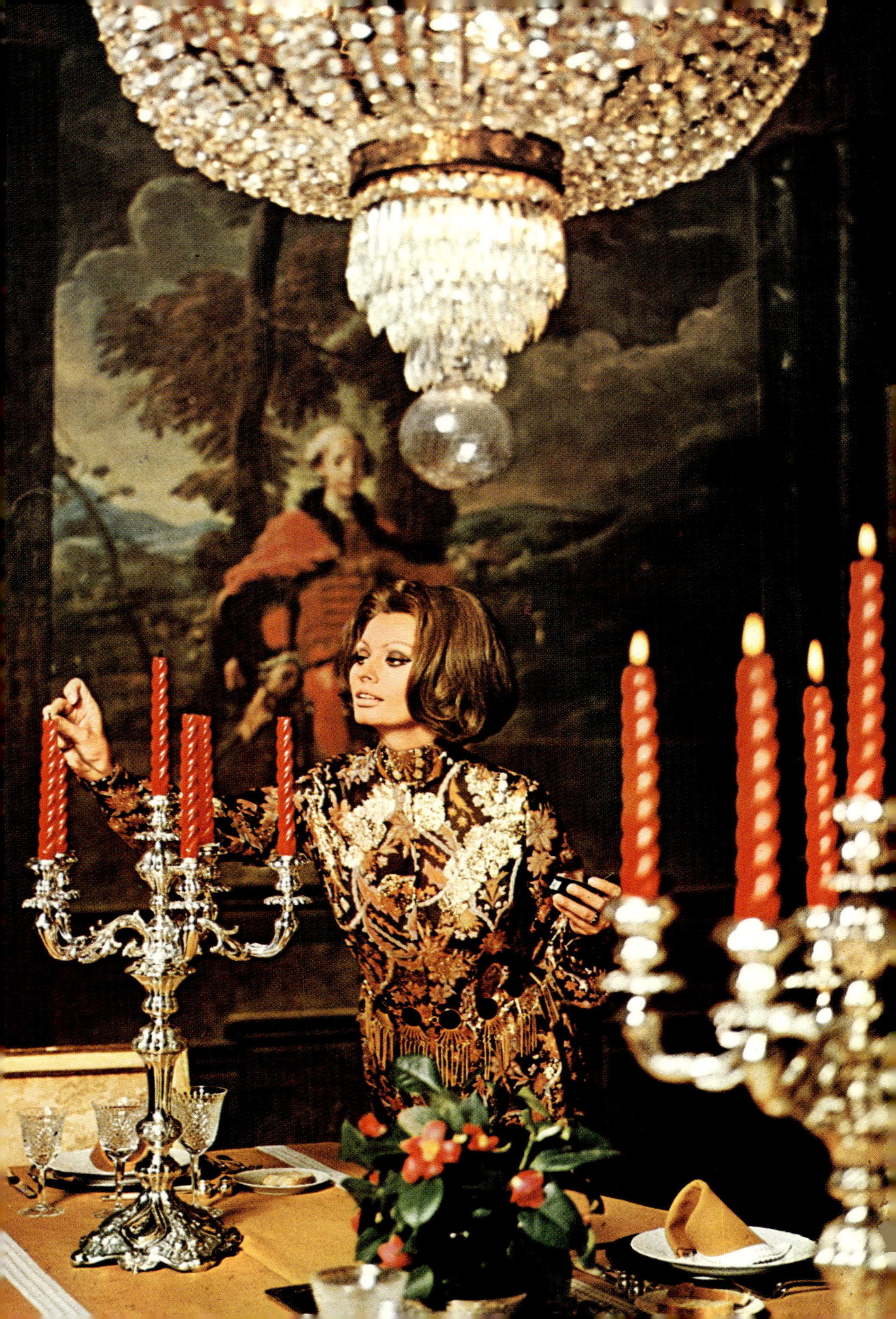

*In ihrer Villa in Marino
bereitet Sophia die Tafel
für ein Abendessen im Kerzenschein.*

(FOTO SOLDATI)

Wenn die „Fonduta" fertig ist, serviere ich sie mit Vorliebe in einzelnen Schälchen, wie es in Piemont Brauch ist. Darauf passen ausgezeichnet geraffelte schöne Trüffeln.

Wenn es viele Gäste sind...

Man sagt, wenn ein Essen – vom Gesichtspunkt der Kochkunst aus – gut gelingen soll, dürfen es nicht mehr als acht Tischgenossen sein, allerhöchstens zwölf, aber dann ist bereits ein Risiko dabei. Es ist schon wahr, daß ein Gericht nur gut gelingen kann, wenn es für wenige zubereitet wird; doch ich glaube, diese Regel hat auch einen anderen Grund, der nicht allein die Kochkunst betrifft. Probieren Sie einmal aus, mehr als acht Personen an einen Tisch zu setzen: Das Gespräch, der Gedankenaustausch wird schwierig. Jeder wendet sich schließlich nur noch an seinen Tischnachbarn zur Rechten oder zur Linken, ganz besonders, wenn der Tisch nicht rund, sondern rechteckig ist. Gar nicht zu reden von den offiziellen Essen, bei denen die Leute alle in einer Reihe sitzen, nur an einer Seite des Tischs.
Ich habe immer und immer wieder über diese Sache nachgedacht. Aber ich muß sagen, daß auch das System der Cocktails, die das Abendessen ersetzen (diese Cocktails, bei denen man einen Teller voller verschiedener Sachen, Saucen und Leckerbissen, die nicht immer besonders gut zusammenpassen, balanciert, im Stehen mit dem Besteck herumfuchtelt und sich mit dem Glas abmüht, wobei man aufpassen muß, daß niemand gegen einen stößt oder einem auf die Füße tritt), mich wenig überzeugt, obwohl es mir früher einmal so vorkam, als sei es ungezwungen und gemütlich und eine viel fröhlichere Art, Gäste zu empfangen. Jetzt bin ich zu der Überzeugung gekommen, daß die Sache nicht der Mühe wert ist, und ich habe eine andere Lösung gesucht. Wie stellt man es an, zahlreiche Gäste gut zu bewirten,

ihnen die Bequemlichkeit zu bieten, auch im Sitzen essen zu können, und sie dennoch nicht in einer Reihe nebeneinander an den Tisch zu setzen, sondern so, daß alle sich sehen und miteinander plaudern?

Ich mache es so: Wenn mehr als zwölf Gäste eingeladen sind (bis zu dieser Zahl setze ich sie selbstverständlich alle an denselben Tisch, ob rund oder rechteckig), decke ich mehrere Tische, so daß alle bequem sitzen können, doch ich lasse nicht servieren, sondern jeder bedient sich selbst am Buffet mit dem, was er mag, wobei ihm das Dienstpersonal behilflich ist. Dann setzt er sich dorthin, wo es ihm beliebt, neben den, der ihn am meisten interessiert. Wenn er den ersten Teller geleert hat, deckt irgend jemand das schmutzige Besteck und die Teller ab, und der Gast geht noch einmal, um sich direkt am Buffet das zu holen, was ihm am verlockendsten erscheint, und danach setzt er sich wieder zum Essen an einen Tisch. Es kann derselbe Tisch wie zuvor oder auch ein anderer sein; auf diese Weise sieht er andere Leute und plaudert mit anderen.

Ich habe dieses System einmal ausprobiert, und nun mache ich es immer wieder so, weil ich sehe, daß meine Gäste dabei glücklich sind. Sie genießen die Vorteile des Essens am Tisch und ebenso die Vorteile des Cocktails, des Empfangs, bei dem die größte Bewegungsfreiheit gestattet ist. Wenn irgendein älterer Gast dabei ist oder jemand, auf den besondere Rücksicht genommen werden muß, kann man ihn auch fragen, was er gern essen möchte, und es ihm an den Tisch bringen, damit er nicht aufzustehen braucht; aber im allgemeinen sind die Leute sehr froh, wenn sie aufstehen und den Platz wechseln können. Zudem laufen – je nach Verfügbarkeit – auch ein paar Kellner herum, um Wein einzuschenken und Wünsche entgegenzunehmen und zu erfüllen.

Das Prinzip ist nicht – das möchte ich wiederholen –, die Bedienung zu reduzieren, sondern den Gästen größere Selbständigkeit zu gestatten.

Ein weiterer Vorteil liegt darin, daß man die Speisen besser vorbereiten kann. Für wenige Gäste kann man auch etwas Schwieriges in der Küche zubereiten, aber für viele müssen es einfachere Dinge sein, die bequem aufgefüllt werden können, da man ja Teller und Gläser in der Hand an seinen Platz tragen muß. Aber mit meinem System kann man mit weniger Risiko auch vielseitige Gerichte auf dem Buffet aufstellen, man kann seiner Phantasie größeren Spielraum lassen, weil ja alle, nachdem sie sich bedient haben, zu irgendeinem Tisch gehen und wie gewohnt im Sitzen essen.

Pizza

Lassen Sie mich etwas sagen, das vielleicht ein wenig gewagt erscheinen mag und meinen Landsleuten vielleicht mißfällt: Die Pizza, die berühmte Pizza, stammt zweifellos aus Neapel, darüber gibt es nichts zu reden, aber ich habe auch in New York, in Nizza und in Paris ausgezeichnete Pizzen gegessen, die beinahe besser waren als die, die man heute am Golf von Neapel, am Fuße des Vesuvs, macht. Was will das besagen? Einerseits könnten die Neapolitaner traurig darüber sein, daß sie ihre Vorherrschaft auf diesem Gebiet verlieren. Andererseits aber müßten sie stolz darauf sein, daß ihre Pizza die Welt erobert hat. Heute sind es auf dem ganzen Globus vor allem die jungen Leute, welche die Pizza und die Pizzerien in Beschlag genommen haben. Ich finde, das ist irgendwie tröstlich und auch bezeichnend: Die Pizza hat etwas Elementares, Sauberes und Fröhliches an sich, und von ihren Anhängern habe ich sogleich eine gute Meinung.
Erwarten Sie im folgenden Kapitel keine Rezepte für die klassische Pizza. Die wahre Pizza ißt man nur in der Pizzeria, denn dazu braucht man spezielle Backöfen, die eigens zu diesem Zweck ausgerüstet sind. Ich gebe Ihnen hier die Pizzarezepte, die sozusagen die jüngeren Schwestern der Pizzakönigin sind, hausgemachte kleine Pizzen also, die eher in der Pfanne als im Backofen zubereitet werden.

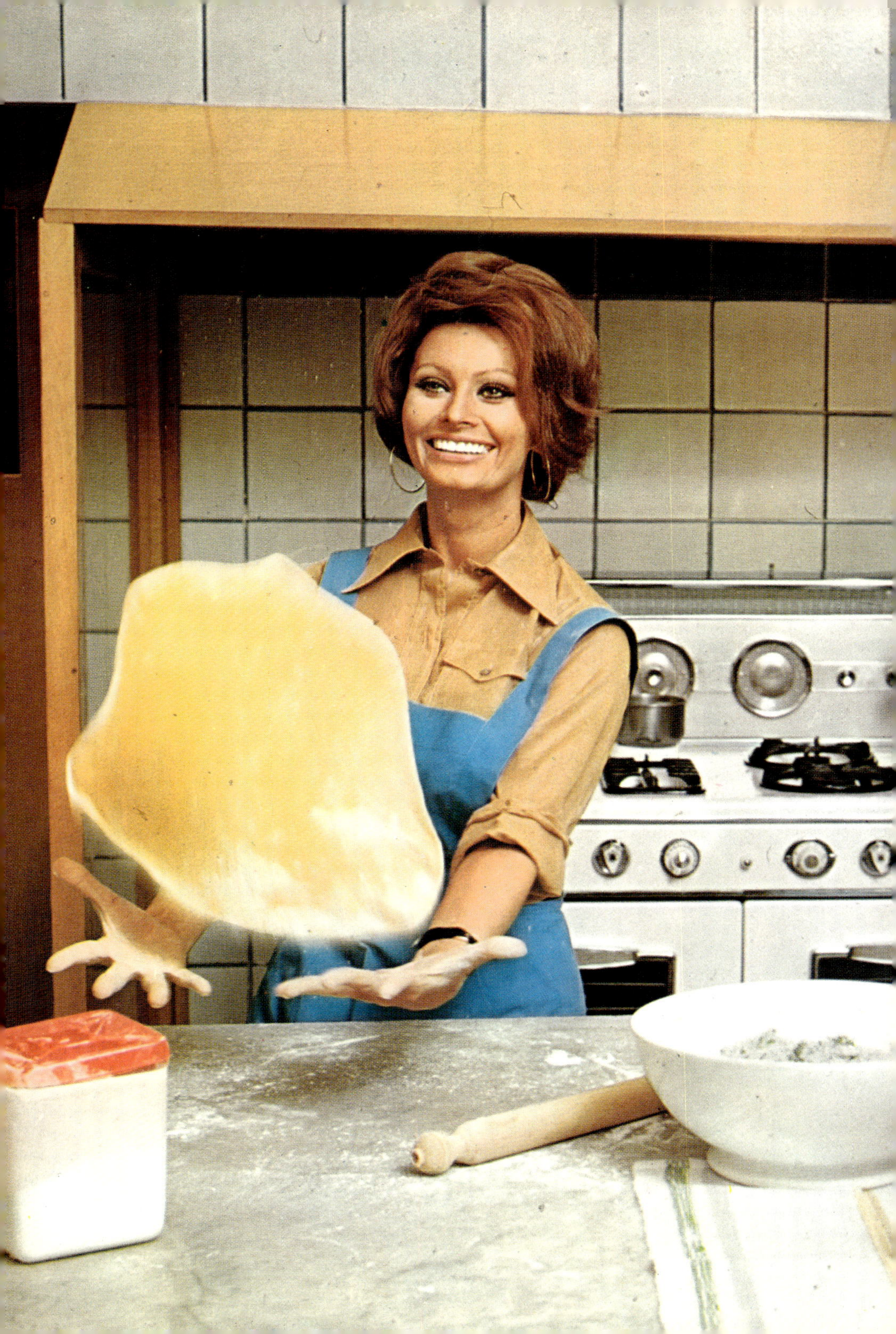

*Der Teig für die Pizza ist bereit:
geschmeidig und genau in der richtigen Dicke.*

(FOTO SOLDATI)

Gebratene neapolitanische Pizza

Zuallererst muß man wissen, wie man den Teig herstellt. Man braucht bei 600 g Mehl ein Päckchen Bierhefe (50 g) und lauwarmes Wasser, je nach Bedarf. Das Mehl schüttet man aufs Hackbrett zu einem Kegel, oben gräbt man einen kleinen Krater, gießt etwas lauwarmes Wasser hinein, in dem man die Hefe aufgelöst hat, und verrührt das Ganze mit viel Energie etwa eine halbe Stunde lang; man muß kneten und immer wieder kneten und viele Male wieder von vorn anfangen. Man behandelt den Teig wie einen Feind, schleudert ihn aufs Hackbrett und traktiert ihn mit Faustschlägen, bis er so weich wird, daß er beinahe an den Händen haftenbleibt. Nach einer halben Stunde gut getaner Arbeit – während man, wenn nötig, mehr Wasser dazugibt – läßt sich der so behandelte Teig zu einer Kugel zusammenkneten, die man in eine mit Mehl bestreute Suppenschüssel legt: Obendrauf macht man zwei Schnitte in Form eines Kreuzes, um die Gärung zu fördern, und deckt ein leichtes leinenes Tuch darüber.
Während der Teig gärt (es ist schwer zu sagen, wieviel Zeit er braucht, bis der günstigste Augenblick erreicht ist; jedesmal ist es ein Fall für sich. Wichtig ist nur, daß er aufgeht, daß die Oberfläche anfängt, sich zu spannen und rissig zu werden, aber weiter braucht man nicht zu gehen), bereitet man die Füllung zu. Am besten nimmt man dazu, wenn möglich, eine schwarze Gußeisenpfanne. Geben Sie pro Person einen Löffel Öl hinein sowie eine zerstoßene Knoblauchzehe für je zwei Personen. Wenn der Knoblauch goldgelb ist, fügen Sie ein Kilo Tomatenfleisch bei, aber nur das Fleisch und keine Flüssig-

keit. Lassen Sie bei lebhaftem Feuer etwa eine Viertelstunde kochen. Dann ist die Sauce fertig. Außerdem bereiten Sie in verschiedenen Tellern 300 g Mozzarella oder einen anderen in Stückchen geschnittenen Rahmkäse (Fior di latte) zu, geriebenen Parmesankäse, gehackten Knoblauch und Basilikumblättchen.

Nun sind wir für das große Finale bereit. In der Eisenpfanne lassen Sie reichlich Öl brutzeln, dann reißen Sie von der Teigkugel in der Suppenschüssel mit den Händen (wehe, wenn Sie ein Messer benutzen, damit würden Sie alles verderben) etwas von dem gegorenen Teig ab, geben ihm die runde, flache Pizzaform und lassen ihn in Öl braten, wobei Sie ihn rasch umwenden. Besser wäre es, wenn Sie in einer sehr großen Pfanne mehrere Pizzen auf einmal braten könnten. Jedenfalls muß man auf jede Pizza, sobald sie gebacken ist und eine hellgelbe Farbe bekommen hat, einen Löffel Sauce tun, ein wenig Mozzarella, etwas Parmesankäse, Basilikum und Knoblauch. Derjenige, der sie ißt, muß sie zusammenklappen und aufpassen, daß er die Zutaten nicht herausfallen läßt, denn durch die Hitze schmilzt und bindet sich alles, doch auch dann behält es seinen lebhaften und fröhlichen Geschmack. Man ißt die Pizza einfach so, mit den Händen, ohne große Umstände.

Gebratene Pizza auf einfache Art

Die gleiche gebratene Pizza, die wir soeben beschrieben haben, kann man auch nur mit geriebenem Parmesankäse und Basilikumblättern anrichten. Sie schmeckt genauso ausgezeichnet.

Pizza mit Mozzarella und Sardellen (die sogenannte Feinschmeckerpizza)

Diese Pizza, die gebraten und in die eine Füllung eingeschlossen wird, ist für den Hausgebrauch etwa dasselbe wie der in der Pizzeria verfertigte „Calzone". Bereiten Sie den Teig so zu, wie es für die gebratene neapolitanische Pizza beschrieben ist: mit 600 g Mehl, Bierhefe und Wasser. Während der Teig aufgeht, schneiden Sie Mozzarella oder Rahmkäse (Fior di latte) in kleine Würfel oder Scheiben. In einen anderen Teller legen Sie die in Stückchen geschnittenen Sardellenfilets, von denen Sie das Salz abgespült haben. Im richtigen Zeitpunkt nehmen Sie mit den Händen einen Teil des Teigs und drücken ihn zu einer runden Form. Auf die eine Hälfte legen Sie die Füllung aus Mozzarella und Sardellen und klappen die andere Hälfte darüber.
Drücken Sie die Ränder gut aneinander, so daß sie fest zusammenhalten, und backen Sie die Pizza in einer großen Bratpfanne in einer reichlichen Menge brutzelnden Öls.

Kleine Pizza mit Salsiz (Hartwurst)

Es handelt sich hier um eine Variante der neapolitanischen Pizza. Der gleiche Teig, die gleiche Backweise. Nur die Füllung wird mit kleinen Stücken mehr oder weniger pikanter Salsiz zubereitet, oder mit

Salsiz-Stückchen und Quark, oder mit Salsiz-Stücken und mit Eigelb vermengtem Quark. Diese Pizza ist meistens kleiner.

Pizza mit Krausblattsalat

Krausblattsalat ist eine Art Lattich, die fast nach etwas Lebendigem schmeckt; eine mit diesem Gemüse zubereitete Pizza ist für mich das beste Essen der Welt. Für mich, aber ich glaube, auch für alle anderen Neapolitaner. Man braucht sechs Krausblattsalatköpfe, die wie ganze Büschel aussehen (und wenn es keinen Krausblattsalat gibt, kann man auch einen schönen Kopfsalat dazu verwenden). Man muß den Salat ganz lassen und ihn gut waschen, die Blätter auseinanderteilen und ins „Herz" eine Füllung tun, die aus entsteinten schwarzen Oliven, Pinienkernen und Kapern besteht. Diese Zutaten werden in Öl getränkt, mit Salz und Pfeffer bestäubt und in einer Suppenschüssel gut vermengt. In jedes Salatbüschel geben Sie einen Löffel von dieser Füllung, dann schließen Sie die Blätter wieder zusammen, binden einen Faden darum und lassen sie bei sehr mäßiger Hitze nur mit Öl in der Pfanne dünsten. Wenn sie schön weich sind, nimmt man sie vom Feuer und läßt sie abkühlen; so wird die Füllung noch besser.

Inzwischen bereiten Sie den gewöhnlichen Teig wie für die gebratene Pizza zu mit 600 g Mehl, Bierhefe und Wasser. Wenn der Teig aufgegangen ist, teilen Sie ihn in zwei Teile. Den einen Teil breiten Sie etwa einen Finger dick auf dem Boden einer gut eingeölten Backform aus. Auf diese Teigschicht legen Sie der Reihe nach die sechs

Salatbüschel, darüber legen Sie die zweite Teigschicht. Feuchten Sie alles noch mit einem Schuß Öl an, und stellen Sie es eine halbe Stunde bei lebhafter Hitze in den Backofen. Dann lassen Sie die Pizza eine Weile ruhen, damit sie lauwarm, aber nicht kalt wird, und nun servieren Sie. Sie schmeckt köstlich.

Pizza mit Quark

Wieder eine andere Variante der gebratenen neapolitanischen Pizza. Diese Pizza wird nur mit Quark gefüllt: Man braucht 400 g Quark für einen Teig aus 600 g Mehl. Man brät sie und serviert recht heiß.

Pizza im Backofen Nr. 1

Auch dies ist eigentlich ein Fladen, doch ist es Brauch, ihn Pizza zu nennen. Man macht den üblichen Teig aus 600 g Mehl, Bierhefe und lauwarmem Wasser. Dann legt man diesen Teig zwei Finger dick auf den Boden einer gut mit Öl eingefetteten Backform. Auf den Teig gibt man eine Sauce, die man aus einigen in brutzelndem Öl gebräunten Knoblauchzehen, einem Kilo Tomatenfleisch, Basilikum, Salz und Pfeffer – alles läßt man fünfzehn Minuten kochen – zubereitet hat.
Dann streut man 100 g zerhackte Sardellenfilets, Kapern, noch ein-

mal Basilikum und wiederum Knoblauch (aber nur eine Zehe) darüber. Man stellt die Form eine halbe Stunde in den Backofen, und die wohlschmeckende Pizza ist fertig.

Pizza im Backofen Nr. 2

Der Teig wird wie für die Pizza Nr. 1 zubereitet. Man bedeckt ihn mit einem Kilo Zwiebeln, die man zuvor in Scheiben geschnitten und zusammen mit einer gehackten Knoblauchzehe, Salz und Pfeffer in Öl gedünstet hat. Außerdem legt man ein paar Scheiben frische Tomaten darauf, ein paar entsteinte Oliven, einige abgespülte Sardellenfilets und ein paar Streifen Peperoni. Man stellt diese Pizza eine halbe Stunde in den heißen Backofen, und fertig ist sie. Sie schmeckt sehr frühlingshaft.

Auch das Auge will seinen Teil

„Auch das Auge will seinen Teil", ist ein italienisches Sprichwort, das sich auf das Essen bezieht, denn auch das Aussehen der Speisen hat seine Bedeutung.
Eine Speise wird zuerst nach ihrem Duft und ihrem Aussehen bewertet und erst dann nach ihrem Geschmack, das wissen wir alle. Ja, ein richtiger Fachmann kann sogar nur durch Riechen und Sehen feststellen, ob ein Gericht gelungen ist oder nicht. Ein bestimmter Duft, ein gewisses Aroma vermag den Appetit außerordentlich anzuregen. Aber davon sagt kein Sprichwort und keine Redensart etwas aus, denn es ist allzu offenkundig. Doch in bezug auf das Aussehen der Speisen gibt es eben jenes Sprichwort, das ich oben zitiert habe. Allerdings darf man sich nicht nur um das Aussehen der Speisen kümmern; auch wie der Tisch aussieht, ist von Bedeutung. Wie er aufgedeckt ist, wie Tischtuch, Geschirr und Besteck ausgewählt sind – dies alles ist wichtig, um die Lust auf das zu wecken, was in der Küche zubereitet worden ist.
Einen Tisch gut zu decken, ist etwas sehr Wichtiges und durchaus nicht einfach. Auch in dieser Hinsicht kommt es nicht auf den Reichtum, auf die Kostbarkeit der Dinge an, die wir aufstellen können, sondern auf das Übereinstimmen mit den Speisen, die aufgetragen werden. Zu einem rustikalen Essen zum Beispiel paßt keine feine, zarte Tischwäsche und kein dünnes Porzellan – und umgekehrt. Eine mit durchbrochenem Muster gestickte Tischdecke, Kristallgläser, silbernes Besteck passen gut zu „Suprêmes", Bourgognes, „Relevés" und

„grand chef". Ein schönes Tischtuch aus Hanfleinen, Trinkbecher, wie die Bauern sie haben, und Bestecke mit Holzgriffen passen gut zu Suppen, leichtem Landwein, im Freien gebratenem Fleisch.

Ich weiß wohl, daß ich damit nichts Neues sage, aber die praktische Ausführung ist oft nicht so leicht zu verwirklichen. Es ist eine Frage des Geschmacks und des Maßes, die von Fall zu Fall entschieden werden muß, wobei man immer daran denken sollte, lieber geschmackvolle als prunkvolle Dinge zu verwenden.

Ich möchte noch eine oder zwei kleine Bemerkungen hinzufügen.

Wir sprechen davon, daß wir den Tisch auf die Speisen abstimmen, aber wir dürfen auch nicht vergessen, den Tisch auf die Gäste abzustimmen. Es hängt alles zusammen. Man denkt sich das geeignetste Menü aus, um seine Gäste zufriedenzustellen, und die Tischdekoration soll ihnen weitere Aufmerksamkeit und Liebenswürdigkeit beweisen.

Wie viele Male habe ich bemerkt, daß eine kleine Einzelheit genügt, um alles zu beleben, allem jene unbeschreibliche „richtige Stimmung" zu geben. Man muß nur mit Liebe darüber nachdenken und ein bißchen Phantasie walten lassen. Zum Beispiel: Wenn der Gast aus einem fremden Land kommt, sollte er im Menü etwas finden, das ihn daran erinnert, und auch auf dem Tisch kann irgend etwas stehen, das ihn daran erinnert oder irgendeine Beziehung hat zu einem besonderen Brauch in seinem Heimatland. Es kann irgendein Gegenstand sein, der von dorther stammt, eine bestimmte Art Glas, eine Blumenschale, ein Salznäpfchen, eine bestimmte Tischgarnitur, ein kleines Nichts. Das Kunsthandwerk eines jeden Landes vermag der Phantasie der Hausfrau, die darauf bedacht ist, ihren Gast zu ehren, unschätzbare und nicht notwendigerweise kostspielige Hilfe zu leisten.

Mais

Wenn ich in den Vereinigten Staaten Mais in Form von „Flakes" oder gerösteten Maiskolben esse, frage ich mich immer, warum man eigentlich auf jener Seite des Atlantiks keine Polenta kennt, die in der Alten Welt in früherer Zeit eine so große Hilfe gegen den Hunger gewesen ist. Noch heute ist sie das Nahrungsmittel der Bergbewohner, sehr bescheiden, aber sehr schmackhaft, wenn man den Mais nach den Rezepten der Alten zubereitet. Die Geschichte sagt uns, daß der Mais in noch früherer Zeit die große Hilfsquelle der Azteken und der Inkas war und daß er für die an den Küsten Virginias gelandeten ersten Siedler eine ungeheure Hilfe bedeutete; sie bauten ihn so an, wie Lady Pocahontas es ihnen beigebracht hatte. Man hat mir auch erzählt, daß die Seeleute des Christoph Kolumbus, als sie zum erstenmal ihren Fuß auf die Insel San Salvador setzten, die Indios gerade dabei antrafen, wie sie Mais rösteten, was einen schlechten Eindruck auf sie machte. Dieser Eindruck wurde gewiß auch von den anderen Europäern geteilt, denn in der ersten Zeit diente der Mais auf unserem Kontinent nur als Futter für Kleinvieh. Doch dann, in Zeiten der Hungersnot, entschlossen sich auch die Menschen, ihn zu essen, und so entstand eine regelrechte Maisküche. In Italien verwendet man hauptsächlich das Mehl dieses Getreides, und aus diesem Mehl macht man einen Brei, den man „Polenta" nennt und mit Saucen, Salsiz, gebratenem Fleisch, Milch, Käse, Fisch und vielem anderen, fast mit allem, anrichtet.

Polenta

Bei allen Italienern, aber vor allem bei den Norditalienern, weckt die Polenta Erinnerungen ans Gebirge, an herrliche Landschaften, große Tannenwälder, steile Pfade. Jetzt sage ich Ihnen, wie man mir in Cortina d'Ampezzo, dem wunderbaren Gebirgskurort, wohin ich manchmal in die Ferien gehe, beigebracht hat, Polenta zu kochen.
Man braucht einen großen Kochtopf, am besten einen aus Kupfer, nicht aus Aluminium. Bringen Sie in diesem Topf, wenn Sie eine ziemlich reichliche Menge Polenta machen wollen, zwei Liter Wasser mit 15 g Salz zum Sieden. Dann lassen Sie 600 g Maismehl wie Regen hineinrieseln, wobei Sie darauf achten, daß es keine Klumpen bildet und daß das Wasser keinen einzigen Moment zu sieden aufhört. (Ein einfacher Kniff besteht darin, die Hitze stärker zu stellen, während Sie das Maismehl nach und nach hineinschütten.) Sobald Sie damit fertig sind, fangen Sie an, den Brei im Topf mit einer Holzkelle zu rühren. Unterbrechen Sie diese Arbeit keinen Moment. Die Hausfrauen sagen, man müsse immer nur in einer Richtung rühren und nie in der Gegenrichtung, aber das scheint ein Brauch zu sein, der keinen wahren Grund hat.
Nach fünfzehn Minuten lassen Sie weitere 400 g Maismehl in den Kochtopf rieseln, wobei Sie sorgfältig vermeiden, mit Rühren aufzuhören. Sie werden sehen, daß der Brei immer dicker wird, weshalb es gut ist, dann und wann ein paar Löffel siedendes Wasser beizufügen, damit die Polenta nicht allzu fest wird. Nach etwa einer halben Stunde werden Sie bemerken, daß die Polenta die richtige

Dicke hat, fest, aber dennoch geschmeidig ist und sich bequem von den Topfwänden löst. Sie ist gar, aber damit sie den vollkommenen Geschmack erreicht, braucht es eine weitere halbe Stunde Arbeit mit der Rührkelle. Das ist das einzige Problem dieses Gerichts: Es fordert im ganzen mindestens eine Stunde mühsamer Anstrengung; allerdings kann man sich natürlich dabei abwechseln. Mit anderthalb Stunden aber ist die Perfektion erreicht.

Wenn sie fertiggekocht ist, kippen Sie die Polenta aufs hölzerne Hackbrett. Sie können sie mit einer Schnur anstatt mit dem Messer in Scheiben schneiden. Richten Sie die Scheiben mit Butter oder Frischkäse an, und streuen Sie geriebenen Parmesankäse darüber. Sie können der Polenta auch verschiedene Saucen beigeben und sie – wie ich vorhin schon sagte – mit jeder beliebigen Zutat verwenden. Doch möchte ich Ihnen jetzt auch einige spezielle Rezepte beschreiben, die ich ausprobiert habe, als ich in Italien unterwegs war.

Maisschnitten

Bereiten Sie eine Polenta zu, wie vorhin beschrieben, mit 300 g Maismehl und ungefähr sechs Deziliter Wasser. Breiten Sie die Polenta etwa zwei Zentimeter dick oder etwas dicker auf dem Hackbrett aus, schneiden Sie sie in etwa vier Zentimeter breite und sieben bis acht Zentimeter lange Schnitten. Aber diese Maße sind nicht wichtig; worauf es ankommt, ist, daß man Polentastreifen herstellt, die man einfach auf dem Blech oder dem Grillgitter im Backofen rösten läßt, so daß sich obendrauf eine goldgelbe (nicht braune) Kruste bildet. Auf jede brutzelnde Schnitte streichen Sie etwas Butter, dann geben Sie einen Löffel geschlagenes Ei darauf, und wenn Sie wollen, können Sie auch ein Stückchen Sardellenfilet oder eine halbe entsteinte Olive dazulegen. Wenn man schon fertige Polenta im Haus hat, ist dieses Gericht für einen improvisierten kleinen Imbiß, etwa nach dem Theaterbesuch, sehr geeignet.

Maisschnitten mit Nieren

Dieses ist schon ein etwas schwierigeres Gericht, aber es lohnt sich, ein bißchen Zeit darauf zu verschwenden. Ich habe es unter den Rezepten des Patriarchen der italienischen Küche, Luigi Carnacina, gefunden und mit Begeisterung in mein Repertoire aufgenommen.
Die Polenta ist immer die gleiche, die mit 300 g Maismehl und etwa sechs Deziliter Wasser zubereitet wird. Man muß warten, bis sie abkühlt; dann sticht man runde Scheiben von 8 – 10 Zentimeter Durchmesser aus dem Teig. Gewöhnliche Schnitten gehen natürlich auch, doch mit runden Scheiben erzielt man eine hübschere Wirkung. Sie werden ja sehen. Unterdessen bereiten Sie drei Kalbsnierchen zum Kochen vor, jedes etwa 250 g schwer. Teilen Sie sie der Länge nach in zwei Teile (es wird gut sein, sie mit Zahnstochern zu befestigen, damit sie die Form behalten), nehmen Sie das schwammige Kügelchen innen heraus, bestreuen Sie sie mit Salz und Pfeffer, dann mit Öl bedecken und ein Stündchen so ruhen lassen, während man sie ab und zu umwendet. Im gegebenen Augenblick braten Sie die Nierchen bei mäßiger Hitze auf dem Grill, nicht länger als fünfzehn Mi-

nuten. Unterdessen bestäuben Sie die Polentascheiben leicht mit Mehl und backen sie in Öl, bis sie knusprig sind. Auf jede Scheibe legen Sie zuletzt ein halbes Kalbsnierchen und servieren.

Polenta mit Gorgonzola

Bereiten Sie eine Polenta zu, wie vorher beschrieben, mit 300 g Maismehl und der entsprechenden Menge Wasser, etwa sechs Deziliter (für sechs Personen). Wenn sie richtig gar gekocht ist, kippen Sie die Hälfte auf das hölzerne Nudelbrett, formen sie zu einer runden Scheibe und bedecken sie mit einer Füllung, die aus 250 g Gorgonzolakäse und 150 g Butter besteht und gut vermengt ist. Diese Füllung muß so verteilt werden, daß nur ein Zentimeter am Rand der Polentascheibe unbedeckt bleibt. Nun gießen Sie den Rest der Polenta über die Füllung. Geben Sie dem Ganzen die Form einer Kuppel, schieben Sie sie für zwei oder drei Minuten in den Backofen, so daß der Käse und die Butter im Innern schmelzen und die Polenta durchtränken. Servieren Sie und schneiden Sie die Kuppel in Scheiben. Es ist ein köstliches Gericht, und ich bin einigen Mailänder Freunden, Mitgliedern der Akademie der italienischen Küche, sehr dankbar, daß sie mich mit diesem herrlichen Rezept bekannt gemacht haben. (Wie ich schon in bezug auf die „Gnocchi" sagte, kann man, wenn kein Gorgonzola erhältlich ist, an seiner Stelle auch den französischen Roquefort nehmen.)

Polenta-Auflauf

Bereiten Sie die gewöhnliche Polenta mit 300 g Maismehl und reichlich sechs Deziliter Wasser zu. Es ist gut, wenn diese Polenta etwas weniger fest wird als gewöhnlich. Sobald sie gar ist, nimmt man sie vom Feuer, gießt sie aber nicht aus dem Kochtopf, sondern mischt eine Reihe von Zutaten darunter, nämlich: sechs hartgekochte, in Scheibchen geschnittene Eier sowie Schweinebauchfleisch und Salsiz, in Speck gekocht und in kleine Stücke geschnitten (200 g Schweinebauch, in Würfelchen geschnitten, die man in knapp zwei Löffeln Öl dünstet, dann herausnimmt, gut abtropfen läßt und beiseite stellt, sowie 200 g Salsiz [Hartwurst], die man in demselben Öl dünstet, das man vorher für das Schweinefleisch verwendet hat. Die Salsiz schneidet man jedoch besser erst nach dem Kochen in Würfelchen). All dies mengt man unter die kochende Polenta, doch nicht, während sie auf dem Feuer steht. Dann gibt man das Gemisch in eine mit Öl ausgestrichene Backform, gießt das Öl, das vom Dünsten der Salsiz und des Schweinefleischs in der Pfanne zurückgeblieben ist, darüber und stellt die Form in den Ofen, bis die Polenta auf der Oberfläche goldgelb wird. Es ist ein sehr deftiges Gericht, das bestreitet niemand, aber es ist auch ganz besonders wohlschmeckend.

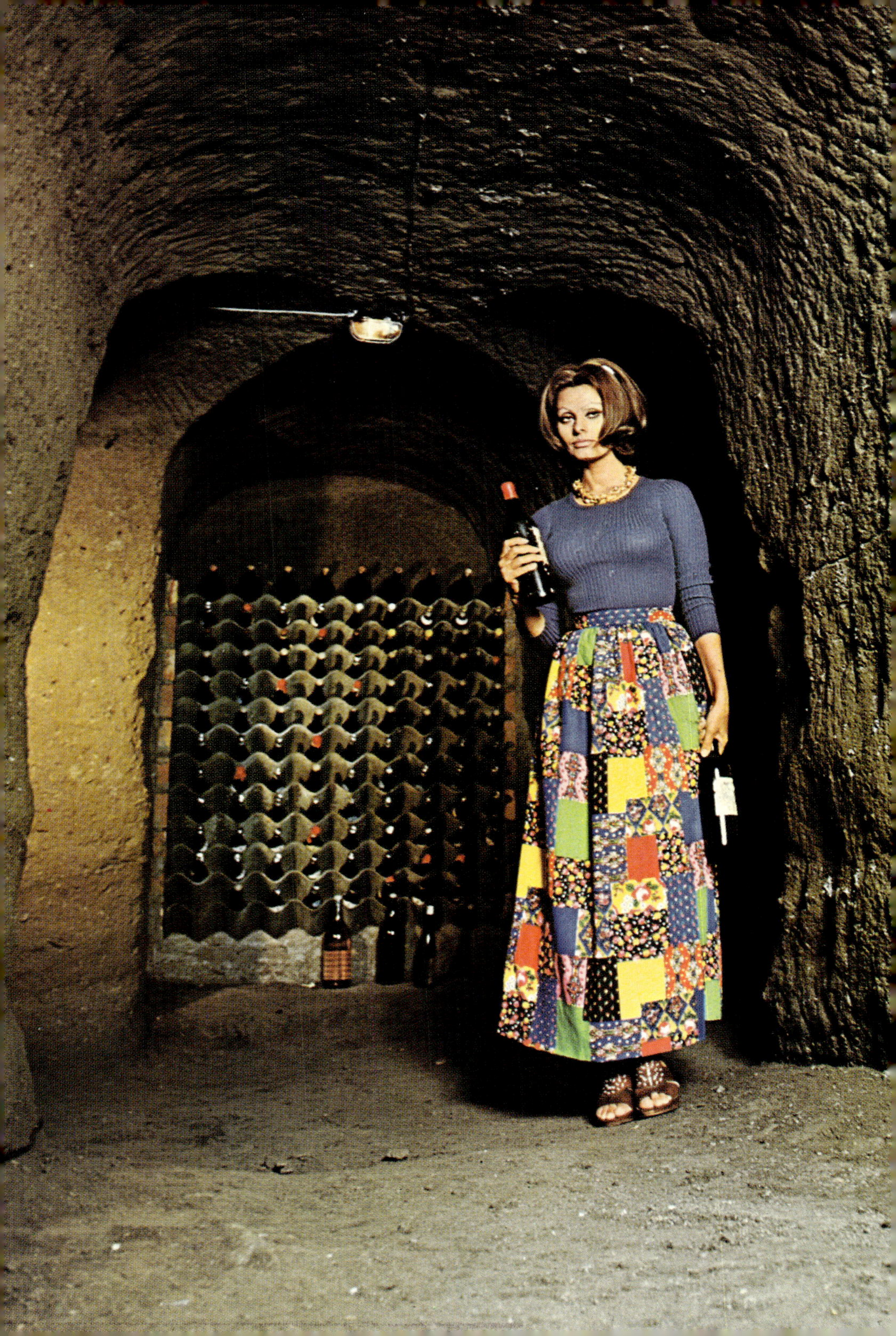

*Die « Bibliothek » der Weine
in den Kellergewölben von Marino,
die zum Labyrinth der römischen Katakomben
unter der Villa gehören.*

(FOTO SOLDATI)

Vom Wein

Auf Brioni, dem bezaubernden Archipel Istriens im Adriatischen Meer, bin ich oft Gast des jugoslawischen Präsidenten Tito gewesen, durch dessen Freundschaft ich mich sehr geehrt fühle. Tito ist ein außerordentlich liebenswürdiger Mensch und mit seinen 80 Jahren noch leidenschaftlich der guten Küche zugetan. Bei Tisch ist er ein vollkommener, immer zu Scherzen aufgelegter Gastgeber. Zu seinen Essen wird ein leichter Weißwein serviert, der ganz köstlich ist, übrigens nah verwandt unseren leichten Weinen aus Venetien. Als ich zum erstenmal diesen Wein trank, wollte ich sogleich wissen, woher er käme, und Tito, sichtlich erfreut über meine Neugier, zeigte auf einen kleinen Weinberg, den man durchs Fenster sah. Dann erzählte mir der Präsident, daß er jedes Jahr persönlich an der Weinlese teilnehme. Wenn die Zeit gekommen ist, lädt er die meisten seiner Minister und Freunde auf sein Landgut ein und hält sie alle unter der Leitung fachkundiger Winzer zur Arbeit an. Das Ergebnis ist eine lustige und sehr rasche Weinlese, wie auch beabsichtigt ist. Ernten, pressen und in Fässer abfüllen – kein Verfahren dazwischen. Daher ist es der naturreinste, unverfälschteste Wein, den man sich vorstellen kann.

Ich habe Ihnen diese Begebenheit extra erzählt, um zu meinem persönlichen Dogma in bezug auf Wein zu kommen: Die Garantie für einen guten Wein ist nicht durch die mehr oder weniger berühmten Marken auf den Flaschenetiketts gegeben, sondern durch die Gewißheit, daß er unverfälscht ist. Auch ein bescheidener Wein, von dessen Unverfälschtheit Sie jedoch absolut überzeugt sind, ist sehr viel mehr wert als ein berühmter Wein, den Sie nicht sozusagen „mit eigenen Augen" haben wachsen sehen. Für mich ist das eine tägliche Erfahrung. Auf meinem Landsitz von Marino auf den „Colli romani" (ein berühmtes Weingebiet, wo die sogenannten „vini dei Castelli" wachsen) füllen wir jedes Jahr mehrere Fässer mit weißem Wein. Es gibt natürlich keinen Gast, der nicht darum bitten würde, ihn trinken zu dürfen, und dabei alle namhaften Weine Europas vergißt, die ihm in meinem Weinkeller zur Verfügung stehen.

Aber wie dem auch sei, abgesehen von der Unverfälschtheit, die als verbürgt gelten muß, ist es sehr wichtig, die Weine zu kennen, ja sogar unerläßlich, wenn man so essen will, wie es sich gehört. Diese Kenntnis soll jedoch eine Freude sein und nicht eine übertriebene Komplikation. Damit will ich sagen, daß gewisse Grundregeln genügen können, um das Problem der Getränke bei jedem beliebigen Essen befriedigend zu lösen, während ich mich immer sehr über Leute ärgere, die eine ökologische Bildung zur Schau stellen, die sie gar nicht haben, die ihnen vielmehr nur zum Prunken dient, oder wie man in Frankreich sagt: „pour épater le bourgeois".

Dagegen ist ein wirklicher Fachmann für mich immer ein faszinierender Mensch, und zu ihnen gehört sicher mein lieber Freund Robert Favre Le Bret, der viele Jahre lang das Filmfestival von Cannes geleitet hat. Ihn über Weine sprechen zu hören, ist, als lausche man einem wunderschönen Märchen. Und ich erinnere mich, daß ich gerade mit ihm einem dieser vorgeblichen „Connaisseurs" begegnet bin. Wir waren zusammen bei einem Bankett von Freunden, und dieser gewisse Herr brachte den „Sommelier", der einer der besten seines Fachs war, in Verlegenheit, indem er über Jahrgänge, Gebräuche, Châteaux, Crus, Charakter der Weine und so weiter hin und her und kreuz und quer diskutierte und damit nur der ganzen Gesellschaft lästig fiel. Ich sah Favre Le Bret an, der ihn mit einem einzigen Wort hätte erledigen können. Aber er schwieg großmütig.

Was kann nun ich Ihnen zu diesem Thema sagen? Dieses ist das Buch meiner Kochkunst, aber keine vollständige Abhandlung. Auch was den Wein anbetrifft, bilde ich mir nicht ein, wie ein echter Connoisseur zu Ihnen zu sprechen. Ich sage Ihnen, was ich weiß und was, glaube ich, genügen könnte.

Vor allem muß gesagt werden, daß in Italien eine ordentliche Mahlzeit ohne Wein nicht denkbar ist. Milch, Tee, Fruchtsäfte sind herrliche Getränke, aber zu einem Teller Spaghetti, zu gebackenem Fisch oder zu einer gebratenen Lammkeule gehört nun einmal, darüber können ehrlicherweise keine Zweifel bestehen, Wein. Es gibt wirklich eine beständige Beziehung zwischen den Speisen und dem folgenden Wein und dem wieder folgenden Gericht und so fort. Ein wahrer Feinschmecker zeichnet sich gerade dadurch aus, daß er eine Mahlzeit nicht nur als eine Folge von Gerichten versteht, sondern als eine Folge von Gerichten und Weinen, alles in Beziehung zueinander.

Wenn wir uns über diesen Punkt einig sind, muß noch an andere wichtige Dinge erinnert werden. Es braucht eine gewisse Ordnung beim Servieren des Weins, und es braucht gewisse Vorsichtsmaßnahmen. Zunächst einmal müssen bekanntlich immer die weißen Weine vor den roten gereicht werden. Weißweine passen gut zu Vorspeisen (sogar Champagner), zur Minestra, zu Fisch. Die fröhlicheren und jüngeren roten Weine passen ebenfalls gut zu bestimmten Minestra-Arten (aber dann muß das Menü so gestaltet werden, daß danach nicht noch ein Weißwein gegeben werden muß). Die kräftigeren Rotweine passen zu den verschiedenen Fleischgerichten. Die edelsten Weine werden im allgemeinen zu Braten oder Wild gereicht. Zu

Süßspeisen, zum Dessert, passen die likörartigen Weine wie Portwein, Marsala, Muskatwein und ähnliche am besten. Diese Reihenfolge ist nicht nur eine Frage des Geschmacks, der Übereinstimmung mit den Gerichten. Den Wein zu wechseln, bekommt keineswegs schlecht – im Gegensatz zu dem, was viele Leute meinen –, wenn man nur die richtige Reihenfolge einhält, von den weißen zu den roten, von den leichteren zu den blumigeren, schweren. Hingegen schadet es einem, wenn man nach einer verkehrten Reihenfolge vorgeht. Und außerdem verbietet einem natürlich auch niemand, bei Tisch einen einzigen Wein zu trinken, einen nicht allzu schweren, aber ausgezeichneten Wein, der zu allem gut paßt. Ganz zu schweigen von dem wohlbekannten, aber ein wenig kostspieligen Ideal, die Mahlzeit ausschließlich mit Champagner zu begleiten... Die Kunst, ein Menü zur Vollkommenheit zusammenzustellen, erwirbt man durch Geduld und Aufmerksamkeit, indem man dem Vorbild der Experten folgt. Ich kann hier nicht alles wiedergeben, möchte jedoch einige Ratschläge über die Art, wie man Wein aufbewahrt und serviert, hinzufügen.

Vor allem bedenken Sie, daß der Wein, in der Flasche eingeschlossen, vom Korken beschützt, so etwas wie ein verlangsamtes Leben führt wie ein scheintot begrabener Fakir: eine Art Winterschlaf, der nicht gestört werden darf. Deshalb bewahren Sie ihn an einem halbdunklen Ort auf, dessen Temperatur so gleichmäßig wie irgend möglich ist, wo er möglichst keinen Erschütterungen ausgesetzt ist und wo ihn auch keine Gerüche erreichen, welche die Absperrung des Korkens durchdringen und den Geschmack verändern könnten.

Aus denselben Gründen muß eine Flasche, besonders wenn es sich um einen sehr alten Wein handelt, mit großer Sorgfalt behandelt und an den Ort transportiert werden, wo er getrunken wird. Bevor man eine Flasche öffnet, muß sie die richtige Temperatur erreicht haben: Für die kräftigeren Rotweine sind es etwa 18 Grad; für die anderen Rotweine sinkt die ideale Temperatur auf 16 Grad oder auch auf weniger, wenn es sich um wirklich leichte, liebliche Weinchen handelt, die gut zum Sommer passen und nur angenehm sind, wenn sie ein gewisses Gefühl von Frische verleihen. Einen Kenner wird es vielleicht schaudern bei dieser meiner Erklärung, aber ich spreche in diesem Moment nicht von edlen Weinen, und ich glaube, daß man in diesen Dingen eine gewisse Elastizität bewahren und sich je nach der Jahreszeit, dem Augenblick und der persönlichen Stimmung richten sollte. Ebenso meine ich allerdings, daß man mit der Kälte bei den Weißweinen nicht übertreiben sollte. Ein erstklassiger Weißwein sollte etwa acht oder zehn oder auch mehr Grad haben; andere können kälter sein. Aber sogar in bezug auf Champagner weiß man, daß es ein Fehler ist, ihn eisgekühlt zu trinken; er verliert dann an Geschmack und blockiert den Magen. Für die Kenner darf ein Champagner nicht weniger als 4–5 Grad haben.

Es ist wichtig zu wissen, in welchem Augenblick man die Flasche öffnen muß. Denken Sie daran, daß der Wein in dem Moment, in dem er mit der Luft in Berührung kommt, aus seinem Winterschlaf erwacht und wieder in einem rascheren Rhythmus zu leben beginnt: Auf diese Weise gewinnt er all seine Köstlichkeit zurück. Deshalb ist es gut, eine Flasche alten, feurigen Rotweins ein paar Stunden, ehe er getrunken wird, zu öffnen, sogar am Abend vorher. Für die Weißweine genügt weniger, nur eine oder zwei Stunden.

Wenn Sie ein Essen geben, kümmern Sie sich um diese Einzelheiten, ob zu Hause oder auswärts: Sie werden sehen, daß Ihre Kompetenz sehr geschätzt wird. Auch bei der letzten Phase, wenn man den Wein ins Glas gießt, sollte man es stets sachte und behutsam tun, denn der Wein ist etwas Delikates.

Wenn Sie bei Ihrer nächsten Einladung zum Essen alle meine Ratschläge befolgen, bitte ich Sie, auch auf meine Gesundheit anzustoßen.

Fisch

Ich hoffe, daß auch das eine oder andere der hier beschriebenen Fischrezepte etwas Neues, eine vergnügliche kleine Entdeckung für die freundlichen Leser bedeuten mag. Es sind Rezepte, die zu verschiedenen Traditionen aus verschiedenen Teilen der Welt gehören. Wie soll man es sagen: „Für jeden etwas."
Bei den traditionellen und konservativen Menüs waren nach den Entrées und Consommés die Fischgerichte geradezu ein „Muß" vor den kräftigen Fleischgerichten.
Heute, da ein Hauch von Liberalismus und bessere diätetische Kenntnisse das Zeremoniell der Mahlzeiten umgeworfen haben, hat der Fisch die Rolle eines Hauptgerichts mit eigenem Wert errungen und ist nicht mehr nur der flüchtige Wegbereiter für das Fleisch. Ich spreche wohlverstanden von der alltäglichen Küche, denn darauf bezieht sich dieses Buch. Damit bleibt das alte Ritual für die besonderen Mahlzeiten, die Gala-Essen, die Bankette, also jene Festmähler unangetastet, bei denen sich das Problem der Linie nicht stellt und die Liste der verschiedenen Gänge sich mehr nach dem Prestige und der wirkungsvollen Darbietung als nach dem wirklichen Verdauungsvermögen der Eingeladenen richtet. Wenn Sie sich eines Tages mit solchen Anlässen zu befassen haben, muß zweifellos ein Gang mit Fisch vor dem Fleischgericht gegeben werden.

Fisch vom Grill

Ein schöner Fisch, auf dem Grill gebraten, etwa ein Zahnfisch oder eine Goldbrasse, ist so vollkommen, daß man nichts mehr dazutun muß. Aber manchmal möchte man doch eine Abwechslung, möchte etwas anderes machen. Hier ist eine Idee: Bei einem Weekend an der Küste Sardiniens habe ich gesehen, wie sie ausgeführt wird.
Während der Fisch auf dem Grill röstete, bereitete jemand das Unternehmen vor, und ich habe alles aufgeschrieben:
Man nimmt einen großen Teller und bedeckt ihn mit einer Schicht Salz. Über das Salz kommt eine zweite Schicht aus Kräutern: vor allem Rosmarin und wilder Fenchel, dann Thymian, Petersilie, Majoran und was es sonst noch gibt. Legen Sie den knapp angebratenen Fisch auf diese Kräuter, und decken Sie ihn mit den gleichen Kräutern zu. Jetzt ist nichts weiter zu tun, als eine reichliche Dosis Kognak oder Rum – je nachdem, welches Aroma Sie lieber mögen – über das Ganze zu träufeln. Tun Sie alles auf den Grill, warten Sie, bis der Fisch gar ist, entfernen Sie die Kräuter, und Sie werden ein wunderbares Gericht haben.

Spießchen nach Seemannsart

Spießchen kann man auf vielerlei Arten zubereiten, aber was sagen Sie zu dieser hier mit Krabben, Kalmaren, Tintenfischen, einer Goldbrasse oder irgendeinem andern Fisch? Alles wird geputzt und so geschnitten, daß man etwa gleichgroße Stücke bekommt, die man immer abwechselnd auf die Spießchen steckt. Außerdem erhitzen Sie in einer Bratpfanne zwei Löffel Öl mit einer Knoblauchzehe und einem Büschel gehackter Petersilie. Benutzen Sie dieses Öl zum Einfetten der Spießchen, die Sie nur wenige Minuten auf dem Grill braten: gerade so lange, bis sie den Geschmack des Feuers annehmen, ohne den des Meeres zu verlieren.

Austernspießchen

Man nimmt die Austern aus der Schale und wickelt jede einzelne in eine sehr dünne, fast durchsichtige Scheibe Speck. Die so vorbereiteten Austern steckt man auf gewöhnliche Spießchen, sagen wir: sechs Austern auf ein Spießchen, zwei Spießchen pro Person. Dann streut man ein wenig Salz darüber und legt die Spießchen zum Braten auf den Grill. Wenn sie nach drei bis vier Minuten fertig sind, serviert man die Austern auf rechteckigen Toastschnitten, die schon mit Butter bestrichen und mit einer Prise rotem Pfeffer gewürzt sind.

Fischsalat

Ein Fischsalat, der bei allen Leuten immer sehr beliebt ist, wird aus dem Fleisch verschiedener gekochter Fische und Schalentiere zubereitet: Goldbrasse, Meerbarsch, Languste, Krebse oder Krabben. Man nimmt das Fleisch dieser Fische oder Schalentiere, zerschneidet es in Würfelchen, die jedoch nicht allzu klein sein dürfen, und legt sie in eine Suppenschüssel. Dann mengt man hartgekochte, in Scheiben geschnittene Eier, geschälte, gekochte und in Würfel geschnittene Kartoffeln, kleine Stückchen Essiggurken, nicht allzu reife Tomatenschnitzchen, Kapern und gehackte Petersilie darunter. Das Ganze wird mit Mayonnaise gebunden, und der Salat ist fertig. Doch ist es besser, wenn man ihn im Eisschrank etwas fest werden läßt, am besten in einer Kuchenform, die man vorher mit Gelatine auslegt, so daß der Salat schon bedeckt ist, wenn man ihn auf eine Platte stürzt.

Polynesischer Fischsalat

Ich mag diesen polynesischen Salat mit dem ohne Feuer allein vom Salz erweichten Fischfleisch sehr gern. Als ich dort in der Gegend war, habe ich gelernt, ihn zuzubereiten (obwohl ich sicher bin, daß viele ihn viel besser machen können). Sie kaufen also eine schöne Goldbrasse, entfernen die Gräten, schneiden das Fleisch in Würfel und lassen es ein paar Stunden lang unter ein oder zwei (je nach

Menge) Löffeln grobem Salz weich werden. Dann spülen Sie das Fischfleisch gründlich ab, bis alles Salz entfernt ist, legen es auf die Servierplatte und bedecken es mit sehr fein geschnittenen Zwiebeln, geraspelter Kokosnuß, geschälten und entkernten Zitronenschnitzen, ausgepreßtem Zitronensaft, hartgekochten und in sehr dünne Scheiben geschnittenen Eiern. Bereiten Sie alles so zu, daß diese Zutaten mengenmäßig gut aufeinander abgestimmt sind. Zum Schluß eine Prise Pfeffer und einen reichlichen „Schuß" Kokosmilch darüber. Lassen Sie im Kühlschrank mindestens eine halbe Stunde lang alles gut durchziehen, dann servieren.

Hummercocktail

Meine erste Begegnung mit diesem Gericht, das ich für eine der einfachsten Freuden der amerikanischen Küche halte, geht auf das Jahr 1956 zurück und fand in Spanien statt, in Madrid. Cary Grant, der mich damals sehr einschüchterte und verehrte, hat Gevatter gestanden. (Ich drehte gerade meinen ersten amerikanischen Film in englischer Sprache mit ihm.) Der neue Geschmack dieses Gerichts, genauso neu wie jene Welt, in die mich mein Beruf hineinführte, gefiel mir sofort, stimmte mich zuversichtlich, und es gibt keine bessere Zuversicht als die, die vom Essen kommt. Cary lächelte selig; ich werde es nie vergessen – das Vergnügen des Gastgebers, der den unkundigen Gast in den Genuß eines neuen Leckerbissens einweiht. Und auch dieses Lächeln von ihm gab mir Zuversicht und war der Anfang unserer Freundschaft. Deshalb werden Sie verstehen, daß der Hummer-

cocktail für mich nicht irgendein beliebiges Gericht ist. Für mich ist er in seiner unbedingten, leichten Einfachheit etwas Formvollendetes. Man hat mich gelehrt, ihn folgendermaßen zuzubereiten:
Man braucht pro Person 60 – 70 g gekochtes, in Würfel geschnittenes Hummerfleisch. Außerdem die Sauce, die man mit einem Eidotter für je zwei Personen zubereitet, mit Zitrone, Salz, Pfeffer, Paprika gut bindet und der man noch einen Löffel Ketchup pro Person, auch eine Löffelspitze voll Worcestersauce, ein paar Tropfen Kognak und einen Löffel flüssigen Rahm beigibt. Alle diese Zutaten werden gut verrührt. Wenn die Sauce gebunden und geschmeidig ist, legt man die Hummerfleischwürfel hinein. Verteilen Sie alles in Pokale, die mit einem Blatt Kopfsalat ausgelegt sind, garnieren Sie mit Kapern und kleinen Scheibchen Essiggurken. Die Pokale sollten in Silberschalen gestellt und mit Eisstückchen umgeben werden, denn die Temperatur sollte nur wenige Grade über Null betragen, wie es übrigens für alle Cocktails Vorschrift ist.

Fisch im Backofen mit Fleischsauce

Die Welt der guten Küche ist voller Überraschungen. Eines Abends aß ich in einem Restaurant in Mailand einen im Backofen gebackenen Fisch, der ausgezeichnet schmeckte und nach einem alten sizilianischen Rezept zubereitet worden war, das der Schriftsteller Vincenzo Buonassisi auf einer Reise ausfindig gemacht und wieder zu Ehren gebracht hatte. Dem Entgegenkommen dieses Schriftstellerfreundes (der Gastwirt hat das Gericht, das außerordentlichen Erfolg hat, nach ihm benannt) verdanke ich das Rezept, das einem heute seltsam vorkommen mag, früher aber, wie man mir erklärt hat, allgemein verbreitet war. Der Brauch, Fisch und Fleisch in einem Topf zusammenzumengen, hielt sich im Mittelalter lange Zeit, auch in Frankreich; später blieb man zumindest dabei, gewisse Gerichte mit Fleischbrühe kräftiger zu machen, selbst wenn es sich um Fischgerichte handelte.

Vor allem ist die Zubereitung dieses Gerichts überhaupt nicht schwierig. Zuallererst verschaffen Sie sich einen schönen Fisch: eine Goldbrasse, einen Zahnfisch oder einen Umberfisch. Mit einer Rasierklinge schlitzen Sie ihn ein klein wenig an der Seite auf, nur soviel wie nötig ist, um das Fleisch etwas von den Gräten zu lösen; ein kleiner Kunstgriff, der es ermöglicht, daß der Fisch gleichmäßiger gar wird. Darauf legen Sie ihn in eine große feuerfeste Form, träufeln gutes Olivenöl darüber, bedecken ihn mit Zwiebelscheiben und füllen die Schüssel ringsherum mit in Stückchen oder Scheibchen geschnittenen Kartoffeln. Dann streuen Sie eine Prise Salz darüber, legen Kapern, kleingeschnittene Oliven, Krabben oder kleine Stückchen von Tintenfischen darauf. Stellen Sie alles in den Backofen, und lassen Sie bei sehr mäßiger Hitze backen. Von Zeit zu Zeit – und dies ist das Geheimnis – befeuchten Sie das Gericht durch Hinzufügen von Fleischbrühe. Dieser Fleischbrühe ist es nämlich zu verdanken, daß der Fisch und alles übrige so ganz besonders und vorzüglich schmecken und daß die Kartoffeln sich mit allen Gewürzen und Aromen anreichern.

Languste mit Portwein

Ein klassisches Gericht, das besonders gut schmeckt, wenn es eine große Languste ist, die man eher in einzelnen Stücken als im Ganzen kocht. Zuerst mache ich eine Mehlschwitze aus Butter, gehackten Zwiebeln und Möhren, dann lege ich die Langustenstücke hinein und lasse alles bei starkem Feuer kochen, wobei ich nicht vergesse, zu salzen und zu pfeffern und die Stücke dann und wann zu wenden. Wenn ich merke, daß sie gar sind, gieße ich frischen, flüssigen Rahm dazu, bis sie bedeckt sind, und lasse bei langsamem Feuer zwanzig Minuten lang weiterkochen. Wenn es soweit ist, lege ich die Langustenstücke auf die Servierplatte. Die im Topf bleibende Sauce ziehe ich jedoch etwas gebundener vor, weshalb ich sie gern noch ein paar Minuten länger koche, ein nußgroßes Stück Butter hineingebe und sie mit dem Schneebesen schlage. Schließlich füge ich ein gutes Glas Portwein bei, gebe alles durchs Sieb und gieße die Sauce über die Languste.

Ganz besonders hübsch ist es, die Langustenstücke so auf der Platte anzurichten, daß sie wieder der Form einer ganzen Languste entsprechen.

Sardinen „a beccafico"

Dies ist ein weiteres sizilianisches Gericht, das ich für mein Leben gern esse. Vor allem, weil die Sardine, die man in Italien „azzurra" – blau – nennt, da ihre Schuppen und ihr Fleisch bläulich schimmern, äußerst schmackhaft ist, ob gebraten oder gebacken oder so zubereitet, wie ich es Ihnen beschreiben möchte, nämlich „a beccafico". (Beccafico ist ein Vogel – eine Art Spatz –, der Feigen pickt und von den Feinschmeckern außerordentlich geschätzt wird.) Weil Sardinen leicht zu fischen sind und wenig kosten, werden sie von vielen verächtlich angesehen; aber ich glaube, man tut ihnen Unrecht, und wer sie verachtet, dem entgeht etwas sehr Gutes. Die Sardinen werden an der Bauchseite zur Hälfte aufgeschlitzt, wobei die Rückseite unversehrt bleibt (wie man es auch macht, wenn man sie brät). Man schneidet natürlich den Kopf weg und nimmt die Wirbelsäule heraus. Dann wäscht man sie, läßt sie in einem Sieb geöffnet und gut voneinander getrennt abtropfen.

Unterdessen bereiten Sie die Füllung zu. Erhitzen Sie in einem Pfännchen 30 – 40 g Öl (für ein halbes Kilo Sardinen) mit ein paar Löffeln Paniermehl. Wenn es schön gebräunt ist, geben Sie es in eine Schüssel und vermengen es mit einem Löffel gewaschener und getrockneter Rosinen, einem Löffel Pinienkerne, einer Handvoll feingewiegter Petersilie, einigen gewaschenen und gehackten Sardellenfilets, einer Prise Salz und einer Prise Pfeffer. Vermengen Sie alles gründlich, aber behutsam. Dann nehmen Sie einen Löffel von dieser Mischung und geben sie auf eine geöffnete Sardine, die Sie drumherum wickeln und mit einem oder zwei Holzstäbchen befestigen. Dieser Vorgang wird bei jeder Sardine wiederholt. Schließlich legen Sie alle Sardinen in eine gut mit Öl eingefettete Backform, bestreuen das Ganze noch mit Paniermehl, dann träufeln Sie einen „Faden" Öl darüber und stellen es eine halbe Stunde lang in den Backofen.

Aal auf Holzkohlenglut

Aal ist für mich ein sehr appetitliches Gericht geworden, nachdem ich ein wunderbares Erlebnis am Po hatte, zur Zeit, als ich „La donna del Fiume" drehte. Bis zu diesem Moment empfand ich, wie übrigens viele Leute, ein gewisses Mißtrauen gegen diesen langen Fisch, der an eine Schlange erinnert. Aber eines Abends wurde die ganze Truppe vom Präsidenten der „Azienda Valli di Comacchio" zu einem Essen eingeladen. Es fand an einem zwischen Seen und Kanälen des Podeltas gelegenen Orte statt, wo zwei Fischerhütten standen. Viele ländliche Tische im Freien, behelfsmäßig hergerichtet. Die Nacht war wunderbar, mächtige Feuer loderten ringsherum und spiegelten sich vervielfältigt in den stillen Wasserflächen wider. Eine fast unwirkliche Atmosphäre unter diesen an das große Schweigen gewöhnten Deltabewohnern, die an diesem Abend heiter und gesellig waren. Sie servierten uns sieben Gänge, und wenn wir nicht vorher gewußt hätten, was es war, hätten wir niemals erraten können, daß es sich immer wieder um Aal handelte; auf so verschiedene und raffinierte Arten war dieser Fisch mit dem weißen und zarten Fleisch zubereitet. (Ich erinnere mich auch an eine andere sonderbare Einzelheit: Unser Gastgeber, ein leidenschaftlicher Kenner, setzte uns alle in Erstaunen, als er erzählte, daß seine große Leidenschaft ... die Köpfe der Aale seien, denn in jedem einzelnen finde er in winzigsten Fleischstückchen einen unvergleichlichen, vielfältigen und würzigen Geschmack.) Ich meinerseits finde, daß der Aal, ganz einfach auf Holzkohlenglut gebraten, vollkommen ist. Doch dazu braucht es ein paar Kunstgriffe.

Zuerst muß man den Aal äußerlich säubern, indem man Holzkohlenasche auf der harten Fischhaut verreibt, und zwar muß man sehr kräftig reiben, um der Haut all ihre Klebrigkeit und Schlüpfrigkeit zu nehmen. Wenn es soweit ist, schlitzt man den Aal seitlich auf, der ganzen Länge des Bauches nach, damit man die Innereien und das Rückgrat herausnehmen kann. Man bestreut ihn mit Salz, und dann braucht man ihn nur noch auf dem Grillgitter zu braten und ab und zu umzuwenden. Achtung: Ölen Sie den Aal nicht ein, wenn Sie ihn auf diese Art zubereiten, denn sein eigenes Fett ist schon genug.

Aal am Spieß

Wenn der Aal dick genug ist, kann man ihn besser am Spieß als auf dem Grill braten. In diesem Fall wird er – nachdem man ihn (wie oben beschrieben) gesäubert, seitlich der Länge nach aufgeschlitzt und die Innereien herausgenommen hat – in sechs bis sieben Zentimeter lange Stücke geschnitten, die man mit Öl beträufelt, mit Salz und Pfeffer bestreut und abwechselnd mit Lorbeerblättern an den Spieß steckt. Nun braucht man ihn nur noch über der Kohlenglut zu rösten und den Spieß geduldig zu drehen. Eine Verfeinerung könnte noch darin bestehen, daß man die Aalstücke gegen Ende der

Bratzeit mit noch mehr feingehacktem und mit Paniermehl vermischtem Lorbeer bestreut, damit sich eine Art Kruste bildet. (Ich habe sagen hören, daß man im Podelta die Haut der Aale für ein unfehlbares Mittel hält, wenn eine Frau gern Kinder haben möchte und ihr Wunsch bisher noch nicht in Erfüllung gegangen ist.) Jedenfalls, wenn der Aal gar und schön knusprig gebraten ist, schmeckt die Haut zusammen mit dem Fleisch ganz köstlich.

Marinierter Aal

Zuerst brät man den Aal, dann legt man ihn ein zum Marinieren. Er muß geputzt und in Stücke geschnitten werden, wie ich es oben beschrieben habe. Dann werden die Stücke abgetrocknet, in Mehl gewälzt, in einer reichlichen Menge leichtem Öl gebraten, weil der Aal durch sein eigenes Fett schon würzig genug ist, und beiseite gelegt. Nun lassen Sie für ein Kilo gebratene Aale ein paar Liter Essig langsam kochen, dem Sie ein paar ganze Knoblauchzehen hinzufügen, ein paar Pfefferkörner und – so haben es mich die Leute gelehrt, die etwas davon verstehen – auch die Schale einer Orange, die man so abschneidet, daß nur der äußere und nicht der innere, zähe Teil bleibt. Die gebratenen Aalstücke legen Sie in eine Schüssel mit hohem Rand, streuen Salz darüber und gießen den Essig ganz langsam hinein. Wenn der Essig die Aalstücke knapp bedeckt, ist es genug. Nun lassen Sie alles mindestens vierundzwanzig Stunden ruhen. Wenn Sie allerdings Ihre „Marinata" hermetisch abschließen, etwa in einem Glasbehälter, können Sie auch Tage und Wochen warten.

Aal in Tomatensauce

Die Aale werden wie gewöhnlich geputzt und in Stücke geschnitten. Dann läßt man in wenig Öl eine gehackte Zwiebel und einen Löffel feingewiegter Petersilie dünsten. Nach ein paar Minuten gibt man die Aalstücke hinein – ein halbes Kilo –, wartet wieder einige Minuten und gießt dann ein halbes Glas Weißwein dazu. Wenn der Wein verdampft ist, gießt man eine Sauce darüber, die man schon extra zubereitet hat, und zwar aus Öl, Basilikumblättern und in Stückchen geschnittenen Tomaten. Lassen Sie alles noch weiterkochen, bis die Aalstücke weich sind und die Sauce gut gebunden ist. Servieren Sie heiß, eventuell mit gerösteten Brotschnitten.

„Baccalà" vom Grill

„Baccalà" ist nichts anderes als in Salz konservierter Kabeljau, nicht zu verwechseln mit Stockfisch, der nur von Sonne und Wind gedörrter Kabeljau ist. In vielen Gegenden Italiens, in Venetien, Neapel, Rom, in der Toscana und so weiter bereitet man mit „Baccalà", ebenso wie mit Stockfisch, viele volkstümliche Gerichte zu. Der Grund dafür ist einfach: Es ist ein wenig kostspieliges Nahrungsmittel, das der Erfindungsgeist der armen Leute (es ist immer die Armut, die Bedürftigkeit, die den Erfindungsgeist anregt) zu einem schmackhaften Gericht, manchmal sogar zu einem Leckerbissen gemacht hat. Man hat mir erzählt, daß es in früheren Zeiten gerade der gedörrte Kabeljau und die Heringe gewesen sind, die ganz Europa vor verheerenden Hungersnöten bewahrt haben.

Um also Baccalà auf dem Grill zuzubereiten (wie auch auf andere Arten, wie wir gleich sehen werden), beachten Sie folgendes. Kaufen Sie den Baccalà, wenn Sie können, schon fertig. Er muß nämlich mit Sorgfalt vorbereitet, das heißt aufgeweicht und vom überschüssigen Salz befreit sein. Wenn Sie ihn also fertig kaufen, aufgeweicht und in Stücke geschnitten, gibt es in dieser Hinsicht kein Problem mehr. Allerdings sollten Sie sich vergewissern, daß er lange genug im Wasser gelegen hat und sich wirklich schon zum Kochen eignet, und daß der Verkäufer Ihnen die besten Stücke gibt, das heißt die dicken und weichen und nicht nur die flachen, die voller Gräten sind und die man nahe dem Schwanz abschneidet. Wenn Sie aber einen noch nicht vorbereiteten Baccalà kaufen, müssen Sie ihn einfach ein paar Tage in Wasser legen (vierundzwanzig Stunden genügen zwar, doch dann ist das Ergebnis nicht so gut), das heißt unter fließendes Wasser, in ein Gefäß, das Sie unter die Wasserleitung stellen, aus der fortwährend ein dünner Wasserstrahl fließt. Schließlich zerschneiden Sie ihn in ziemlich dicke Stücke und entfernen die Gräten. Dann lassen Sie die Stücke auf einem Handtuch trocknen, damit sie die übermäßige Wäßrigkeit verlieren. Wenn Sie jetzt den Baccalà auf dem Grill braten wollen, wie man es bei uns zu Hause machte, als ich ein kleines Mädchen war, müssen Sie die Baccalà-Stücke, die, wie ich schon sagte, ziemlich dick sein sollten, einfach auf den Grill legen. Am besten wird dies über Holzkohlenglut gemacht. Wenden Sie die Stücke immer wieder um, damit sie gleichmäßig durchbraten. Zum Schluß würzen Sie den Baccalà, indem Sie eine kleine Sauce aus Öl, feingehacktem Knoblauch und Rosmarin darüberträufeln.

Gebratener Baccalà

Der Baccalà wird genauso vorbereitet und geschnitten, wie eben beschrieben, nur sollten die einzelnen Stücke kleiner sein. Dann wird jedes Stück in Mehl gewälzt und in reichlich Öl gebraten. Man serviert ihn mit Zitronenschnitzen und Petersiliensträußchen.

Baccalà im Salat

Den Baccalà, der wie oben beschrieben vorbereitet und in ziemlich dicke Stücke geschnitten wird, läßt man in wenig Wasser kochen, so wenig wie irgend möglich, dem man ein paar Löffel Olivenöl sowie einige Zitronenscheiben beigibt (einen Löffel Öl und ein Zitronenscheibchen für ein Kilo Baccalà). Außerdem läßt man einen schönen Blumenkohl in Salzwasser kochen. Dann schneidet man sowohl den Baccalà als auch den Blumenkohl in kleine Würfel, fügt noch 100 g entsteinte, in Stückchen geschnittene grüne Oliven, eine Handvoll gehackte Petersilie, reichlich Öl, ein oder zwei Löffel Essig, je nach Geschmack, sowie eine Prise Pfeffer bei.

Geschnittener Baccalà mit Tomaten

Zuerst werden die Baccalàstückchen geschmort, wie im entsprechenden Rezept beschrieben, dann in die feuerfeste Form gelegt, mit Tomatensauce bedeckt, der man, wenn man es gern hat, entsteinte und in Stücke geschnittene Oliven sowie eine Handvoll Petersilie beifügen kann. Stellen Sie alles eine Viertelstunde in den Backofen, und das Gericht ist fertig.

Baccalà nach Livorner Art

Auch dies ist meine Interpretation, wie man ein berühmtes Rezept einfach und rasch verwirklichen kann. Den auf die gewöhnliche Art vorbereiteten und in nicht zu große Stücke geschnittenen Baccalà legt man in einen Topf mit Öl, Tomaten, Oregano und gehacktem Knoblauch und läßt ihn bei mäßiger Hitze kochen. In der Hälfte der Kochzeit fügt man auch entsteinte schwarze Oliven zu, die einen kräftigeren Geschmack haben als die grünen.

Baccalà „alla vizcayna"

Als ich in Spanien „El Cid" drehte, aber auch bei anderen Gelegenheiten, erinnerte mich der Baccalà „alla vizcayna" (der Name ist von der Biscaya abgeleitet) sehr an die Art, wie man bei uns zu Hause in Italien den Baccalà macht. Der hauptsächlichste Unterschied sind die Peperoni; deshalb wollte ich lernen, wie man dieses Gericht zubereitet.

Der Baccalà wird wie gewöhnlich vorbereitet, wie ich es schon vorher beschrieben habe. Dann schneidet man ihn in Stücke, trocknet ihn, wälzt ihn in Mehl und brät ihn. Danach legt man die gebratenen Baccalàstücke auf Löschpapier, damit das überschüssige Fett aufgesogen wird, und stellt ihn warm. Unterdessen gibt man ein paar Löffel Olivenöl und in Scheiben geschnittene Zwiebeln in die Pfanne: 100 g auf ein halbes Kilo Baccalà. Bei mäßiger Hitze bräunt man die Zwiebeln und läßt sie im Öl zerfallen. Nun fügt man 200 g oder auch mehr durchgesiebtes Tomatenfleisch hinzu, streut Salz und Pfeffer darüber und läßt kochen, so daß eine dicke, aber geschmeidige Sauce entsteht. Außerdem werden auch noch Peperoni gebraten, von denen man vorsichtig die Haut abzieht (wenn möglich, ohne sie naß zu machen, nur ab und zu die Fingerspitzen ins Wasser tauchend). Man entfernt den Stengel und die Samen und schneidet die Peperoni in Stücke, die man mit ein paar Tropfen Öl und einer Prise Salz in die Pfanne gibt. Zuletzt legt man die gebratenen Baccalàstücke in eine feuerfeste Form, schüttet die Peperoni darüber und über diese die Sauce. Stellen Sie alles für etwa zehn Minuten oder auch weniger in den Backofen; dann ist das Gericht fertig.

Der unbeschreibliche Geschmack

Wenn ich an die Jahre meiner frühesten Kindheit zurückdenke, als Krieg war, bin ich immer mehr davon überzeugt, daß mir selbst in den Schrecken und Schwierigkeiten jener Zeit zwei Dinge zuteil wurden, zwei Gewißheiten, die für ein Kind unbedingte Lebensnotwendigkeiten sind: Geborgenheit und Nahrung. Es mag absurd erscheinen, von diesen beiden Dingen zu sprechen, wenn man Tag für Tag, Stunde für Stunde unter den Bomben lebte und von morgens bis abends Hunger hatte. Aber dort in Pozzuoli, wo ich mit meiner Mutter und meinen Großeltern wohnte, vollzog sich jeden Tag ein Ritual, welches jene beiden Bedürfnisse nach Gewißheit zu befriedigen vermochte. Jeden Abend warteten wir, bis der letzte Zug vorbeigefahren war, dann strömten alle Leute aus dem Dorf in einen langen Eisenbahntunnel, durch den der nächste Zug erst im folgenden Morgengrauen fahren würde. Wir gingen dort hinein, beladen mit Decken und allen möglichen Lumpen, die uns wärmen sollten, richteten unsere Lagerstatt her und legten uns dort zum Schlafen nieder. Eine schwere und dumpfe Luft und all die vielen verängstigten Menschen. Doch während dieser Stunden im Tunnel fühlte man sich geborgen, nicht nur, weil man sich vor den Bomben in Sicherheit wähnte, sondern weil wir alle dort waren, einer neben dem andern, und weil wir dieselbe Luft atmeten, uns gegenseitig Mut machten und sogar wieder Lust zum Scherzen und Spielen fanden. Es kam mir vor, als hätte ich eine riesige Familie bekommen, als hätten sich meine Schutzengel verzehnfacht, verhundertfacht. Sicher und beschützt, es war eine so deutliche Empfindung, wie ich sie später in meinem ganzen Leben nie mehr gehabt habe. Heute begreife ich, daß jener Tunnel für mich im Grunde genommen gleichsam der Friede des ungeborenen Kindes im Mutterschoß war.

Dann ist da noch die andere Geschichte, die Geschichte von der Nahrung. In der Morgendämmerung also standen wir auf und riefen uns gegenseitig zu, daß wir uns beeilen müßten, denn bald würde der erste Zug kommen. Dann nahm meine Mutter mich bei der Hand und brachte mich eilig fort, ins offene Land hinaus. An einem bestimmten Ort zwischen Höhlen biwakierte ein Ziegenhirt, und meine Mutter machte sich verstohlen auf den Weg dorthin, vorsichtig um sich spähend, damit ihr nur niemand ihre Entdeckung raubte. Der Ziegenhirt sah mich voller Mitleid an, wie man ein armes, verdurstetes Lämmchen ansieht, machte sich daran, einen großen Becher voller Milch zu melken, und reichte ihn mir schön warm. Diesen Geschmack werde ich ganz bestimmt nie mehr vergessen. Er ist einzigartig in meinem Leben: kräftigend, belebend und lebenspendend. Die gute Küche hab' ich gern, und in vielen Gegenden der Welt, an üppigen und märchenhaften Tafeln, habe ich auserlesene Speisen gegessen mit verschiedenartigstem unmittelbarem oder verhaltenem Geschmack und vielerlei Aromen, die von der gastronomischen Kunst seit Jahrhunderten weise ausgeklügelt und in stunden- oder tagelanger Arbeit zubereitet wurden. Doch kein Geschmack wird mir je diese Gewißheit des Wohlseins wiederbringen, die mir jeden Morgen dieser Napf frischgemolkener Milch gab. Für den Rest des Tages hatte ich vielleicht Hunger, aber was bedeutete das schon? Ich wartete ja bereits auf die wunderbare Begebenheit am folgenden Morgen.

Ich habe Ihnen diese Episode nicht nur einfach so erzählt, um Ihnen etwas mehr oder weniger Rührendes aus meinem Leben zu berichten, sondern weil ich noch heute von den nützlichen Erfahrungen aus jener Zeit lebe. Dieser Becher Milch hat mich gelehrt, daß eine Speise gut, ja geradezu unübertrefflich ist, wenn sie mit allen anderen Elementen in Einklang steht: mit der Zeit, den Umständen, der Umgebung, den Wahrnehmungen, den Gefühlen und – vor allem – wenn sie unbedingt echt ist.

Überlegungen, die Ihnen vielleicht ein wenig fehl am Platz erscheinen mögen, da wir uns doch mit gastronomischen Angelegenheiten befassen. Aber denken Sie einmal gut darüber nach: Nein, sie sind nicht abwegig. Sie können Ihnen sogar ein Fingerzeig sein, um mich und mein Reden über Speisen und Kochkunst besser zu verstehen.

Fleisch

Hier habe ich die Fleischgerichte aus meinem „Repertoire" zusammengestellt, einschließlich der verschiedenen Zubereitungsarten der Innereien. Wild und Geflügel („Fell und Feder", wie man so sagt) sind allerdings nicht darin enthalten; sie bilden übrigens in allen Kochbüchern wegen der nötigen Vorbereitungen ein Kapitel für sich. Vor allem biete ich Ihnen hier Braten- und Fleischsaucen an, wie man sie bei uns zu Hause zubereitete und wie ich sie unterwegs auf meinen vielen Reisen durch die Welt entdeckt habe. Ich möchte nur noch klarstellen, daß ich mich keineswegs wiederhole, wenn ich von Fleischragout, sei es nach neapolitanischer oder nach Genueser Art, gleich zu Anfang des Kapitels spreche; denn es ist nicht dasselbe Ragout, das ich im Kapitel der Hausmachernudeln für die „Fettuccine" beschrieben habe. Der Unterschied besteht darin: Das Ragout, das als Beigabe zu Teigwaren zubereitet wird, enthält gehacktes Fleisch, das man mit den anderen Zutaten vermengt; das Fleischragout dagegen ist ein regelrechtes Gericht mit Fleischstücken, geschnetzelten oder in Scheibchen geschnittenen, auch wenn die Sauce ebenfalls für das Anrichten von Teigwaren verwendet wird.

Fleischragout nach neapolitanischer Art

Man braucht pro Person eine Scheibe Rindfleisch von etwa 150 g. Die Scheiben werden gewaschen, leicht geklopft, und Fett und Sehnen werden entfernt. Auf jede Scheibe streut man einen Löffel von einer Mischung aus zwei Handvoll feingewiegter Petersilie, zwei oder drei Knoblauchzehen, Salz und Pfeffer. Man rollt die Scheibe zusammen, steckt sie mit einem Zahnstocher fest, legt sie mit wenig Öl und bei starker Hitze in den Kochtopf. Sobald das Fleisch außen goldbraun zu werden beginnt, beträufelt man es mit einem Glas Weißwein und stellt auf schwache Hitze. Ist der Wein vollständig verdampft, schüttet man anderthalb Kilo geschälte Tomaten in den Topf. Man läßt das Fleisch nur noch bei schwacher Hitze weiterkochen, mindestens anderthalb Stunden lang. Zum Schluß servieren Sie das aufgerollte Fleisch und verwenden die Sauce für jede beliebige Sorte Teigwaren.

Fleischragout nach Genueser Art

Es ist recht merkwürdig, daß dieses Ragout, das anders ist als das eben beschriebene, weil die Tomaten fehlen und statt dessen viel Zwiebeln darin sind, „nach Genueser Art" genannt wird; denn in Wirklichkeit ist es viel „neapolitanischer" als das andere. Fachkundige Freunde haben mir erklärt, daß es sich um das Originalrezept handelt, das vor

der Entdeckung Amerikas in Neapel angewandt wurde, als man die Tomate noch nicht kannte. Doch warum es den „Genueser" Namen angenommen hat, konnte mir niemand erklären. Vielleicht Christoph Kolumbus zu Ehren, der in Genua geboren wurde? Das ist kaum wahrscheinlich; denn Kolumbus, der den Weg in die Neue Welt öffnete, war indirekt der Pionier der Tomate; aber das „Ragout nach Genueser Art" lehnt ausdrücklich die Tomate ab. Wie dem auch immer sei, jetzt sage ich Ihnen, wie man dieses Gericht zubereitet.
Man braucht auch wieder Rindfleischscheiben, und zwar eine pro Person, die genauso vorbereitet werden, wie ich es für das Ragout nach neapolitanischer Art beschrieben habe. Auf jede Scheibe streut man einen halben Löffel geriebenen Parmesankäse, eine Prise feingewiegter Petersilie, geriebene Mohrrübe, Salz und Pfeffer. Dann rollt man die Scheiben zusammen, bindet sie mit Garn zusammen oder steckt sie mit Zahnstochern fest. Unterdessen stellt man eine Pfanne mit ein paar Löffeln Öl und einem Kilo (für sechs Personen) in feine Scheiben geschnittener Zwiebeln aufs Feuer. Sobald die Zwiebeln goldgelb werden, legt man auch das Rollfleisch in die Pfanne und läßt es ein paar Stunden kochen, bis das Fleisch ganz zart ist, die Zwiebeln zerfallen sind und zusammen mit dem Fleischsaft eine dicke Sauce gebildet haben. Dies ist die echte, alte, ursprüngliche „Genueser Art", bei der außer den Tomaten auch der Wein fehlt. Sie können weiterschmoren lassen, bis der Fleischsaft eingedickt ist und eine richtige Sauce entsteht, die Sie im Augenblick, in dem Sie servieren, über das Fleisch gießen. Aber im allgemeinen ist es Brauch, die Sauce etwas dünnflüssiger zu machen und sie zum Anrichten von Teigwaren zu verwenden. (Ehrlicherweise muß ich sagen, daß heutzutage viele Neapolitanerinnen doch etwas Tomate oder Tomatenpüree in die Pfanne geben, damit das Gericht ein bißchen Farbe bekommt.)

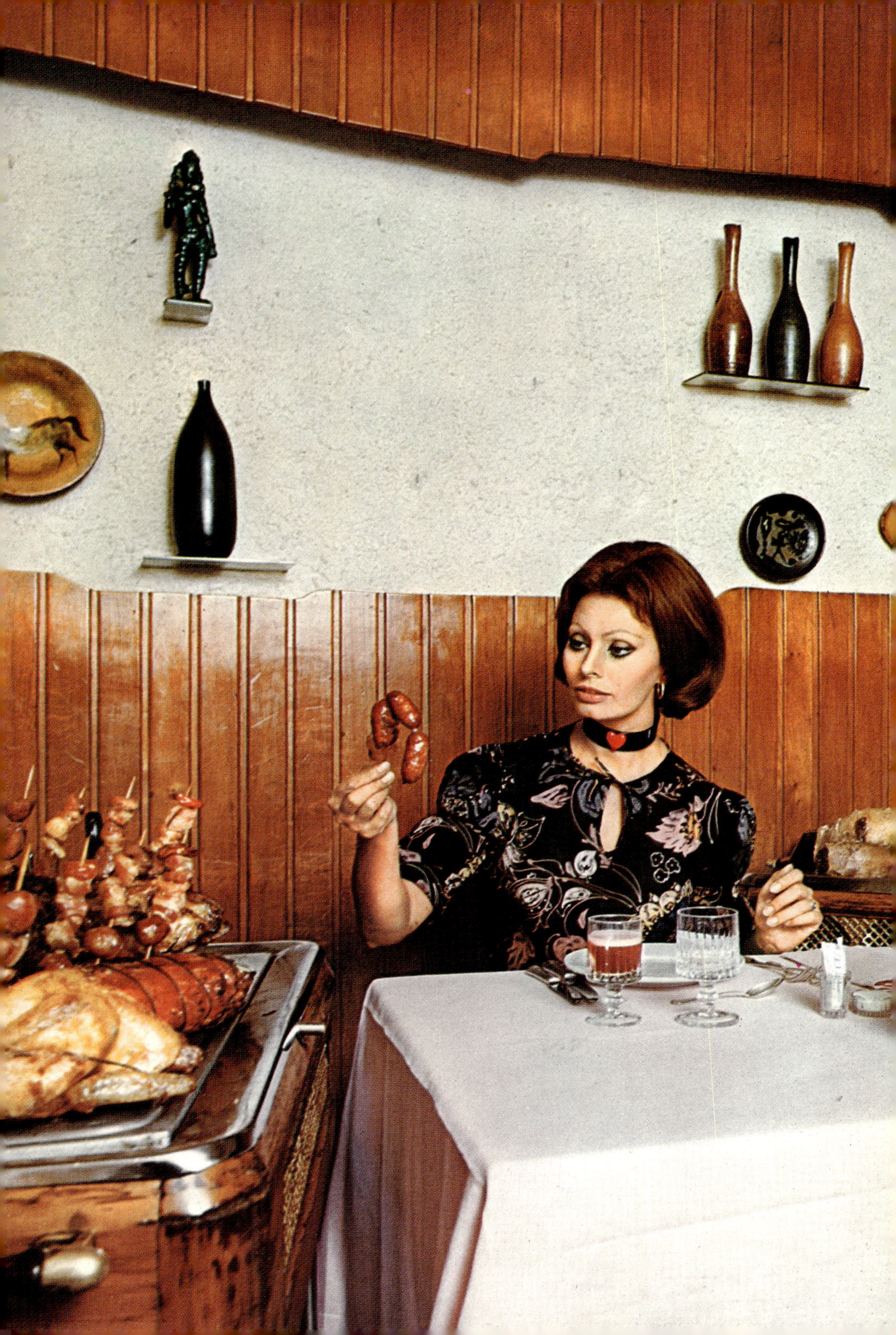

*Für ein Familienfest hat Sophia
ein üppig beladenes Gefährt
für Gebratenes vorbereitet.*

(FOTO SOLDATI)

Rouladen

Das folgende Rezept ist dem vorherigen sehr ähnlich, hat aber etwas Charakteristisches: daß nämlich die Rouladen wirklich welche sind, das heißt, sie sind kleiner, und die Füllung ist würziger und hat mehr Geschmack, während der Sauce weniger Bedeutung zukommt.
Man braucht für sechs Personen zwölf kleine Scheiben Rindfleisch, jede höchstens 70–80 g schwer. Sie werden leicht geklopft, mit ebenso vielen Scheiben Bologneser Mortadella bedeckt, aufgerollt, mit Zahnstochern festgesteckt und zum Braten in eine Pfanne mit Öl gelegt, in dem vorher schon für kurze Zeit eine Knoblauchzehe gedünstet worden ist. Mehr gibt es im Augenblick nicht zu tun. Erst wenn die Rouladen bei starker Hitze eine bräunliche Farbe angenommen haben, schreckt man sie mit einem trockenen Weißwein ab. Dann gibt man reichlich (bis zu einem Kilo) Tomaten bei, Salz, Pfeffer und ein paar Blättchen Basilikum. Von diesem Moment an läßt man bei schwacher Hitze etwa eine knappe Stunde weiterschmoren.

„Braciola"

Ich nenne sie zum Spaß „große Rouladen" im Gegensatz zu den „kleinen". Es handelt sich hier nämlich immer noch um aufgerollte Scheiben Rindfleisch, und dadurch entsteht ein rein sprachliches Problem; denn in Norditalien ist die „Braciola" einfach ein Kotelett, eine normale Scheibe Fleisch am Knochen. Was das Rezept anbetrifft, so geht es nicht einfach darum, sehr große Rouladen zuzubereiten, sondern es ist etwas völlig anderes.

Kaufen Sie drei schöne, große Scheiben Rindfleisch, jede etwa 200 bis 250 g schwer (für eine normale Portion teilen sich dann je zwei Personen eine „Braciola"). Zuerst wird das Fleisch behutsam geklopft, das Fett und die Sehnenstränge werden entfernt. Dann legt man auf jede Scheibe eine Füllung. Um die Füllung zuzubereiten, schneiden Sie etwa 50 g Speck in Würfel, hacken eine Knoblauchzehe und ein schönes Büschel Petersilie. Dann nehmen Sie sechs sehr dünne Scheiben Schinken sowie sechs Scheiben Provolone-(Büffel-)Käse; außerdem stellen Sie zwei Löffel gut gewaschene Rosinen und zwei Löffel Pinienkerne bereit. Nun legen Sie auf jede Scheibe Fleisch eine Scheibe Schinken und eine Scheibe Käse, dann ein wenig mit Petersilie und Knoblauch vermischten Speck, ein paar Rosinen und einige Pinienkerne. Rollen Sie die Fleischscheiben auf, umwickeln sie mit dünnem Garn und lassen sie in der Pfanne schmoren wie ein gewöhnliches Fleischragout nach neapolitanischer Art (siehe Seite 191). Die Kochzeit ist sehr lang und beträgt sogar einige Stunden. Ein kleiner Kunstgriff: Wenn man sieht, daß die „Braciole" gar sind und das Fleisch wirklich zart geworden ist, nimmt man sie aus der Pfanne, läßt aber den Fleischsaft dick einkochen, bis er zu einer richtigen Sauce wird. Dann legen Sie die „Braciole" für ein paar Minuten erneut hinein, damit sie wieder heiß werden und die Sauce aufsaugen. Wenn Sie anrichten, legen Sie natürlich zuerst die „Braciole" in eine Servierschüssel und gießen dann die Sauce darüber.

Rindfleischspießchen mit Trüffeln

Zu diesem Gericht braucht man mariniertes Rindfleisch: Das heißt, man legt es ein paar Stunden in reichlich Öl ein, dem man den Saft einer Zitrone, ein Löffelchen Salz, einige Pfefferkörner, feingewiegte Petersilie und Oregano beigefügt hat. Im Augenblick der Zubereitung nimmt man das Fleisch aus der „Marinata", schneidet es in Würfel, die man abwechselnd mit sehr dünnen Speckstreifen auf die Spießchen steckt und braten läßt, wobei man sie dann und wann mit der „Marinata" begießt. Zum Schluß legt man die Spießchen auf eine Servierplatte und streut eine reichliche Menge dünner Trüffelscheibchen darüber. Von den vielen Variationen, die man mit Spießchen machen kann, scheint mir diese eine der leckersten zu sein.

Roastbeef

Seitdem ich in England das richtige Roastbeef gegessen habe, verstehe ich den Unterschied. In Frankreich und in andern Ländern muß Roastbeef „blutig" sein; aber in England ist dieses klassische Fleisch innen einfach rosa und außen braun. Ich habe gefragt, wie man es macht (bei allen Gerichten, die ich kennenlerne und schätze, frage ich nach dem Rezept), und hier ist die Regel, die für die beste gehalten wird: Das „klassische" Stück Fleisch für das Roastbeef muß zusammengebunden werden, damit es seine Form behält. Man fettet es, wenn möglich, mit Nierenfett ein (Butter ist ein guter Ersatz, allerdings nur ein Ersatz), und dann brät man es am Spieß oder wenigstens auf dem Grill; aber es darf nie mit dem Boden einer Bratpfanne in Berührung kommen. Wie lange es braten muß, hängt davon ab, wie dick das Stück Fleisch ist: Wenn man in den oberen Teil des Roastbeefs einsticht, kann man ungefähr ahnen, wann es gar ist. (Allerdings muß man aufpassen, während der Bratzeit die Oberfläche nicht mit der Gabel zu durchstechen, weil man sonst einen Weg für die inneren Säfte öffnen würde, die das Fleisch weich machen. Übrigens eine Regel, die für jeden Braten gilt!) Erst wenn man glaubt, daß das Fleisch gar ist, prüft man nach. Es bleibt nichts weiter zu tun, als das Roastbeef in Scheiben zu schneiden. Und auch hier gibt es zwei Möglichkeiten: dünne oder dicke Scheiben? Ich bin für dicke Scheiben.

Gekochtes Fleisch

Wer gekochtes Fleisch gerne mag, mit dem könnte man über die verschiedenen Zubereitungsarten lange diskutieren. In Italien, besonders in Piemont, pflegt man eine ganze Reihe Gerichte von gekochtem Fleisch zu servieren, und zwar verschiedene Teile vom Rind, einschließlich der Zunge, Kalbskopf, aus Schweinefleisch hergestellte Schlackwurst, Kapaun oder Hühnchen. Doch ein solches Gericht kann man nur für viele Leute zubereiten, bei besonderen Anlässen, und es erfordert große Aufmerksamkeit.

Was mich betrifft, so glaube ich, daß man seine Gäste mit zwei

Stücken gekochtem Rindfleisch zufriedenstellen kann: einem Lendenstück und einem weißen Rippenstück, weil nämlich das Lendenstück mager und kompakt und das weiße Rippenstück fetter ist; aber es ist weiches Fett und daher eine sehr gute Ergänzung zum Fleischgeschmack. Das Ganze muß ziemlich lange kochen, damit das Fleisch zart wird und sich leicht schneiden läßt, allerdings nicht allzu lange, weil sonst die besten Nährwerte verlorengehen und es zäh wird. Ich finde es am besten, wenn man die beiden Stücke Fleisch – sagen wir anderthalb Kilo im ganzen – mit vier bis fünf Liter Wasser in einem großen Topf zum Kochen legt. Sobald das Wasser zu sieden beginnt, schöpft man zuerst den Schaum ab, um alles, was unsauber ist und an die Oberfläche steigt, zu entfernen. Dann legt man einige Zwiebeln hinein (es ist besonders gut, wenn man sie mit Nelken spickt), ein paar Mohrrübchen, eine kleine Sellerieknolle, ein paar in Stücke geschnittene Tomaten, mehrere Pfefferkörner und eine Prise Salz. Die Kochzeit beträgt im ganzen ungefähr drei Stunden, wobei man auf eine gleichmäßige Hitze achten muß, damit das Wasser genau am Siedepunkt bleibt. Wenn das Fleisch gar ist, serviert man es heiß in einer Suppenschüssel, in die man außerdem ein paar Löffel der Fleischbrühe gießt, um das Fleisch feuchtzuhalten. Zu gekochtem Fleisch kann man verschiedene pikante Saucen servieren, auch Essiggurken oder verschiedene Gemüse. Das für mich leckerste Rezept wird folgendermaßen gemacht: Auf eine schöne Scheibe Fleisch träufeln Sie einen „Faden" rohes Öl und streuen ein paar Körnchen grobes Kochsalz sowie frisch gemahlenen Pfeffer darüber. Das schmeckt herrlich.

Gekochtes Rindfleisch mit Tomaten

Wenn Sie einen Rest gekochtes, kaltes Rindfleisch haben, können Sie es folgendermaßen verwenden, und es wird Ihnen ausgezeichnet schmecken.

Schneiden Sie es in Scheiben, die etwas dicker als ein Zentimeter sind, legen Sie sie in die Pfanne, in der Sie bereits in ein paar Löffeln Öl reichlich Zwiebeln gedünstet haben. Sobald das Rindfleisch Farbe annimmt, bestreuen Sie es mit Salz und Pfeffer, wenden es um und gießen ein wenig guten Rotwein in die Pfanne. Warten Sie, bis er verdampft, fügen Sie noch ein paar in Streifen geschnittene Tomaten bei und, wenn nötig, einige Löffel Fleischbrühe oder lauwarmes Wasser, um den Bratenfond zu verlängern.

Lassen Sie weiterkochen, und geben Sie zum Schluß ein paar Blättchen Basilikum in die Sauce.

Gekochtes Rindfleisch „alla pizzaiola"

Einen Rest von gekochtem Rindfleisch kann man auch auf die folgende Art zubereiten, die vielleicht noch besser ist: Erhitzen Sie Öl in der Pfanne mit gehacktem Knoblauch und Petersilie, fügen Sie eine kleine Prise Oregano und reichlich Tomaten bei, die Sie in sehr dünne Streifen geschnitten haben. Dann legen Sie das in Scheiben geschnittene Rindfleisch hinein. Warten Sie, daß es heiß wird, bestreuen Sie es mit Salz und Pfeffer, lassen Sie kochen, und verlängern Sie den Fond, wenn nötig, mit ein paar Löffeln Fleischbrühe oder lauwarmem Wasser.

Roastbeef im Salz

Natürlich handelt es sich hier nicht um ein richtiges Roastbeef, sondern um den Teil vom Rind, der für Roastbeef verwendet wird. Besorgen Sie sich ein schönes Stück, das ungefähr ein Kilo wiegt und sehr gut abgehangen sein muß, außerdem eine große Menge grobes Kochsalz. Das Salz schichten Sie zwei Finger hoch auf den Boden einer Bratpfanne, dann legen Sie das Fleisch darauf, und nun schütten Sie immer mehr Salz darüber, bis Ihr Stück „Roastbeef" vollständig bedeckt ist, doch diesmal genügt es, wenn die obere Schicht einen Finger hoch ist. Dann stellen Sie es in den Backofen. Wenn das Salz eine rötliche Färbung angenommen hat, ist das Fleisch vollkommen gar. Nun befreien Sie den Braten von seiner Salzkruste, wobei Sie ein Pinselchen nehmen, um auch noch die letzten Körnchen der Salzhülle zu entfernen. Jetzt bleibt nichts weiter zu tun, als den Braten in Scheiben zu schneiden und ihn mit Essiggurken oder Bratkartoffeln zu servieren. Sie brauchen keine weiteren Zutaten und überhaupt kein Fett für dieses Rezept. Wenn Sie unbedingt wollen, können Sie höchstens ein Zweiglein Rosmarin auf das Fleisch legen, bevor Sie es mit Salz „einhüllen".

Beefsteak mit Zwiebeln

Das Beefsteak ist wie gewöhnlich von einem guten Stück Rindfleisch, vier Finger dick. Doch brät man es nicht auf dem Bratrost, sondern in der Pfanne (wobei man immer darauf achten muß, nicht mit der Gabel hineinzustechen, weil sonst der blutige Saft hinausfließen und das Fleisch an Geschmack verlieren würde). Doch bevor man das Beefsteak brät, bereitet man die Zwiebeln zu, schneidet sie in Scheiben und brät sie mit Öl, Butter, Salz, Pfeffer und auch einer Löffelspitze Zucker in der Pfanne. Sobald sie goldgelb werden, stellt man sie an die Seite auf den warmen Herd. Nun brät man die Beefsteaks in der Pfanne, und wenn sie fertig sind, schüttet man die Zwiebeln darüber. Einmal wenden und servieren.

Beefsteak mit Pilzen

Das Beefsteak wird auch wieder in der Pfanne gebraten und zum Schluß mit Pilzen bedeckt anstatt mit Zwiebeln, wie beim vorherigen Rezept. Die Pilze werden in dünne Scheibchen geschnitten, wenn es frische sind, oder in Stückchen, wenn es getrocknete sind (die man natürlich in lauwarmem Wasser hat aufquellen lassen), mit wenig Butter, wenig Salz in die Pfanne gegeben und zuletzt mit einem schönen Büschel gehackter Petersilie gedünstet.

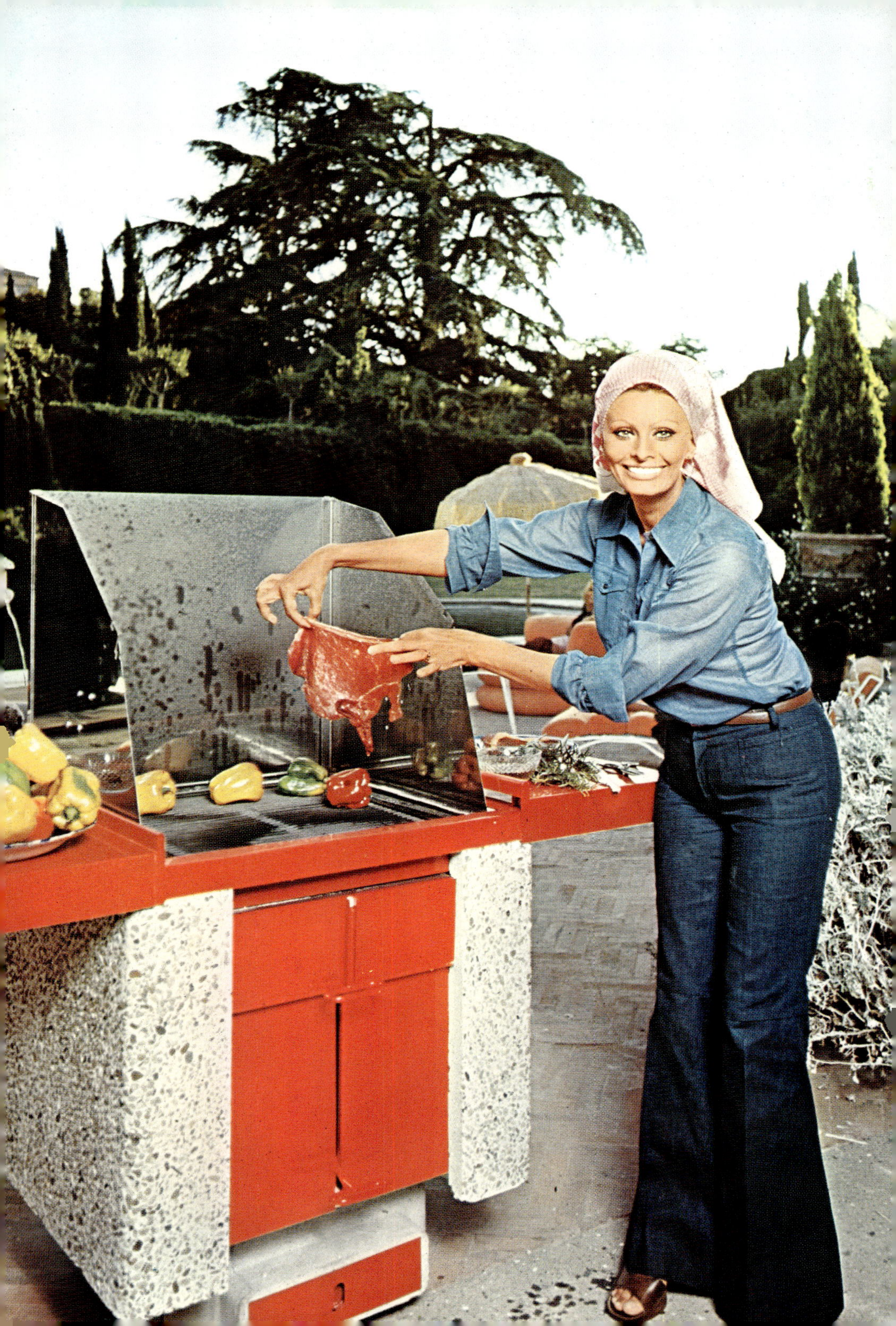

Paprikaschoten und ein grosses, hauchdünnes Beefsteak, über einem mit würzigen Kräutern veredelten Holzfeuer gebraten.

(FOTO SOLDATI)

Beefsteak mit Kapernsauce

Anstatt Zwiebeln oder Pilzen gibt man diesmal eine Kapernsauce über die in der Pfanne gebratenen Beefsteaks. Sie wird so zubereitet: Einige Löffel Öl werden in der Pfanne erhitzt, dann für jedes Beefsteak eine Handvoll gehackte Kapern sowie ein zuvor entgrätetes Sardellenfilet beigefügt. Man wartet, bis die Sardellen zerfallen und die Sauce gebunden ist. Nun bereitet man die Beefsteaks zu und gießt die Sauce darüber.

„Barbecue"-Saucen

Ich bin nicht verrückt und erhebe auch nicht den Anspruch, meinen möglicherweise amerikanischen Lesern zu erklären, was „barbecue" ist, was seine Ursprünge und Vorzüge sind und welche verschiedenen Methoden es gibt, Fleisch im Freien zu grillen. Ich möchte nur sagen, daß man auch in Europa ein „Barbecue" gebührend zu schätzen weiß. Ich erinnere mich zum Beispiel an ein ganz großartiges „Barbecue" im Golfklub auf dem Bürgenstock in der Schweiz, wohin ich manchmal in die Ferien gehe. Es war eine große Entdeckung, daß das Fleisch über einem Feuer aus Rebschößlingen gegrillt wurde; das verlieh ihm einen außergewöhnlichen, unvergeßlichen Duft. Man hat mir erzählt, daß man in Sardinien ganze Schweine, Wildschweine und Lämmer im Freien über dem duftenden Holz von den Bäumen am Meer brät.

Ich liebe all so etwas unbeschreiblich. Darf ich nun ganz bescheiden ein paar Saucen vorschlagen, die vielleicht nicht allzu bekannt sind und die man über das gegrillte Fleisch gießt, wodurch es erst richtig zu einem Leckerbissen wird?

„Peveradasauce"

Diese Sauce ist altbekannt und stammt aus Venetien, wo man sie verwendet, um gebratene Perlhühner zu würzen; doch meiner Meinung nach kann man sie auch für anderes Fleisch verwenden. Man muß folgende Zutaten hacken und miteinander vermengen: 200 g Kalbsleber, einige Sardellenfilets, ein paar Knoblauchzehen, die dünngeschnittene Schale einer Zitrone, einige in Essig eingelegte Perlzwiebeln und Pfefferschoten, eine gehörige Prise Pfeffer, zwei Löffel geriebenen Parmesankäse und zwei Löffel Paniermehl. Vermengen Sie all diese gehackten Zutaten recht gründlich, und halten Sie die Mischung bereit. Unterdessen stellen Sie eine Pfanne mit zwei Löffeln Öl und einer ganzen Knoblauchzehe aufs Feuer. Sobald der Knoblauch goldgelb wird, nehmen Sie ihn heraus und geben die Mischung in die Pfanne. Lassen Sie alles leicht brutzeln, während Sie nach und nach ein paar Teelöffel Essig und eine Messerspitze Ingwer beifügen. Richten Sie sich danach, ob Sie die Sauce lieber dick oder dünnflüssig haben möchten, je nachdem, ob Sie sie auf die Fleischstücke streichen oder lieber das Fleisch in einer Schüssel damit anrichten möchten.

Roquefortsauce

Vermengen Sie 150 g Roquefortkäse, 80 g Butter, 80 g Schlagsahne. Wenn die Mischung gut gebunden ist, fügen Sie noch – während Sie ständig mit dem Holzlöffel weiterrühren – den Saft zweier Schalotten oder zweier anderer Zwiebeln und einen Löffel (oder auch zwei, wenn Sie den Geschmack noch würziger haben möchten) Worcestersauce bei. Mit dieser Mischung richten Sie, wenn sie schön geschmeidig und glatt geworden ist, Beefsteaks oder anderes gebratenes Fleisch an.

Chateaubriand

Alles hängt davon ab, daß man das richtige Stück nimmt, nämlich das Stück, das man genau aus der Mitte des Rindsfilets schneidet. Wenn es sehr dick ist (aber sonst wäre es nicht das echte Chateaubriand), können es mehrere Personen miteinander teilen. Man brät es auf dem Grill, auf die einfachste Art, zuerst auf der einen, dann auf der andern Seite, solange wie es nötig ist, um es zu grillen, ohne daß es seine Zartheit einbüßt. Je eine Prise Salz und Pfeffer ganz zum Schluß hinzufügen.

Mariniertes Chateaubriand

Diese Variante ist einer der schönsten Leckerbissen, denen ich je begegnet bin, und er erinnert mich stets daran, daß Paris wirklich ein Paradies der guten Küche ist.

Man legt das Chateaubriand zum Marinieren einen ganzen Tag lang in einige Löffel Öl, gehackten Knoblauch (oder eine ganze zerquetschte Knoblauchzehe), einen Löffel Essig, ein Zweiglein Rosmarin, eine Prise Pfeffer und Salz. Ab und zu sollte man es umwenden. Nach dem Herausnehmen lassen Sie das Fleisch gut abtropfen und braten es wie gewöhnlich auf dem Grill, ohne noch weiteres Salz oder Pfeffer beizufügen.

Kotelett nach Mailänder Art

Alle Küchenchefs von Mailand sind mit Recht stolz auf dieses Kotelett und bereit, mit guten Argumenten zu beweisen, daß von diesem Rezept das „Wiener Schnitzel" stammt und nicht umgekehrt. Es handelt sich um ein Kalbskotelett, das sehr schwer sein darf, sogar bis zu 200 g. Es wird in Ei und Paniermehl gewälzt und in Butter gebraten. Doch gibt es noch einiges dazu zu sagen, wenn man es wirklich vollkommen machen will.

Vor allem muß das Kotelett noch am Knochen sein, und wenn man es serviert, bedeckt man den Knochen mit einem zu einer Margerite geschnittenen Stück Papier, was sehr elegant aussieht. Aber abgesehen von dem ästhetischen Anblick glaube ich, daß das Kotelett schmackhafter und würziger wird, wenn man es mitsamt dem Knochen und dem drumherum befindlichen Fett brät. Außerdem muß man darauf achten, daß die Scheibe Fleisch dick genug, aber auch wieder nicht zu dick ist, das heißt ungefähr ein Zentimeter dick. Was das eigentliche Braten anbetrifft, so ist die einfachste Methode, das Kotelett in das geschlagene Eigelb zu tunken, in Paniermehl zu wälzen und in geschmolzener, brutzelnder Butter zu braten. Doch es schmeckt noch besser und ist noch schwerer, wenn man es so wie früher zubereitet: Zuerst taucht man es nur kurz in die geschmolzene Butter, die nicht auf dem Feuer steht, wälzt es in Paniermehl, dann in Eigelb, wieder in Paniermehl, und dann brät man es in der geschmolzenen Butter. Nun erst bildet sich ringsherum eine köstliche Kruste.

Kotelett nach Bologneser Art

Dieses Koteletts dagegen rühmen sich die Bologneser Küchenchefs, die nicht zu Unrecht behaupten, daß ihre Stadt die gastronomische Hauptstadt Italiens sei, wie Lyon diejenige Frankreichs. Man braucht Kalbfleischscheiben, nicht notwendigerweise Koteletts, von je ungefähr 100 g. Sie werden leicht geklopft, wobei sie ein klein bißchen weniger als ein Zentimeter dick werden, in Eigelb und Paniermehl gewälzt und in Schweineschmalz oder in Butter gebraten. Bis jetzt ist alles ganz ähnlich wie beim Kotelett nach Mailänder Art; aber wir sind noch nicht fertig. Auf die Koteletts legt man nun eine Scheibe

Schinken sowie einige Trüffelscheibchen und streut eine Handvoll geriebenen Parmesankäse darüber. So garniert, legt man die Koteletts behutsam in eine feuerfeste Form, ziemlich dicht nebeneinander. Dann stellt man sie in den Backofen, gerade so lange, bis der Käse schmilzt und Trüffeln, Schinken und Fleisch gut miteinander bindet.

Schmorbraten mit Pilzen

Zuallererst muß man ein schönes Stück Rindfleisch mehrere Stunden lang marinieren, am besten vom Abend bis zum nächsten Morgen. Die „Marinata" wird mit einem edlen Rotwein – eine halbe Flasche für ein Kilo Fleisch – zubereitet, den man mit in Scheiben geschnittenen Zwiebeln, kleingeschnittener Sellerie sowie einigen zerstoßenen Knoblauchzehen, ein paar Pfefferkörnern und ein, zwei Lorbeerblättern würzt. Bevor man das Fleisch in die Marinade legt, wird es mit Speckstreifen gespickt. Inzwischen gibt man ein paar dünn geschnittene Zwiebelscheibchen mit 100 g kleingehacktem Schinkenfett in den Kochtopf. Sobald die Zwiebeln goldgelb werden, legt man das Stück Fleisch hinein, das man aus der Marinade genommen, mit einem Tuch abgetrocknet und leicht mit Mehl bestäubt hat. Man läßt das Fleisch auf allen Seiten leicht anbräunen, indem man es ab und zu wendet, und fügt dann die Pilze zu. 100 g in Stückchen geschnittene Pilze genügen (gedörrte muß man vorher in lauwarmem Wasser aufquellen lassen). Darauf gießt man die Marinade in den Topf, streut Salz darüber und läßt alles bei schwacher Hitze zugedeckt weiterkochen. Der Bratenfond darf nicht allzu trocken werden (sonst verlängert man ihn mit ein paar Löffeln Fleischbrühe oder lauwarmem Wasser). Weiter ist nichts zu tun. Nach ungefähr drei Stunden ist der Schmorbraten gar. Man schneidet ihn in Scheiben, gießt die Sauce, die sich im Kochtopf gebildet und die man durch ein Sieb gestrichen hat, darüber und serviert.

Rindfleischragout

Hier beschreibe ich Ihnen eine andere, sehr alte Methode, wie man Rindfleisch zubereitet. Diesmal wird es nicht mariniert; man legt es gleich in den Kochtopf. Für ein Kilo Fleisch braucht man ein Deziliter Öl, einen Löffel Butter, Zwiebeln, Sellerie, Karotten, Kartoffeln, Rüben, alles grob gehackt und in so reichlicher Menge, daß das Fleisch ganz damit bedeckt ist. Erst läßt man alles bei starker Hitze kochen, stellt dann die Temperatur niedrig, bestreut das Fleisch mit Salz und Pfeffer und läßt es in geschlossenem Topf bei mäßiger Hitze weiterkochen. Es dauert mindestens zwei, besser drei Stunden, bis das Fleisch vollständig gar ist. Dann schneidet man es in Scheiben, streicht die Sauce durch ein Sieb und gießt sie kurz vor dem Servieren über das Fleisch. Wenn man ein paar Tropfen kaltes Öl und etwas Zitronensaft in diese Sauce träufelt, schmeckt sie ganz vorzüglich.

Rindsgulasch mit Kartoffeln

Dies ist die italienische Version des ungarischen „gulyás". Das beste Fleisch für dieses Gericht ist das der Hesse, vom unteren Teil des Beines mit seinen Schwielen, die durch langes Kochen weich werden und bei Feinschmeckern sehr beliebt sind. Es gibt natürlich Leute, die Gulasch mit Fleischstücken von anderen Teilen des Rinds kochen, die magerer und kompakter sind; aber das ist ein Fehler. Es ist unnütz, Gulasch zu kochen, wenn man nicht das richtige kocht. Lassen Sie sich also vom Fleischer Hesse geben, und machen Sie sich ans Werk. Beginnen Sie damit, daß Sie ein paar Löffel gehackten Speck (in Ermangelung von Speck kann man auch Öl und Butter nehmen), eine gehackte Zwiebel, eine ebenfalls kleingehackte Knoblauchzehe, ein paar Blätter Majoran und einen Selleriestengel im Topf kochen. Sobald diese Mischung Farbe annimmt, geben Sie das Fleisch hinein und streuen Salz und Pfeffer darüber. Wenn es braun zu werden beginnt, begießen Sie es mit einem Glas trockenem Weißwein. Warten Sie, bis der Wein verdampft ist, und gießen Sie dann noch etwa 100 g Tomatensauce dazu. Schließlich verlängern Sie den Fond mit ein paar Löffeln Fleischbrühe oder lauwarmem Wasser. Decken Sie gut zu und lassen Sie alles ruhig gar kochen, was einige Stunden dauern wird. Zuletzt fügen Sie die zuvor gekochten und in Scheiben geschnittenen Kartoffeln hinzu und lassen alles zusammen ein paar Minuten aufkochen, damit die Kartoffeln schmackhaft werden.

Fleischklößchen

Vermengen Sie Hackfleisch mit Käse, Eiern, Paniermehl, so daß eine ziemlich feste Masse entsteht. Aus dieser Masse formen Sie die Fleischklößchen, die Sie mit Öl oder Butter in der Pfanne braten und denen Sie eventuell Tomaten und andere Zutaten und Gewürze beifügen – es wird immer etwas Gutes dabei herauskommen. Doch jede Köchin, jeder, der gern kocht, wird Ihnen sagen, daß seine Mischung, die er persönlich zusammenstellt, etwas anderes, etwas ganz Besonderes ist. Was mich betrifft, so schlage ich dieses Rezept für Fleischklößchen vor, das ich von einer Mailänder Freundin gelernt habe: Zuerst hakken Sie zwei Teile Rindfleisch und einen Teil Hühnerfleisch (400 g auf 200 g) und mengen es; geben Sie noch ein paar kleine Stückchen Salami dazu, aber nicht mehr als 50 g. Binden Sie mit zwei Eiern, zwei Löffeln Paniermehl (sogar drei, wenn die Masse zu weich ist), ebensoviel geriebenem Parmesankäse, und streuen Sie eine Prise Salz, Pfeffer sowie eine Löffelspitze Muskatnuß darüber. Aus dieser Masse formen Sie ziemlich kleine Fleischklöße, die Sie mit wenig Öl in die Pfanne legen. Wenn sie schön gebräunt sind, nehmen Sie die Pfanne vom Herd, gießen einen Teil des Öls ab, so daß nur noch ein dünner Schleier davon auf dem Pfannenboden bleibt. Nun stellen Sie die Pfanne wieder aufs Feuer, geben zwei Deziliter Sahne und zwei oder drei Löffel Tomatenketchup hinein und lassen noch ungefähr zehn Minuten kochen, damit die Fleischklößchen weich werden und die Sauce eindickt.

Fleischkloß nach orientalischer Art

Dieses Gericht habe ich mit Begeisterung gegessen, als ich am Roten Meer war; aber man kann es auch an jedem beliebigen anderen Ort leicht zubereiten. Gehacktes Rindfleisch formen Sie zu einer Scheibe und streuen Salz, Pfeffer, winzig klein gehackten oder besser noch gestoßenen Knoblauch und Kümmel darüber. Dann drücken Sie in die Mitte der Scheibe eine Höhlung und legen zwei hartgekochte Eier (natürlich ohne Schale!) hinein. Jetzt rollen Sie die Hackfleischscheibe auf, formen den Fleischkloß, bepinseln ihn mit geschlagenem Eigelb, wälzen ihn in Paniermehl und legen ihn schließlich mit Olivenöl zum Kochen in die Pfanne. Wenn der Fleischkloß außen goldbraun zu werden beginnt, gießen Sie reichlich Tomatensauce mit einer Prise Salz hinein und lassen unbesorgt ruhig weiterkochen. Dieser Fleischkloß wird mit seiner Sauce in Scheiben serviert. Die beiden hartgekochten Eier haben die Aufgabe, zu verhindern, daß das Fleisch im Innern zu roh bleibt; aber auch im Geschmack passen sie ausgezeichnet dazu.

Kalbsbraten im Backofen

Man braucht ein schönes Stück Kalbfleisch, das etwa ein Kilo wiegt. Bevor man es in den Backofen stellt, muß es zusammengebunden werden, damit es seine Form nicht verliert. Man reibt es mit Salz ein und legt es in eine große Bratpfanne in etwa 100 g Öl und Schweineschmalz. Außerdem legt man in Scheiben geschnittene Zwiebeln und Tomatenstückchen kalt hinein, etwa 250 g von beidem. Dann läßt man alles im heißen Backofen bei mäßiger Hitze mindestens anderthalb Stunden backen. Zuletzt richtet man das Fleisch in Scheiben geschnitten auf der Servierplatte mit allem übrigen drumherum an.

Kalbfleisch „alla pizzaiola"

Das Kalbfleisch wird in Scheiben von je 40–50 g geschnitten, die man leicht klopft. Dann läßt man sie mit Öl in der Pfanne schmoren und fügt ein paar Tomatenstückchen, gehackten Knoblauch (je nach Geschmack viel oder wenig), Oregano, Salz und Pfeffer bei. Wenn das Kalbfleisch schon beinahe gar ist, gibt man noch einen Spritzer trockenen Weißwein dazu.

Kalbfleisch „Piccatine"

Dazu braucht man kleine, dünne Scheiben vom Filet oder von der Kalbsnuß, die höchstens 30–40 g wiegen dürfen. Man streut ein wenig Salz darüber, wälzt sie in Mehl und läßt sie kurz mit Butter, nur einige Minuten, in der Pfanne bräunen. Schon jetzt sind sie recht schmackhaft, doch vervollständigt man das Gericht mit einer Sauce, indem man in die in der Pfanne zurückgebliebene Butter ein paar Stückchen rohen Schinken schneidet: 100 g in Streifen geschnittenen Schinken für 600 g Fleisch. Sobald der Schinken nicht mehr roh aussieht, drückt man den Saft einer viertel Zitrone aus und gießt ihn in die Pfanne. Diese Sauce wird über die auf einer warmen Servierplatte angerichteten Fleischscheiben gegossen. Nun streut man noch feingewiegte Petersilie darüber, und die „Piccatine" sind fertig.

„Saltimbocca alla romana"

Schon der Name dieses Gerichts (Hüpf in den Mund!) hat mir stets den Mund wäßrig gemacht, die Vorstellung, daß diese Fleischhappen so lecker schmecken, daß sie wie von selbst in den Mund hüpfen.
Man braucht dazu kleine, dünne Scheiben der Kalbsnuß, etwa wie jene, die man für die „Piccatine" verwendet; vielleicht ein klein wenig dickere. Jedes Scheibchen bestreut man leicht mit Salz und Pfeffer und bedeckt es mit einer sehr dünnen Scheibe Schinken (an dem ruhig etwas Fett sein darf, weil es dazu beiträgt, das Fleisch während des Bratens weich zu machen). Auf die Scheibe Schinken legt man ein Blättchen Salbei. Dann rollt man die „Saltimbocca" auf (also letzten Endes eine Art Roulade), steckt einen Zahnstocher hindurch, um sie zusammenzuhalten, und wälzt sie leicht in Mehl. Nun zerläßt man etwas Butter in der Pfanne, läßt die „Saltimbocca" darin schmoren und wendet sie einmal um, damit sie auf beiden Seiten goldbraun werden. Zum Schluß legt man die „Saltimbocca" auf eine Servierplatte.

Dem Fleischsaft, der sich, mit der Butter vermischt, in der Pfanne gebildet hat, fügt man ein Glas trockenen Weißwein bei, einen halben Löffel Mehl sowie Salz und Pfeffer. Man wartet, bis der Wein verdampft ist, und gießt dann die Sauce über die „Saltimbocca".

Kalbs-„Scaloppine" („Escalopes")

Wieder braucht man Kalbfleischscheiben von der Nuß, aber diesmal etwas größere. Sie dürfen 100 g oder sogar darüber wiegen. Man klopft sie leicht, damit sie gleichmäßig werden, bestreut sie mit Salz und Pfeffer, wendet sie in geschlagenem Ei, dann in Mehl und bräunt sie mit Butter in der Pfanne. Das ist alles.

Kalbsbraten mit Thunfischsauce

Dies ist eine andere Mailänder Spezialität. Man kann sie mit einem einfachen Kalbsbraten machen, der in Scheiben geschnitten, kalt und mit einer pikanten Sauce serviert wird, die Thunfisch, Sardellen und Kapern enthält. Doch das Originalrezept, wie man es mir beigebracht hat, ist anders.
Wenn man es richtig machen will, muß man das Kalbfleisch zum Marinieren in Weißwein legen, mindestens vom Abend bis zum nächsten Morgen. Ein Kilo Fleisch kann man mit zwei oder drei Glas

trockenem Weißwein marinieren, in den noch eine gehackte Zwiebel und eine kleingeschnittene Mohrrübe hineingelegt worden sind sowie ein paar Gewürznelken, Salz und Pfeffer. Man gibt das Kalbfleisch mit wenig Öl in den Kochtopf. Sobald es goldbraun angebraten ist, gießt man auch die „Marinata" hinein und läßt alles langsam kochen. Zum Schluß läßt man das Fleisch abkühlen, dann schneidet man es in ziemlich dünne Scheiben. Den Bratenfond gibt man durchs Sieb und vermengt ihn mit ungefähr 150 g zartem Thunfisch, einigen vorher abgespülten und vom Salz befreiten Sardellenfilets, zwei hartgekochten Eigelb, dem Saft einer Zitrone, zwei Löffeln Olivenöl, einem Löffel Essig, einer Prise Zucker. Man verrührt und schlägt alles gründlich, bis man eine recht dickflüssige Sauce erhält, mit der man die Fleischscheiben bedeckt. Über das Ganze streut man noch einige Kapern.

Schweinsragout

Für dieses Gericht braucht man ein schönes Stück mageres Schweinefleisch, mindestens ein Kilo. Bohren Sie (es gibt ein Gerät eigens zu diesem Zweck) Löchlein ins Fleisch, und füllen Sie sie mit einer Mischung aus gehackter Petersilie, gehacktem Knoblauch, Salz und Pfeffer. Dann binden Sie das Stück Fleisch zusammen und stellen es mit wenig Öl in einem ziemlich großen Topf aufs Feuer. Während es bräunt, begießen Sie es mit Weißwein. Wenn der Wein verdampft ist, schütten Sie ein reichliches Kilo geschälte Tomaten hinein und lassen alles bei schwacher Hitze noch ein paar Stunden weiterkochen.

Wenn das Fleisch gar ist, schneiden Sie es in Scheiben, richten es in der Schüssel an, gießen die im Topf zurückgebliebene Sauce darüber und servieren heiß.

„Porchetta"

Dies ist eins der berühmten römischen Gerichte; in Rom nennt man ein Ferkel „Porchetta" (Säulein), in der weiblichen Form. Es muß ein Ferkelchen von etwa sechs Monaten sein, damit das Fleisch zart, aber nicht mehr allzu fett ist; und vergewissern Sie sich, daß der Fleischer es gut vorgerichtet hat. Alles Blut muß nach dem Schlachten herausgeflossen sein; es muß gründlich gesäubert sein, in kochendes Wasser getaucht werden, um die Borsten zu entfernen, und innen mit feinem Salz ausgerieben sein. Sie können ein so vorgerichtetes Spanferkel kaufen, doch müssen Sie sich auch die Leber, das Herz und die Nieren des Tieres geben lassen. Sie putzen und zerkleinern diese Innereien und lassen sie in Speck dünsten; fügen Sie ein halbes Glas Weißwein bei, wenn der Speck dunkel zu werden beginnt. Stellen Sie alles warm. Jetzt fetten Sie das Ferkel innen mit Schweineschmalz ein, bestreuen es mit Salz und Pfeffer, dann legen Sie Herz, Leber und Nieren gedünstet wieder hinein und geben zuletzt noch eine reichliche Menge Rosmarin dazu. Nähen Sie das Ferkel zu, fetten Sie es auch außen mit Schweineschmalz ein, bestreuen Sie es nochmals mit Salz, und schieben Sie es auf einer Bratenleiter in den Ofen. Braten Sie es bei sehr starker Hitze. Man braucht die Bratenleiter nicht einzufetten, weil aus dem Ferkel beim Braten Saft heraustritt, den man auffängt und darübergießt. Einer der großen Vorzüge der „Porchetta" ist der, daß sie auch kalt ganz köstlich schmeckt. Deshalb eignet sie sich ausgezeichnet für Feste und Partys.

Schlackwurst „im Hemd"

Dieses alte Rezept aus Emilia ist in Italien unversehens wieder zu Ehren gekommen, nachdem mein Freund und Berater Vincenzo Buonassisi in seinen Zeitungskolumnen und im Fernsehen davon gesprochen hat. Auch ich habe es probiert, und ich hoffe, daß ich seine Vorschriften richtig befolgt habe. Es ist bestimmt ein außergewöhnliches Gericht.

Die erste Arbeit besteht darin, daß man die Schlackwurst einen Augenblick in siedendes Wasser legt, damit man die Darmhaut abstreifen kann. Dann zieht man ihr „das Hemd" an, eine schöne Scheibe Kalbswurst, die ziemlich breit sein muß, damit man die Schlackwurst ganz darin einhüllen kann. Man darf nicht vergessen, einige kleingehackte Pilze dazwischenzulegen. Dann bindet man alles zusammen, um zu vermeiden, daß „das Hemd" aufgeht, und legt die Schlackwurst mit Öl, Sellerie, grobgehackten Zwiebeln und Karotten in den Schmortopf. Es ist nicht nötig, Salz und Pfeffer darüberzustreuen, denn die Schlackwurst ist schon genug gewürzt. Wenn „das Hemd" Farbe anzunehmen beginnt, gießt man lauwarmes Wasser in den Bratenfond, wartet, bis es von neuem verkocht ist, und läßt alles langsam weiterkochen. Zum Schluß schneidet man die Schlackwurst in Scheiben, so daß auf der Anrichteplatte viele „Ringe" liegen: das rosige

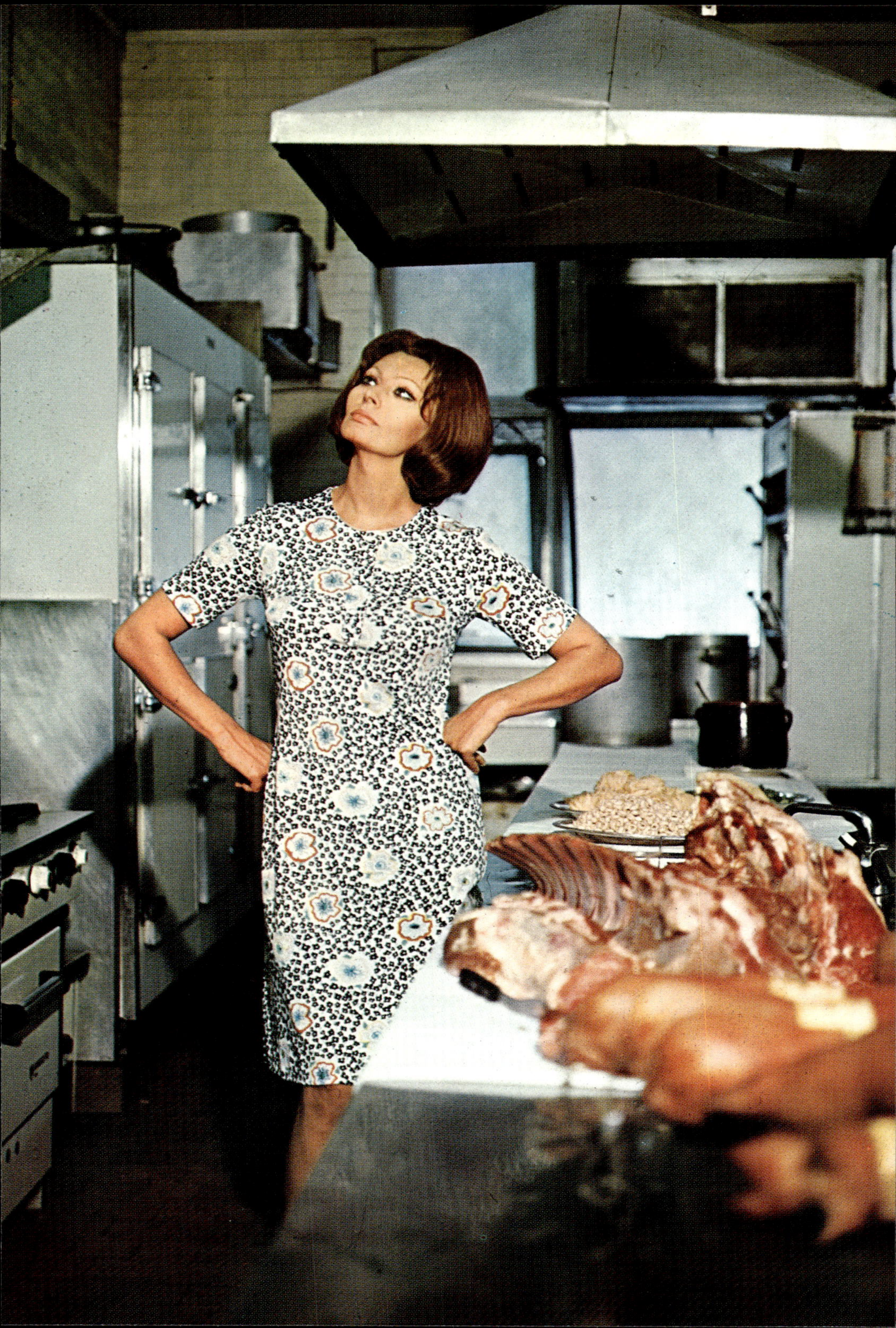

*In der Küche eines berühmten
Restaurants der Provinz Emilia, wo Sophia
viele ihrer Rezepte erprobt hat.*

(FOTO SECCHIAROLI)

Schweinefleisch in der Mitte und der Kalbfleischring außen herum. Sie werden feststellen, daß die kleinen Pilzstückchen, die inzwischen nahezu unsichtbar geworden sind, dem Ganzen ein köstliches Aroma geben. Was den Bratenfond anbetrifft, so kann man ihn durchs Sieb streichen und über die Schlackwurstscheiben gießen. Sollten Sie außer den Gemüsen auch noch ein paar Stückchen Schweinebauch oder Schinken beigefügt haben, ergibt sich eine ausgezeichnete Sauce für Bandnudeln (Tagliatelle).

Gefüllter Schweinsfuß mit Linsen

„Ferrari", „Zampone", „Lambrusco" – eine Automarke, ein gefüllter Schweinsfuß und eine Weinsorte: drei unnachahmliche, berühmte Dinge, die als ideale Wahrzeichen für eine Fahne von Modena, dieser schönen Stadt in Emilia, dienen könnten.
Gefüllter Schweinsfuß mit Linsen ist allerdings nicht nur ein kräftiges Gericht der Kochkunst von Modena. Alle Italiener haben es übernommen, um mit diesem Gericht das neue Jahr einzuweihen, denn man sagt, daß es für das ganze Jahr Glück bringe.
Einen gefüllten Schweinsfuß auf die richtige Art zu kochen, ist nicht kompliziert, doch muß man ein paar Kniffe anwenden. Ich habe Glück gehabt; denn ich habe direkt vom Patriarchen der Kochkunst von Modena (und von ganz Emilia), Telesforo Fini, gelernt, dieses Juwel der Gastronomie zu kochen und zu schätzen. Und ich habe sämtliche Varianten des gefüllten Schweinsfußes in der „Höhle" der Fini, ihrem altehrwürdigen Restaurant in Modena, probieren dürfen,

als ich mich dort aufhielt, um den Film „Mortadella" zu drehen. Vor allem ist es unerläßlich, daß der Schweinsfuß von guter Qualität ist; außerdem muß er die ganze Nacht, bevor man ihn kocht, in kaltem Wasser liegen. Bevor man ihn in den Kochtopf legt, sticht man mit einer dicken Nadel ein paar Löcher in die Schwarte, um zu verhindern, daß die Schwarte von der Hitze platzt. Dann wickelt man den gefüllten Schweinsfuß ganz fest in ein Tuch ein und bindet es zusammen. Nun bleibt nichts mehr zu tun, als ihn in einer reichlichen Menge Wasser sieden zu lassen. Es dauert mindestens sechs Stunden, bis er richtig gar ist: Die Schwarte muß zart sein und das Fleisch so weich, daß es zwischen den Zähnen fast zergeht, aber seinen strengen Geschmack nicht verliert.

Die Linsen werden so zubereitet, wie ich es im Rezept für „Teigwaren mit Linsen" (siehe Seite 128) beschrieben habe.

Lammgulasch mit Erbsen

Dieses Gericht wird aus den Brust- und Rippenstücken vom Lamm gemacht, doch es gibt auch Leute, die Kalbfleisch dazu verwenden. Jedenfalls lassen Sie die Fleischstücke in der Pfanne mit Öl und Butter, gehackten Zwiebeln und ein paar Petersilienstielen schmoren. Wenn das Fleisch Farbe angenommen hat, fügen Sie Salz und Pfeffer bei und gleich danach die enthülsten Erbsen, ein halbes Kilo auf ein Kilo Fleisch. Warten Sie, bis alles gar ist, was nicht lange dauert. Aber geben Sie einige Löffel Fleischbrühe oder lauwarmes Wasser dazu, wenn Sie sehen, daß der Fond trocken wird.

Anstelle der Erbsen kann man in dieses Gulasch Artischocken oder in Scheiben geschnittene Kartoffeln geben. Man kann es auch mit Artischocken und Erbsen zusammen machen.

Lammbraten im Backofen mit Erbsen und Ei

Dies Gericht ist wirklich eine meiner Spezialitäten, obwohl ich mir nicht einbilde, es erfunden zu haben. In der Praxis werden eigentlich zwei verschiedene Dinge zubereitet. Zuerst muß das Lammfleisch, eine schöne Keule, die etwa 800 g wiegt, gebraten werden. Legen Sie das Fleisch mit einem Zweig Rosmarin und einigen Knoblauchstückchen in eine mit Öl ausgestrichene Bratpfanne; träufeln Sie Öl darüber, bestreuen Sie es mit Salz und Pfeffer, und stellen Sie es für ungefähr anderthalb Stunden in den Backofen. Nach der halben Kochzeit begießen Sie die Keule mit einem trockenen Weißwein und drehen sie auf die andere Seite, damit sie ringsherum bräunt.
Unterdessen dünsten Sie eine gehackte Zwiebel mit 50 g in Würfel geschnittenem Schinken, fügen Sie 600 g Erbsen bei, die ganz kleinen, zarten, und lassen Sie alles kochen. Inzwischen schlagen Sie in einer Schüssel zwei Eier mit zwei Löffeln geriebenem Parmesankäse und einer Prise Salz. Sobald die Erbsen gar sind, schütten Sie sie bei starker Hitze in eine Pfanne, möglichst eine aus Gußeisen, und die Eier darüber. Sie haben wenig Zeit: Rühren Sie ständig um, sehr schnell, damit kein Eierkuchen entsteht, sondern die Erbsen von den

Eiklümpchen schön getrennt bleiben. Mehr ist nicht zu tun: Legen Sie die gebratene Keule auf die Anrichteplatte, die Erbsen mit Ei drumherum, und servieren Sie sofort.

Mussaka

Dies ist wieder ein orientalisches Gericht, aber ich glaube, daß es unter jedem Himmel schmecken kann. Lassen Sie mit zwei Löffeln Öl eine halbe in Scheiben geschnittene Zwiebel und eine in winzige Stückchen gehackte Knoblauchzehe dünsten; geben Sie ein halbes Kilo fein geschnetzeltes (aber nicht gehacktes) Hammel- oder Lammfleisch hinein. Lassen Sie weiterkochen, und rühren Sie dann und wann um, bis eine schöne Sauce entstanden ist. Fügen Sie noch 200 g in Stücke geschnittene Pilze bei, 200 g in Streifen geschnittene Tomaten, aus denen Sie die Kerne entfernt haben, zwei Löffel Tomatenmark, eine Handvoll feingewiegte Petersilie, eine Prise Salz und eine Prise Ingwer (oder Paprikapulver). Noch ein paar Minuten auf dem Feuer lassen, damit alles sich bindet und das Fleisch gar wird; dann stellen Sie es warm. Jetzt bereiten Sie fünf oder sechs Auberginen zu: Sie schneiden sie in dünne Scheiben, ohne sie zu schälen, stäuben Mehl darüber und backen sie in reichlich brutzelndem Olivenöl. Wenn die Auberginenscheiben gut durchgebacken sind, legen Sie sie auf ein Löschblatt, damit es das Fett aufsaugt. Nun kommen wir zum Schluß: Fetten Sie den Boden einer Backform leicht ein, legen Sie abwechselnd eine Schicht Auberginen, dann eine Schicht Fleisch in seiner Sauce hinein, zuletzt eine Schicht Auberginen. Streuen Sie eine Handvoll Paniermehl darüber, und träufeln Sie etwas Öl darauf. Stellen Sie die Form bei mäßiger Hitze in den Backofen, bis sich auf der Mussaka eine schöne braune Kruste gebildet hat.

Variante:
Einige Leute geben auch Kartoffeln in die Mussaka. In diesem Fall fängt man mit einer Schicht Kartoffeln an und hört auch wieder mit einer Schicht Kartoffeln auf. Fast möchte ich sagen, daß das Gericht auf diese Art noch schmackhafter ist. Doch sollte dann die Hitze im Backofen ein klein wenig stärker und die Backzeit ein wenig länger sein, damit die Kartoffeln, die Sie in ziemlich dünne Scheiben geschnitten haben, gut durchbacken.

Andere Variante:
Bevor Sie die Backform in den Ofen stellen, können Sie Milch darübergießen, bis das Ganze bedeckt ist. Dann wartet man, bis die Milch verdunstet ist, und die Mussaka ist fertig.

Mechoui

„Mechoui" ist das gebratene Schaf der Araber und für mich die Erinnerung an einen märchenhaften Abend. Ich drehte einen Film in der Sahara mit John Wayne. Ein sehr bedeutender Scheich lud uns an jenem Abend zum Essen ein, als die Aufnahmen endlich beendet waren. Er empfing uns in seinem Lager zwischen den Dünen unter einem Mond, der zum Greifen nahe schien. Wir saßen unter den Zelten

auf wundervollen Teppichen wie aus „Tausendundeiner Nacht".
Doch die Seitenwände der Zelte waren hochgezogen; man sah den
Sternenhimmel, und man sah auch die großen Spieße, die sich auf
Gestellen in der Form eines großen Ypsilon drehten. Das Schaf wurde auf einem riesigen Tablett serviert, ganz, und wir hatten keine
Schwierigkeiten, uns mit den Händen zu bedienen, denn das Fleisch
löste sich wirklich ganz leicht und war überaus zart und wohlschmeckend. Man hätte sich höchstens die Finger verbrennen können. Das
ganze Geheimnis ist, wie man mir danach erklärte, daß man das
Schaf fachgerecht brät und Geduld hat. Wenn Sie im Freien braten
können und es probieren wollen – hier sind ein paar Hinweise:
Das Schaf muß im Ganzen gebraten werden, wie ich bereits sagte, es
muß vollständig gehäutet und ausgenommen sein. Man steckt es vom
Kopf bis zum Schwanz auf den Spieß, und damit es die beste Stellung beim Braten beibehält, muß man die Schultern festbinden; ebenso macht man es mit den Keulen, die der ganzen Länge nach straff
gespannt sein müssen, damit sie die Hitze der Holzkohlenglut gleichmäßig abbekommen. Der Spieß wird auf den Y-förmigen Stützen befestigt, etwa dreißig Zentimeter vom Feuer entfernt, und dann fängt
man an zu drehen, lange Zeit, ununterbrochen. Ich glaube, daß die
Leute in der Wüste auch duftende Kräuter ins Holzfeuer tun, die
man an anderen Orten nie fände. Das Fleisch hingegen wird nur mit
grobem Salz gewürzt und mit salziger, zerlassener Butter eingefettet.
Man hat mir dann erklärt, daß man keine weiteren Zutaten braucht,
weil das Fleisch der Schafe oder Hammel an sich schon sehr aromatisch ist; denn auf ihrem gewöhnlichen Weideland wachsen Thymian
und andere duftende Kräuter. Da Sie sich aber nicht so ohne weiteres
vom einen Tag auf den anderen Schafe aus der Sahara verschaffen können, sofern Sie keine Zauberer sind, können Sie diesem Mangel da-

durch abhelfen, daß Sie Thymianblätter und andere Kräuter entweder ins Feuer oder ins Schaf hineinlegen. In jedem Fall aber ist es gar, wenn sich außen herum eine schöne goldbraune Kruste gebildet hat. Dann essen Sie es, und wenn Sie Lust haben, tunken Sie die Bissen noch in eine Currysauce.

Leber nach venezianischer Art

Der erste Kunstgriff ist der, daß man die Leber gut putzt, indem man das dünne Häutchen drumherum entfernt (eine langweilige, aber sehr nützliche Arbeit) und sie dann in Scheibchen schneidet. Um sie zu braten, gibt man zuerst Öl und Butter in die Pfanne, reichlich in Scheiben geschnittene Zwiebeln, einige Lorbeerblätter. Sobald die Zwiebeln goldgelb zu werden beginnen, nimmt man sie vom Herd – dies ist der zweite Kunstgriff –, und in diesem Moment gibt man die Leber hinein. Sie ist nämlich sehr zart und wird hart, wenn sie plötzlich mit starker Hitze in Berührung kommt. Auf die Leberscheiben streut man Salz und Pfeffer, gehackte Petersilie, dann stellt man die Pfanne für etwa zehn Minuten wieder aufs Feuer. Zum Schluß klauben Sie die Lorbeerblätter aus der Pfanne. Gießen Sie ein wenig Weißwein (ein Glas für 700–800 g Leber) hinein, und warten Sie, bis er verdampft ist. Dann servieren.

„Busecca"
(Fleck, Kutteln nach Mailänder Art)

In Italien bereitet man auf vielerlei Arten Fleck zu. Aber ich glaube, die beste von allen ist die der Mailänder, die Kutteln übrigens nicht „Trippa", sondern in ihrem Dialekt „Busecca" (beides heißt Kutteln) nennen, weshalb man die Mailänder manchmal zum Spaß „Busecconi" nennt.

Sie kaufen also ein Kilo gesäuberten und gewaschenen Fleck und legen ihn zum Kochen in viel Wasser, aber nur für ein paar Augenblicke; dann lassen Sie ihn gut abtropfen und schneiden ihn in schmale Streifen, ungefähr so breit wie Bandnudeln. Dies ist die Vorbereitung. Jetzt lassen Sie im Kochtopf mit 50 g Butter und 50 g Öl eine feingeschnittene Zwiebel dünsten, geben Sie den Fleck hinein, fügen 200 g Bohnen bei, und zwar die großen, weißen, ebenfalls 200 g geschälte und in Stücke geschnittene Tomaten, aus denen Sie die Kerne entfernt haben; außerdem einen gehäuften Löffel gehackte Sellerie, 400 g kleingehackte Mohrrüben. Streuen Sie Pfeffer und Salz darüber, und geben Sie noch eine Löffelspitze Muskatnuß dazu, einige Blätter Salbei und so viel Fleischbrühe (oder lauwarmes Wasser), bis alles knapp bedeckt ist. Nun braucht man alles nur noch im zugedeckten Kochtopf bei mäßiger Hitze kochen zu lassen. Dieser „Bandnudelfleck" wird mit geriebenem Parmesankäse in der Schüssel angerichtet, genau wie die echten Bandnudeln (Tagliatelle) oder wie Spaghetti.

Nieren mit Schweinebauch

Kaufen Sie nicht allzu große Kalbsnieren, von denen jede für zwei Personen ausreicht, und legen Sie sie eine halbe Stunde lang in Essigwasser. Unterdessen schmoren Sie in der Pfanne mit einem Löffel Butter eine kleingehackte Zwiebel, eine in Würfel geschnittene Mohrrübe sowie 100 g ebenfalls in Würfel geschnittenen Schweinebauch. Lassen Sie bei mäßiger Hitze so lange schmoren, bis das Schweinefleisch schmackhaft, aber nicht zu trocken ist; wenn nötig, verlängern Sie den Fond mit ein paar Löffeln Fleischbrühe. Jetzt ist der Augenblick da, um an die Nieren zu denken: Man nimmt sie aus dem Essigwasser, trocknet sie ab, entfernt das äußere Häutchen, bestäubt sie leicht mit Mehl und läßt sie in einer andern Pfanne bei starker Hitze etwa fünf Minuten in Butter braten. Dann zerteilen Sie die Nieren in zwei Teile, um das schwammige Fettgewebe aus der Mitte zu entfernen, das sehr schlecht schmeckt – ein wichtiger Kniff, der oft vergessen wird. Jetzt können Sie die halbierten oder – wenn sie etwas groß sind – in Scheiben geschnittenen Nieren wieder in die Pfanne legen; aber auf keinen Fall dürfen Sie das rosa Blutwasser weggießen, das beim Zerschneiden ausgetreten ist und sich am Boden der Schüssel angesammelt hat. Gießen Sie also auch das Blutwasser in die Pfanne, und lassen Sie weiterkochen; geben Sie zu den Nieren die schon vorher zubereitete Mischung aus gedünsteten Zwiebeln und Schweinebauch hinein, eine Prise Salz und Pfeffer sowie ein halbes Glas Marsala. Sobald der Marsala verdampft ist, fügen Sie eine große Handvoll feingewiegter Petersilie bei.

Gleich darauf richten Sie die Nieren auf einer Platte an, bedecken sie mit der Sauce, die sich in der Pfanne gebildet hat, und servieren.

Nieren nach Carnacina

Diese andere Art, Nieren zuzubereiten, habe ich Luigi Carnacina abgeschaut, dem unbestrittenen König der italienischen Küche, der in ganz Europa und sogar in der ganzen Welt berühmt ist. Ich weiß, daß seine Bücher überall im Ausland, einschließlich der Vereinigten Staaten, übersetzt worden sind. Carnacina ist über achtzig Jahre alt, und doch hat man mir erzählt, daß er gastronomischen Preisausschüssen und Tischgesellschaften präsidiert, und zwar mit der gleichen Verve und dem guten Magen wie ein Mann im Vollbesitz seiner Kräfte. Der Glückliche. Mit diesem Kalbsnierengericht gewann Carnacina im Jahre 1937 – er hat es selbst erzählt – das Weltwettkochen in Paris. Er hatte acht Minuten Zeit, doch konnte er vorher ein paar Beilagen vorbereiten, und das tat er.
Zuerst ließ Carnacina für eine Niere einen Löffel voll gehackter Zwiebeln mit einem nußgroßen Stück Butter und einer Prise Salz in der Pfanne dünsten, aber bevor sie gebräunt waren, nahm er sie vom Herd. Dann ließ er auf die gleiche Art einen Löffel voll gehackter Pilze mit einem nußgroßen Stück Butter und einer Prise Salz dünsten. Außerdem erhitzte er in wieder einer anderen Pfanne zwei Gläschen Kognak, zündete sie an, wartete, bis sie zur Hälfte verdampft waren, und stellte die Pfanne beiseite. Dies war die Vorbereitungsphase. Beim Zeichen zum Start – und jedermann kann es ausprobieren, auch

ich habe es getan, indem ich mich peinlich genau an das Rezept des Meisters hielt – tat Carnacina einen gehäuften Löffel Butter in einen Schmortopf, wartete, bis sie schmolz und schaumig zu werden begann, und legte dann eine schöne Niere von etwa 250 g, leicht mit Mehl bestäubt, hinein. Nach zweieinhalb Minuten wendete er sie um, dann wartete er wieder zweieinhalb Minuten. Fünf Minuten waren also bereits vergangen. Er nahm die Niere vom Feuer, schnitt sie in einer sehr heißen Schüssel in Scheiben, entfernte das schlechtschmeckende schwammige Fettgewebe in der Mitte und stellte die Schüssel warm. Dann gab er noch einen Löffel Butter in die Pfanne, ließ sie schaumig werden, fügte die zuvor schon vorbereiteten Zutaten bei, Kognak, Zwiebeln, Pilze, einen Tropfen Worcestersauce, eine Löffelspitze Senf, Salz und Pfeffer, rührte alles einmal um, gab die in Scheiben geschnittene Niere hinein, ohne das Blutwasser zu vergessen, das sich in der Schüssel gesammelt hatte, und fügte auch noch einen Löffel Butter bei, um den Fond geschmeidiger zu machen. Jetzt fehlten nur noch wenige Sekunden bis zum Ziel: Carnacina goß klugerweise noch ein paar Tropfen Zitronensaft in die Mischung. Er war fertig und gewann.

Eierkuchen mit Nieren

Wieder eine andere Art, den Geschmack eines Nierengerichtes zu genießen, das verständlicherweise bei vielen beliebt ist. Für diesen Eierkuchen wird die Niere folgendermaßen vorbereitet: Man legt sie eine halbe Stunde in Essigwasser, dann trocknet man sie ab, putzt sie, indem man das äußere Häutchen entfernt, schneidet sie in Scheiben, wobei man auch das schwammige Fettgewebe entfernt; dann stellt man sie beiseite. Nun gibt man ein nußgroßes Stück Butter in den Schmortopf sowie eine zerstoßene Knoblauchzehe (oder auch zwei Knoblauchzehen, wenn Sie nicht ängstlich sind). Sobald der Knoblauch goldgelb wird, schüttet man Erbsen in den Topf: einen Löffel pro Person. Während man weiterkochen läßt, schlägt man die Eier in eine Schüssel: zwei Eier für je drei Personen. Dann fügt man eine Prise Salz und eine Prise Pfeffer bei, einen Löffel geriebenen Parmesankäse für je zwei Personen und schließlich die in Scheiben geschnittene Niere (die Quantität hängt vom Geschmack ab; wenige Scheiben können genügen, oder man kann auch viele hineintun, damit sie mit den Eiern in Gleichgewicht sind). Jetzt wendet man sich wieder dem Schmortopf zu, in dem die Erbsen unterdessen zum Kochen gekommen sind: Man nimmt den Knoblauch heraus und gießt die Mischung von Eiern und Nieren hinein. Die Backzeit ist mehr oder weniger die gleiche wie für jeden Eierkuchen, doch muß man gewisse Kunstgriffe beachten. Erstens: Es ist besser, wenn der Eierkuchen ziemlich dick ist; daher nimmt man am besten eine relativ kleine Pfanne mit hohem Rand, damit die Nieren nicht ganz an der Oberfläche bleiben. Zweitens: Man stellt nur auf mäßige Hitze, damit ein so dicker Eierkuchen und die Nieren auch innen gut durchbacken. Drittens darf man nicht vergessen, den Eierkuchen umzuwenden, sobald man am Rand sieht, daß er unten schon goldgelb sein muß. Er schmeckt sehr gut lauwarm, aber noch besser kalt.

Wild und Geflügel

Ich frage mich, ob wohl irgendeins dieser Rezepte, besonders die dem Truthahn gewidmeten, etwas Neues sein können, eine kleine Entdeckung für die Amerikaner, die Meister sind in der Zubereitung eines Truthahns. Übrigens verdanken die Europäer Amerika auch diesen Vogel, der so üppiges Fleisch und einen so würzigen Geschmack hat. Man hat mir erzählt, daß es die Jesuiten gewesen sind, die ihn als erste nach Europa gebracht haben. Meinerseits möchte ich einige Zubereitungsarten für den Truthahn beisteuern, wie man ihn bei uns macht, und es soll ein kleiner Dank, eine Huldigung Italiens an Amerika sein. Verschiedene Rezepte habe ich außerdem für die Zubereitung von Fasanenbraten gesammelt, den ich ganz besonders gern mag. Übrigens werden Sie bemerken, daß einige Rezepte sowohl für Hühnchen als auch für Kaninchen gelten, weil ich unnütze Wiederholungen vermeiden wollte.

Huhn am Spieß

Wenn man ein Huhn am Spieß braten will, sollte es recht fleischig sein: mindestens anderthalb Kilo schwer. Das ausgenommene, gerupfte Huhn, dessen Flaum man mit Hilfe einer Kerzenflamme abgesengt hat, fettet man ein, ja, man badet es geradezu in Öl und läßt es ein paar Stunden liegen. Dann füllt man es mit einer Farce, die aus einer schönen Scheibe Schinken, einer Knoblauchzehe, zwei oder drei Blättchen Salbei, einer Prise Fenchelsamen, etwas Salz und Pfeffer besteht. Das Ganze muß wirklich winzig klein gehackt und gut vermengt werden. Außen reibt man das Huhn mit einer Knoblauchzehe ein und garniert es mit sehr dünnen Schinkenscheiben, die recht fett sein sollten. Man bindet es zusammen, steckt es auf den Spieß und läßt es braten, natürlich auf schwachem Feuer, möglichst über einem Holzkohlenfeuer.

Hühnchen „alla diavola"

Wer weiß, warum diese Zubereitungsart so genannt wird. Vielleicht weil das Hühnchen ganz geöffnet über dem Feuer gebraten wird, so plattgedrückt, daß es wirklich nichts mehr zu hoffen hat; aber es wird wunderbar knusprig. Jedenfalls rupft man das Hühnchen gründlich und sengt auch den letzten Flaum ab. Dann öffnet man es vollständig der Länge nach, versucht allerdings, die beiden Hälften an einem Zipfel zusammenzulassen. Man klopft es auf dem Hackbrett platt, indem man mit einem leichten Schwung darauflos schlägt, doch ohne die Knochen zu brechen. Dann fettet man es überall sorgfältig mit Öl ein und bestreut es mit Salz und Pfeffer (noch besser ist es, wenn man das Öl mit Salz und Pfeffer würzt). Zum Schluß brät man das Hühnchen bei starker Flamme auf dem Grillgitter, noch besser über Holzkohlenglut; und da es durchs Plattklopfen ziemlich dünn geworden ist, wird es sehr rasch knusprig und goldbraun. Man kann das Hühnchen natürlich auch in einer Backform im Backofen braten; dann kann man einen Rosmarinzweig dazulegen und das Hühnchen mit ein paar Spritzern trockenem Weißwein beträufeln.

Hühnchen (oder Kaninchen) nach Jägerart mit Peperoni (Pfefferschoten)

Dieses Gericht ist in Italien sehr verbreitet, aber nur in Neapel gibt man Peperoni dazu. Das geputzte und in acht Stücke zerteilte Hühnchen läßt man mit ein paar Löffeln Öl im Schmortopf braten (früher fügte man auch ein wenig Schweineschmalz bei, um das Hühnchen würziger zu machen; heute wird das Schmalz manchmal durch Butter ersetzt. Wenn man kein Schweineschmalz hat, kann man ebensogut Öl nehmen). Man gibt eine in Scheiben geschnittene Zwiebel, einen Rosmarinzweig, eine Prise Salz und Pfeffer bei. Lassen Sie bei starker Hitze dünsten. Wenn die Hühnchenstücke gedünstet sind, fügen

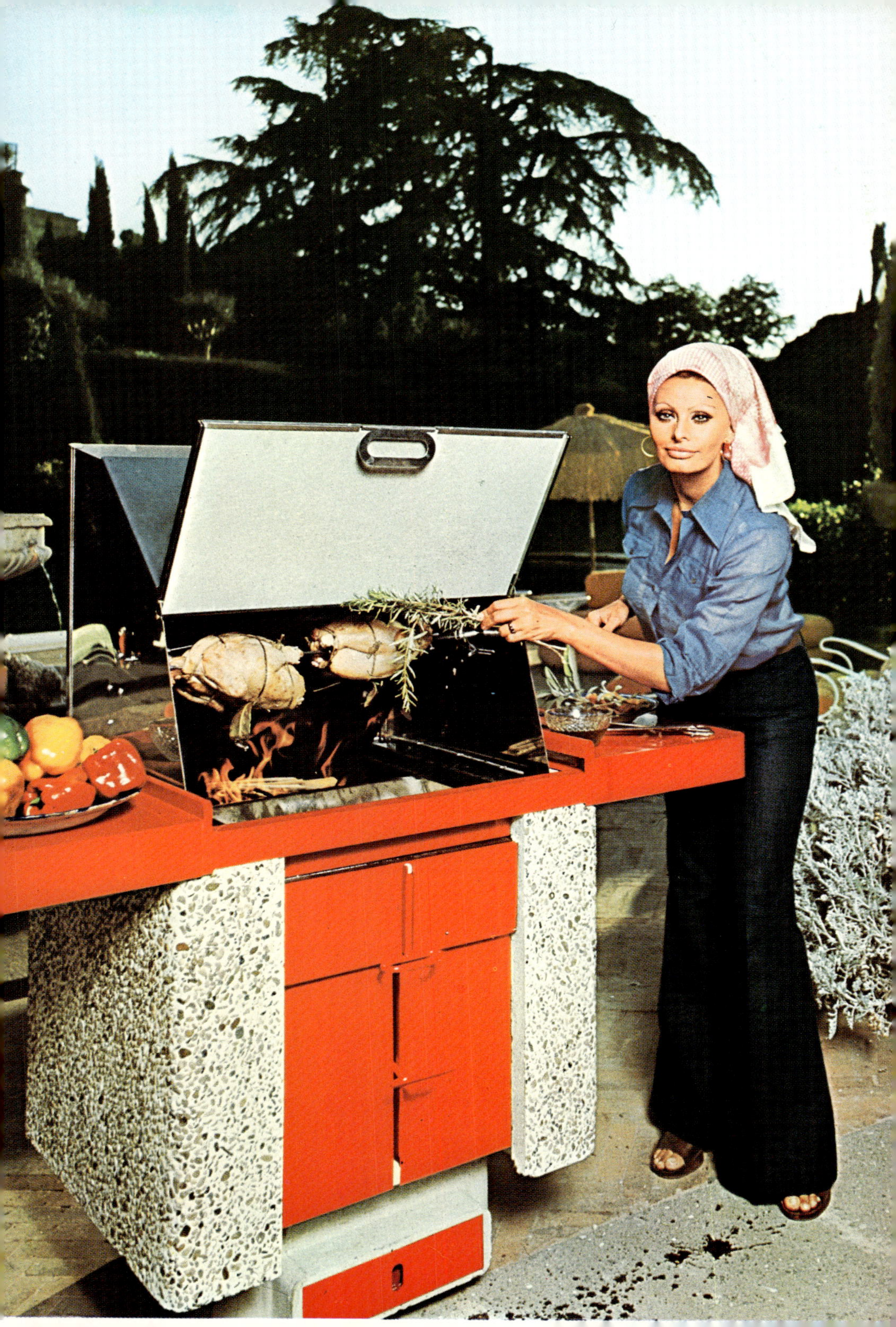

*Hühnchen am Spiess in einem originellen
Bratenwender, den Sophia neben
ihrem Schwimmbecken in Marino aufgestellt hat.*

(FOTO SOLDATI)

Sie etwa 200 g zerkleinerte Tomaten und ebenso viele geputzte und in Streifen geschnittene Peperoni (von der süßen Sorte) bei. Lassen Sie jetzt bei schwacher Hitze noch weiterbraten, bis die Peperoni gar sind: Dann wird nämlich auch das Hühnchen gar sein. Wenn Sie keine Peperoni beigeben, sondern die Menge der Tomaten verdoppeln, haben Sie das klassische „Hühnchen nach Jägerart". Aber ich finde, es ist der Geschmack der Peperoni, der das Gericht so vorzüglich macht.

Gefülltes Huhn (wie Spanferkel zubereitet)

Als wir – immer noch in der Romagna – „Boccaccio '70" drehten, habe ich dieses herrliche Rezept kennengelernt. Was die „Porchetta" ist, wissen Sie ja: Es ist ein mit Kräutern und Gebratenem gefülltes Ferkelchen, wie man es in Rom zubereitet (siehe Seite 219). Das gefüllte Huhn gleicht ihm sehr. Man muß es wie gewöhnlich rupfen, sengen, ausnehmen und gut waschen. Dann hackt man eine schöne Scheibe Schinken, eine Scheibe Speck, die Leber (wenn möglich, noch eine zweite), Rosmarinblättchen, ein wenig wilden Fenchel, eine Knoblauchzehe und würzt mit einer Prise Salz und Pfeffer. Alles wird gut verrührt und in das Huhn gefüllt, das man zusammenbindet und mit Öl und einem Zweig Rosmarin in der Pfanne brät.

Hühner- oder Kaninchenfrikassee

Mit diesem Rezept sind wir in der Toscana. Für mich ist es auch die Erinnerung an die Zeit vor einigen Jahren, als ich mit Marcello Mastroianni und Vittorio De Sica eine ziemlich bewegte Szene des Films „La bella mugnaia" („Die schöne Müllerin") drehte. In einer Aufnahmepause zerbrach ich vor Aufregung den Spiegel, den mir mein Maskenbildner hinhielt. Was für eine Tragödie! Heute bin ich nicht mehr abergläubisch (außer in einigen wenigen Fällen, wobei es sich allerdings eher um Manien handelt); aber damals war ich es sehr. Ich verbrachte einen schlimmen Tag und, um die Wahrheit zu sagen, niemand war imstande, sich unbefangen zu geben und mich von der Dummheit des Aberglaubens zu überzeugen. Ich bemerkte mit Schrecken, daß alle in unserer „Truppe" genauso abergläubisch waren wie ich. Am Abend ging ich erschöpft vom Warten auf ein Unglück (das glücklicherweise offensichtlich nicht eintrat) lustlos zum Essen. Und jetzt trat das Hühnchen in Erscheinung, für das ich Ihnen das Rezept gebe. Es kam mit einem Duft auf den Tisch, und sein Anblick war so unwiderstehlich, daß ich zuerst langsam zu essen begann und dann immer gieriger mit großem Appetit. Gelobt sei das toskanische Hühnerfrikassee, das soviel mehr wert war als tausend Vernunftgründe. Beim Essen verlor sich meine beklemmende Angst. Ich bekam wieder gute Laune und fühlte mich so selbstsicher, daß ich noch weitere zehn Spiegel hätte zerbrechen können, ohne zu zittern. Heute könnte ich nicht mehr schwören, ob es wirklich das Hühnerfrikassee war, welches das Wunder vollbrachte, oder ob auch irgendein anderes Gericht denselben Zweck erfüllt hätte. Aber dies ist nun mal die

Tatsache, und ich bin hartnäckig verliebt in dieses Gericht. Ich bin ganz sicher, daß es auch Ihnen schmecken wird. Hier ist das Rezept:

Das geputzte und abgesengte Hühnchen (denken Sie stets daran, daß man ringsherum mit einer Kerzenflamme auch noch den letzten Flaum absengen muß) wird in acht Teile geschnitten und mit wenig Öl, wenig Butter und einer ganzen Zwiebel in den Topf gelegt. Wenn die Hühnchenstücke gut gedünstet sind, nimmt man sie mitsamt der Zwiebel heraus. Zu dem im Topf gebliebenen Fond aus Öl und geschmolzener Butter gibt man einen Löffel Mehl sowie eine Prise Pfeffer und Salz. Man rührt einmal um, legt die Hühnchenstücke wieder hinein (die Zwiebel nicht, man braucht sie nicht mehr) und fügt zwei Löffel zerkleinerte Pilze bei (am besten frische, sonst die gedörrten, die man vorher einige Stunden zum Aufquellen in lauwarmes Wasser legen muß). Warten Sie, bis die Pilze gar sind und zu zerfallen beginnen; unterdessen ist auch das Hühnchen gerade richtig gar gekocht. Nun schlagen Sie in einer Suppenschüssel einige Eigelb (für ein Hühnchen von einem Kilo sind drei gerade richtig) und gießen sie zu allem übrigen in den Topf; dann rühren Sie noch einmal um und servieren.

Das Gericht gelingt sogar noch besser, wenn Sie es so machen: Zuerst nehmen Sie die Hühnchenstücke aus dem Topf und richten sie in der Servierschüssel an, dann geben Sie das geschlagene Eigelb in die Sauce, und zum Schluß gießen Sie die Sauce über das Hühnchen.

Variante:

Anstelle des Hühnchens können Sie auch Kaninchenfleisch verwenden. Das Rezept wird genauso ausgeführt.

Curryhuhn

In London bin ich in die indische Küche eingeweiht worden, und die Freunde, die uns begleiteten und Sachverständige waren, sagten, daß sie tatsächlich ebensogut sei wie die in Neu-Delhi, Rangoon oder auf Ceylon. Sie gefiel mir ungeheuer. Auch hatte sie mit meiner heimatlichen, mediterranen Küche manches gemeinsam, nur daß noch mehr Gewürze verwendet wurden, schärfere oder süßere. Unter anderem habe ich entdeckt, daß es ungefähr ein Dutzend verschiedene Arten gibt, Huhn mit Curry zuzubereiten. Ich habe, meiner Gewohnheit gemäß, mir die Rezepte der Gerichte zu beschaffen, die mir am besten schmecken, dies hier ausgewählt.

Lassen Sie eine in dünne Scheiben geschnittene Zwiebel und eine gehackte Knoblauchzehe ein paar Minuten in Öl dünsten. Dann fügen Sie eine Mischung bei aus acht Löffeln Kokosmilch, einem Löffel Koriander, einer halben geraspelten Kokosnuß, einem Teelöffel Senf, einem halben Teelöffel Safran (obwohl das Originalrezept einen ganzen Löffel vorschreibt, nehme ich lieber ein bißchen weniger), einem halben Löffel Kümmel, einer halben geriebenen Pfefferschote (lieber etwas weniger, wenn Sie nicht daran gewöhnt sind) und einer reichlichen Prise Pfeffer. Lassen Sie auch diese Mischung einige Minuten dünsten, so daß eine dickflüssige Sauce entsteht, und zuletzt legen Sie das in Stücke geschnittene Huhn hinein. Stellen Sie die Flamme etwas kleiner, decken Sie gut zu und lassen Sie fertigkochen. Aber schauen Sie dann und wann nach. Damit die Sauce nicht zu sehr eindickt und am Topfboden festklebt, fügen Sie, wenn nötig, noch ein paar Löffel Fleischbrühe oder lauwarmes Wasser bei.

Zum Schluß, aber wirklich erst ganz zum Schluß, ehe Sie es vom Herd nehmen, geben Sie eine Prise Salz und den Saft einer halben Zitrone dazu.

Kapaun, gekocht

Kapaun ist vorteilhafter als Huhn, wenn man ihn gekocht haben möchte, weil er fleischiger ist, weicher wird und eine bessere Brühe ergibt. Jedenfalls eignet sich dieses Rezept für alle beide, sowohl für Kapaun als auch für Huhn.
Der Kapaun muß sauber ausgenommen und fachgerecht vorbereitet werden. Dazu gehört auch, daß die Knochen aus der Brust gelöst werden; alles Dinge, die für gewöhnlich derjenige besorgt, bei dem man ihn kauft. Es empfiehlt sich, den Kapaun wieder zusammenzunähen, bevor man ihn in den Kochtopf legt, damit er nicht aus der Form geht. In den Kochtopf füllen Sie so viel kaltes Wasser, daß der Kapaun reichlich bedeckt ist, fügen eine mit Gewürznelken gespickte Zwiebel bei, eine Mohrrübe, einen Selleriestengel und wenig Salz. Nun braucht man den Kapaun nur noch bei schwacher Hitze zugedeckt kochen zu lassen, während man dann und wann den Schaum abschöpft. Er braucht eine Kochzeit von mindestens anderthalb Stunden. Bevor Sie den Kapaun servieren, zerlegen Sie ihn in Stücke, und wählen Sie als Beigabe irgend etwas, was einen starken und charakteristischen Geschmack hat, um den zarten Geschmack des Kapaunfleisches zu ergänzen: In Italien ist es Brauch, besonders an Festtagen im Winter, Senffrüchte beizugeben, die zugleich süß und pikant sind;

auch eine grüne Sauce paßt gut dazu, etwa eine Kapernsauce und so weiter. Kenner verfeinern das Gericht, indem sie auf die gekochten Kapaunstücke im Moment, in dem sie sie essen, ein paar Körner grobes Kochsalz streuen.

Gefüllter Kapaun, gekocht

Der Kapaun wird genauso vorbereitet, wie wenn man ihn einfach kocht. Es gibt vielerlei Arten von Füllungen, verschieden zusammengesetzte Mischungen. Was mich angeht, so möchte ich die folgende vorschlagen:
Bereiten Sie 100 g Brotrinde vor, die Sie in Milch einweichen und dann ausdrücken, so daß sie nur feucht bleibt; ferner das in Fleischbrühe gekochte und gehackte Kapaunklein (Leber, Herz und so weiter), eine gehackte und in Butter leicht gedünstete Zwiebel, die allerdings nicht goldgelb werden darf, zwei Eier, 100 g gehackten Schinken, eine Prise Muskatnuß, etwas Salz und etwas Pfeffer. Vermengen Sie alles gründlich, und füllen Sie den Kapaun mit dieser Mischung. Dann nähen Sie ihn zu und kochen ihn wie umseitig beschrieben. Servieren Sie den Kapaun in Stücke geschnitten, die Füllung in der Mitte. Wählen Sie als Beigabe ebenfalls Senffrüchte oder auch grüne Sauce, Kapernsauce oder in derselben Fleischbrühe gekochte Gemüse.

Perlhuhn mit Reisfüllung

Das Perlhuhn ist die Königin der guten Küche Italiens, besonders in der Poebene, wo es noch mit dem Truthahn wetteifert. In der Praxis kann man dieselben Rezepte für alle beide verwenden.
Dieses Rezept ist allerdings ganz speziell für das Perlhuhn geeignet: Bereiten Sie das Perlhuhn so vor wie jedes Geflügel. Es muß also gerupft, sauber ausgenommen, der Kopf, die Innereien und der letzte Flaum müssen entfernt werden. Schließlich wäscht man es, trocknet es ab, fettet es inwendig leicht mit Butter ein, streut Salz und Pfeffer darüber und gibt die Füllung hinein. Für diese Füllung lassen Sie ein halbes Kilo Reis langsam in Milch kochen: die Milch – und dies ist ein wichtiger Kniff – sollte zu Beginn der Kochzeit gerade ausreichen, um den Reis zu bedecken; doch muß man, während sie verkocht, immer mehr zugießen, bis der Reis „al dente" ist. Sie werden sehen, daß man ungefähr ein Liter dazu braucht. Vermengen Sie 50 g zerkleinerte Walnüsse, 50 g geschälte, geröstete und ebenfalls zerkleinerte Kastanien, ferner 50 g geriebenen Parmesankäse, 50 g Paniermehl, 50 g Senffrüchte, 50 g in Würfel geschnittene Trüffeln, ein Sträußchen feingewiegte Petersilie, ein Ei, eine Prise Muskatnuß, etwas Salz und etwas Pfeffer. Mit diesen Zutaten stellen Sie eine feste, aber nicht zu sehr verrührte Masse her, die Sie in das Perlhuhn füllen. Dann nähen Sie es zu, wickeln ein paar Speckscheiben drumherum, binden es zusammen und lassen es in Öl, Butter, Speck und einigen in Stücke geschnittenen Zwiebeln braten. Nach einer halben Stunde begießen Sie es mit trockenem Weißwein. Wird der Fond zu dick, fügen Sie ein paar Löffel Fleischbrühe bei. Zuletzt zerteilen Sie das Perlhuhn

in Stücke, die Sie auf der Servierplatte rings um die Füllung anrichten. Darüber gießen Sie die durchs Sieb gestrichene Sauce. Wenn Sie etwas wirklich Raffiniertes machen wollen, verdicken Sie die Sauce mit einem Löffel Mehl und geben ihr eine besonders pikante Note, indem Sie sie mit einem Gläschen Kognak noch einen Augenblick in die Pfanne geben.

Gebratener Truthahn

Das Rezept, vielmehr die Rezepte für gebratenen Truthahn sind praktisch dieselben wie für im Backofen gebratenen Fasan oder Huhn am Spieß. Nur daß der Truthahn seiner Größe wegen eine längere Bratzeit braucht, bei schwächerer Hitze. Aber gerade wegen seines Umfangs habe ich einen gefüllten Truthahn am liebsten. Die Amerikaner sind Meister in der Zubereitung dieses großen Vogels. Aber jetzt möchte ich Ihnen ein italienisches, sogar lombardisches Rezept geben: das des Weihnachtstruthahns, wie man ihn in Mailand ißt.
Es muß natürlich ein säuberlich ausgenommener, gut zugerichteter Truthahn sein; besser noch ist eine junge, weiche Pute, die schneller kocht und schmackhafter wird und nicht über zweieinhalb Kilo wiegen sollte. Die Füllung macht man mit einem halben Kilo geschälter, gerösteter und zerkleinerter Kastanien, zwei geschälten, in Scheiben geschnittenen Äpfeln, zwei genauso zubereiteten Birnen, 200 g entsteinten Backpflaumen, 200 g feiner Salsiz (die man in Mailand „Lugànega" nennt), einer kleinen, weißen, in dünne Streifen geschnittenen Trüffel, etwas ebenfalls in dünne Streifen geschnittenem Schwei-

nefleisch, Salz und Pfeffer. Alle diese Zutaten müssen gut untereinandermengt, allerdings nicht übertrieben stark zerstoßen werden: Ein gewisser „Reigen der Geschmäcker" sollte erhalten bleiben. So vermischt, läßt man die Füllung ein paar Stunden in einer Schüssel ruhen und mit zwei Gläsern Weißwein durchziehen; einige gießen noch ein Gläschen Kognak dazu. Wenn die Füllung gut durchgezogen ist, wird die Pute damit gestopft. Dann näht man sie zu und läßt sie ein paar Stunden ruhen, bevor man sie in den Bratofen stellt, damit auch im Innern alles noch etwas durchweicht. Schließlich braten Sie die Pute in einer mit Butter ausgestrichenen Bratpfanne mit ein paar Blättern Salbei und einem Zweig Rosmarin. Die Kochzeit ist lang, mindestens drei Stunden. Ab und zu schöpfen Sie die Sauce heraus und begießen damit die Pute. Zuletzt wird die Pute in Stücke zerlegt und mit der durchs Sieb gestrichenen darübergegossenen Sauce serviert.

Gefüllte Truthahnbrust

Man kann auch die Brust des Truthahns füllen; und dies ist wieder ein Rezept aus der Lombardei.
Nachdem man die Truthahnbrust gesäubert und auf dem Hackbrett leicht geklopft hat, richtet man sie her wie eine dicke Roulade. Darüber streicht man eine Masse (wobei man einen kleinen Abstand zu den Rändern läßt), die aus 300 g feingehacktem Kalbfleisch (für eine ziemlich große Brust), zwei schönen ebenfalls gehackten Scheiben Schinken, einem geschlagenen Ei, zwei Löffeln Parmesankäse und in

Scheiben geschnittenen Trüffeln besteht. Dies muß verrührt und so gut vermengt werden, daß ein ziemlich gleichmäßiger Teig entsteht. Nun rollen Sie das Ganze zu einer Art Wurst, wickeln Sie es in eine Serviette ein und nähen Sie die Serviette zusammen. Lassen Sie die gefüllte Brust so eingewickelt mit reichlich Wasser im Topf kochen (die Rolle muß ein paar Finger hoch bedeckt sein), dem Sie eine Prise Salz, einige Salbei- und Thymianblätter, ein Zweiglein Rosmarin sowie eine mit Gewürznelken gespickte Zwiebel beigefügt haben. Die Kochzeit beträgt zwei Stunden. Zuletzt befreien Sie Ihre gefüllte Truthahnbrust aus der Umhüllung, schneiden sie in Scheiben und servieren sie mit Senffrüchten oder gekochtem Spinat, mit Rosinen und mit Pinienkernen oder mit anderen gekochten Gemüsen. Eine gute Erfindung ist die, daß man die gefüllte, schon in Scheiben geschnittene Truthahnbrust mit einer schönen Gelatine bedeckt.

Truthahnbrust nach Bologneser Art

Für dieses Rezept muß man die Truthahnbrust in zwei, ja sogar in vier Teile teilen, je nach der Größe, so daß jedes Stück eine Portion ergibt. Säubern Sie die Stücke, und klopfen Sie sie so flach, daß sie wie eine runde Fleischscheibe werden. Wälzen Sie sie in Eigelb, dann in Paniermehl, und braten Sie sie bei starker Hitze in Butter. Gleich darauf legen Sie auf jedes Stück eine dünne Scheibe nicht allzu mageren Schinken und auf den Schinken ein Scheibchen Parmesankäse. Nun legen Sie alles zusammen in eine Backform. Auf jedes Stück kommt noch ein Butterflöckchen. Dann stellen Sie alles ein paar Minuten in den sehr heißen Ofen. Anstelle des Parmesankäses kann man auch, um die Kalorien zu verringern, einen weicheren Käse mit milderem Geschmack verwenden.

Gebratener Fasan

Verzeihen Sie mir, wenn ich sage, daß der Fasan, auf alle nur erdenklichen Arten zubereitet, meine Leidenschaft geworden ist, seitdem ich das Landgut „dell'Occhio" besitze, meinen Zufluchtsort am Ticino, ein paar Schritte vom Po entfernt? Denn sehen Sie, als ich mit meinem Mann und unserem kleinen Carlo zum erstenmal dorthin kam, empfingen uns Tausende von Fasanen. Der Oberjägermeister erzählte mir, daß in der Hochsaison die Zahl der frei und friedlich auf dem Landgut lebenden Fasanen ungefähr achttausend beträgt. Die Jungen überqueren ruhig die Straßen und Wege ebenso wie die jungen Hasen, und meine Gäste werden darauf aufmerksam gemacht, daß sie ihre Autos mit größter Vorsicht lenken müssen.
Jetzt habe ich die Qual der Wahl, wenn ich Ihnen meine Rezepte beschreiben will. Ich fange mit dem einfachsten an, dem gebratenen Fasan.
Zuerst eine alte Streitfrage: Man sagt und weiß es auch, daß der Fasan „in den Federn hängen" muß. Aber was heißt das eigentlich? Wie lange muß er hängen? Einige sagen, drei, vier Tage genügen, andere, daß er sieben oder acht Tage braucht. Was mich angeht, so finde ich, daß die richtige Lösung in der Mitte liegt. Der Fasan muß „in den Federn hängen", damit sein wildes Fleisch mürbe wird und die rich-

tige Festigkeit bekommt. Aber auch wieder nicht so lange, daß er schon einen leichten Verwesungsgeruch annimmt, dem manche einen besonderen Wert beimessen, was mir aber unbegreiflich ist. Diesen „Kennern" möchte ich leise zuflüstern, daß sie damit ihre Sucht verraten, alles raffiniert und außergewöhnlich machen zu wollen. Nein, der Fasan muß fünf oder höchstens sechs Tage hängen, meiner Meinung nach, und zwar muß er an der kalten Luft mit dem Kopf an einem Haken aufgehängt werden. Selbstverständlich ist die Sache ganz anders, wenn Sie ihn zum „Abhängen" in den Kühlschrank legen; dann braucht er nämlich ein oder zwei Tage länger. Aber dann ist es kein natürliches „Abhängen".

Nachdem dies geklärt ist, ist es ziemlich einfach, einen Fasanenbraten zuzubereiten. Der Fasan muß natürlich sehr sauber ausgenommen und gerupft werden; dann sengt man den Flaum ab, wäscht ihn, um etwaige Rückstände zu entfernen, trocknet ihn gut ab und füllt etwas gehacktes Schweinebauchfleisch, gehacktes Schinkenfett und einige Blätter Salbei hinein. Aber denken Sie daran, daß dies keine Füllung ist, sondern fast eine „Pomade", womit man das Innere des Tiers einsalbt (also höchstens 100 g). Dann reibt man den Fasan noch mit Salz und Pfeffer ein, näht ihn zu, bindet ihn zusammen, wickelt ihn in ein paar dünne Schinkenscheiben ein, legt ihn in eine mit wenig Öl ausgestrichene Bratpfanne und läßt ihn im Backofen braten. Nach der Hälfte der Backzeit (im ganzen braucht er ungefähr fünfzig Minuten) begießen Sie ihn noch mit einem trockenen Weißwein.

Fasan in der Sauce

Putzen und richten Sie den Fasan so zu wie oben beschrieben; dann zerlegen Sie ihn in acht Teile. Bereiten Sie nun eine Mischung zu aus 70 – 80 g gehacktem Speck, einer feingeschnittenen Zwiebel, einer gehackten Mohrrübe, einer gehackten Sellerieknolle und Muskatnuß. Geben Sie diese Mischung in die Pfanne. Wenn alles gut gedünstet ist, legen Sie die Fasanenstücke hinein. Nun warten Sie, bis sie goldgelb zu werden beginnen, dann streuen Sie Salz und Pfeffer darüber und begießen den Fasan noch mit einem halben Glas Marsala oder mit einem guten Kognak. Bei kleiner Flamme lassen Sie weiterkochen, im ganzen etwa 40–45 Minuten. Wenn Sie merken, daß der Bratenfond zu sehr eindickt, verlängern Sie ihn mit ein paar Löffeln Brühe. Sobald der Fasan gar ist, richten Sie ihn auf der Platte an und gießen die Sauce, die Sie vorher durchs Sieb gestrichen haben, darüber.

Eine besonders raffinierte Variante besteht darin, daß man der Sauce, kurz bevor sie fertiggekocht ist, einen Löffel zerbröckelter schwarzer Trüffeln beifügt. Oder man kann auch rohe schwarze oder weiße Trüffeln, in dünne Scheibchen geschnitten, direkt auf den Fasan legen.

Fasan, in Ton eingehüllt

Dies ist ein Rezept aus der Poebene; man sagt, es sei sehr, sehr alt und gehe sogar bis ins Mittelalter zurück, bis auf die Langobarden. Was man unbedingt braucht, ist eine gute Tonmasse, die den Fasan während der Backzeit fest umschließt. In diesem Fall darf der Fasan nicht allzu groß sein, besser ist eine Fasanenhenne, die viel zarter wird.
Richten Sie den Fasan oder die Henne wie gewöhnlich zu. Breiten Sie auf dem Küchentisch ein Blatt Ölpapier oder Pergamentpapier aus. Darauf legen Sie eine Schicht dünngeschnittene Scheiben Schweinebauch, möglichst weichen, fetten. Darüber streichen Sie eine hauchdünne Schicht Butter und dann eine Masse aus aromatischen Kräutern, wie etwa Rosmarin, Salbei, Thymian, Feldminze, Wacholder. Darüber streuen Sie Salz und Pfeffer. Legen Sie die Henne auf diese Schicht, wickeln Sie das Pergamentpapier drumherum, und formen Sie eine gut geschlossene Hülle. Zuletzt schließen Sie alles gut in die Tonmasse ein (Achtung! Die Tonmasse muß überall gleich dick sein) und schieben es bei sehr hoher Temperatur – mindestens 250 Grad – für ungefähr drei Stunden in den Backofen. Wenn Sie den Braten herausnehmen, zerschlagen Sie den Ton, der sehr hart geworden ist, entfernen Sie das Papier mit den Zutaten und Kräutern, und die Henne wird mit all ihrem Duft und würzigen Geschmack, die, von der Hülle beschützt, unversehrt geblieben sind, zum Vorschein kommen.

Fasan in Kastaniensauce

Richten Sie den Fasan zu. Geben Sie 50 g gehackten Speck, ein nußgroßes Stück Butter, einen Löffel Öl, eine Mohrrübe, eine Zwiebel, eine Knolle Sellerie, eine Handvoll Petersilie, alles gut gehackt, in den Kochtopf. Lassen Sie es bei lebhaftem Feuer dünsten. Auf diesen Bratenfond legen Sie den Fasan. Warten Sie, bis er auf allen Seiten goldgelb ist, dann begießen Sie ihn mit einem halben Glas trockenem Weißwein und fügen auch ein paar Löffel Fleischbrühe bei. Lassen Sie ihn zugedeckt noch eine halbe Stunde kochen. Unterdessen kochen Sie etwa 600 g geschälte Kastanien. Wenn sie gar sind, entfernen Sie die äußeren Häutchen und stellen sie mit einem halben Liter Milch, einer Prise Salz und einer Prise Zucker wieder aufs Feuer. Sobald die Kastanien zu zerfallen beginnen, streichen Sie sie durchs Sieb und stellen sie mit dem, was von der Milch übriggeblieben ist, wieder auf den Herd. Wenn die Masse dick wird, rühren Sie sie mit einer großen Holzkelle ein wenig um. Zuletzt füllen Sie sie in die Mitte der Anrichteplatte; den in Stücke zerlegten Fasan richten Sie rundherum an und begießen ihn mit der im Topf zurückgebliebenen Sauce, die Sie vorher durchgesiebt haben.

Ente mit Orangen

Dies ist vielleicht das berühmteste Gericht der Welt; aber an allen Orten, wo ich es gegessen habe, habe ich immer wieder eine andere Version kennengelernt. Die Franzosen rühmen es als ein Nationalgericht; die Florentiner berufen sich auf ihre Geschichte, um zu beweisen, daß sie die Erfinder sind – man sprach dort nämlich schon im 15. Jahrhundert davon. Was mich betrifft, so habe ich die beste Orangen-Ente in Aylesbury in Buckinghamshire, in England, gegessen. Wir drehten gerade „La chiave" mit William Holden und Trevor Howard, und der Regisseur, Sir Carol Reed, lud mich in ein Restaurant im Ort ein und gab mir das feierliche Versprechen, daß ich hier die außergewöhnlichste Orangen-Ente der Welt essen würde. Tatsächlich nahm ich mir dreimal davon. Und obschon ich in späteren Jahren dieses Gericht an den Tafeln der raffiniertesten Kenner gegessen habe, so habe ich den Geschmack von damals doch nie wiedergefunden. Leider habe ich nicht nach dem Spezialrezept vom Küchenchef gefragt. In der folgenden Zeit habe ich mit meiner Hartnäckigkeit versucht, mich danach zu erkundigen, habe die Rezepte einiger großer Küchenchefs verglichen und habe auf eigene Faust immer wieder ausprobiert. Und hier ist nun das Rezept, das ich heute für das beste halte.
Vor allem darf es keine ausgewachsene Ente sein, die das Leben in der Freiheit schon zu hart gemacht hat, sondern es muß ein junges Entlein sein, ein „Caneton". Man bereitet sogar meistens zwei zu, weil ein einziges zu wenig hergeben würde. Die Zubereitung ist zu Anfang dieselbe wie bei jedem beliebigen anderen Geflügelbraten. Man muß die Ente säuberlich ausnehmen, Kopf und Beine entfernen, rupfen

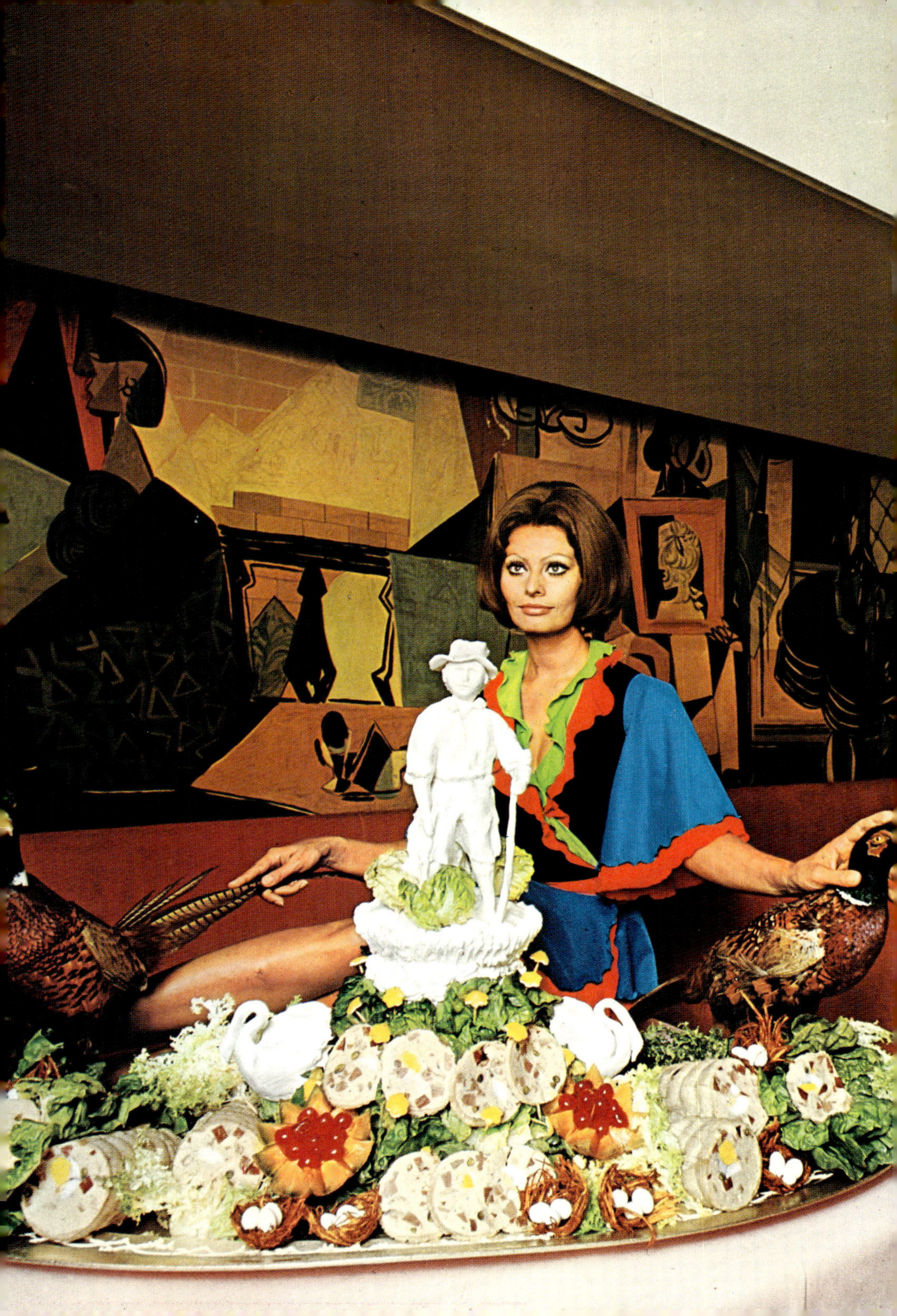

*Sophia führt eine höchst raffinierte,
von kalten Fleischspeisen
umrahmte Fasanenpastete vor.*

(FOTO SOLDATI)

und so fort. Dann fettet man die jungen Enten innen und außen mit Butter ein, salzt sie leicht und läßt sie in einer gebutterten Bratpfanne bei starker Hitze anbraten. Man nimmt sie jedoch schon heraus, wenn sie noch ein wenig blutig sind, und stellt sie warm. Behalten Sie auch den Bratenfond, der sich in der Bratpfanne gebildet hat. Für die Sauce schälen Sie von einer schönen Orange die vorher gewaschene Schale ab; es darf wirklich nur die orangenfarbene Schale sein ohne die innere weiße Schicht. Schneiden Sie sie in schmale Streifen, die Sie fünf oder sechs Minuten in siedendem Wasser kochen lassen. Dann lassen Sie sie abtropfen, abkühlen, gießen einen Teelöffel Curaçao darüber und lassen sie ein paar Stunden lang durchweichen. Jetzt wenden Sie sich wieder der Pfanne zu, in der Sie die Enten gebraten haben. Fügen Sie dem Bratenfond vier Löffel von einer guten Fleischsauce bei, die Sie zuvor entfettet und durchs Sieb gestrichen haben (eigentlich brauchte man das, was die Küchenchefs einen braunen Kalbsfond nennen), geben Sie auch eine reichliche Prise Kartoffelmehl (oder gewöhnliches Mehl) und drei Löffel Sherry dazu. Lassen Sie alles bei starker Hitze kochen, wobei Sie fortwährend umrühren, bis diese Sauce eindickt. Nun legen Sie die Enten wieder hinein und geben die Orangenschalenstreifen mitsamt dem Curaçao sowie dem Saft einer Orange dazu. Kochen Sie noch kurze Zeit weiter, damit sich alles bindet. Zuletzt nehmen Sie die Enten aus der Bratpfanne, zerteilen sie in Viertel, legen sie auf die Platten und bedecken sie mit ihrer Sauce. Ringsherum ordnen Sie die Schnitze von zwei Orangen an, die säuberlich abgelöst und von ihrem weißen Pelzchen befreit sind. Es ist ein bißchen kompliziert, das gebe ich zu, aber es ist das echte „Caneton à l'orange". Sonst wäre es besser, darauf zu verzichten und sich in einfachere Unternehmen zu stürzen. Meinen Sie nicht auch?

Gebratene Gans

Die Gans ist noch größer als das Perlhuhn und der Truthahn, und deshalb ist das Problem, sie im Ganzen zu braten, noch schwieriger. Doch hat mir jemand dieses Rezept beigebracht, das alle Probleme gut löst.

Und es lohnt sich. Obwohl die Gans, wie man sagt, fett ist, bekommt ihr Fleisch beim Braten gerade deswegen einen unnachahmlichen Geschmack und eine besondere Zartheit.

Die Lösung des Problems besteht also darin, daß man in die Gans zwar nicht eine regelrechte Füllung hineinstopft, sondern etwas, was das Braten erleichtert und auch das Innere würzig macht. Diese Würze wird zubereitet, indem man eine dünngeschnittene und gehackte Zwiebel mit 50 g Butter in der Pfanne dünstet. Wenn die Zwiebel goldgelb wird, nimmt man sie vom Feuer und fügt die gehackte Leber der Gans bei, einige kleingehackte Blättchen Salbei, eine Prise Salz und Pfeffer sowie eine Prise Muskatnuß und eine Prise gestoßene Gewürznelken. Stellen Sie die Pfanne für ein paar Minuten wieder aufs Feuer, damit sich alles bindet und eine dicke Sauce, eine Art „Pomade" entsteht. Fetten Sie das Innere der Gans mit frischer Butter ein und bestreichen es mit der Leberpomade. Nun nähen Sie die Gans zu, binden sie mit einem Zwirnfaden zusammen und wickeln sie in einen Bogen Ölpapier ein, das Sie mit Butter eingefettet und mit Salz bestreut haben.

Schließlich stecken Sie die Gans auf den Spieß und lassen sie bei schwacher Hitze einige Stunden braten. Erst in der letzten Viertelstunde entfernen Sie das Papier (das dazu dient, den Verlust von

Wärme und Aroma zu verhindern und die Hitze auch im Innern der Gans besser wirken zu lassen), damit die Gans Farbe annimmt und knusprig wird.

Gebratene Wachteln

Wenn die Wachteln ausgenommen, gerupft und gesäubert sind, fettet man sie innen mit Butter ein, streut Salz und Pfeffer hinein, und wenn Sie gerade ein Würfelchen Trüffel zur Hand haben, paßt auch das sehr gut hinein. Reiben Sie die Wachteln auch außen mit Salz und Pfeffer ein, wickeln Sie sie zuerst in dünne Speckscheiben und dann in ein Blatt Ölpapier ein. (Wenn Sie zwischen den Speck und das Papier noch ein Weinrebenblatt schieben, verleiht es der Wachtel ein außergewöhnliches Aroma.) Nun stecken Sie die Wachtel auf den Spieß und lassen sie mit aller Vorsicht braten. Kurz bevor sie fertig sind, entfernen Sie das Papier und ganz zum Schluß das Rebenblatt.

Rebhühner in der Pfanne

Die fachgerecht gesäuberten und gerupften Rebhühner werden innen leicht mit Butter eingefettet und mit Salz und Pfeffer eingerieben. Man legt auch ein Blättchen Salbei hinein und auf die Brust eine Speckscheibe, die man mit einem Zwirnfaden festbindet. Nun läßt

man die so vorbereiteten Rebhühner bei starker Hitze in Butter schmoren. Nach einer Weile stellt man die Temperatur niedriger, gießt einen reichlichen „Schuß" trockenen Weißwein in den Fond und legt zwei Lorbeerblätter hinein. Wenn sie gar sind, nimmt man die Rebhühner aus der Pfanne und stellt sie heiß. In die Sauce aber legen Sie jetzt ihre zerkleinerten Lebern hinein (möglichst noch ein paar dazu, wenn Sie welche haben, oder ein paar Hühnerlebern) und lassen ganz kurz aufkochen, weniger als eine Minute, damit sie ihren Geschmack nicht verlieren, und nun ist auch die Sauce bereit, um über die Rebhühner gegossen zu werden.
Man kann das Gericht auch mit einigen Trüffelscheibchen vervollkommnen.

Kaninchen, süßsauer

Das Kaninchen kann man sehr gut auf alle die Arten zubereiten, die sich auch für Hühner eignen; einige davon habe ich ja schon beschrieben. Doch hier möchte ich Ihnen eine andere Methode beschreiben, die wirklich „kaninchenhaft" ist, wenn Sie mir dieses komische Wort gestatten. Sie werden sehen, daß es sich um etwas sehr Einfaches handelt.
Dem Kaninchen muß das Fell abgezogen, es muß ausgenommen, gesäubert und zerlegt werden. Dann bereitet man einen Fond aus Öl und Zwiebeln zu und legt die leicht in Mehl gewälzten Kaninchenstücke hinein. Wenn sie goldgelb zu werden beginnen, begießt man sie mit einem Spritzer Essig und wiederholt dies noch zwei-, dreimal,

während man nach und nach einen Löffel Zucker (auf ein Kilo Kaninchen) beifügt, einen Löffel Rosinen, einen Löffel Pinienkerne, eine Prise Salz und eine Prise Pfeffer sowie ein Zweiglein Thymian. Anstatt nur Essig zu nehmen, verwenden einige auch die Hälfte Essig und die Hälfte trockenen Weißwein, sagen wir ein halbes Glas von jedem (wenn es nur Essig ist, genügt ein knappes Glas). Dann kochen Sie bei mäßiger Hitze zu Ende und servieren.

Kaninchen in Tomatensauce nach neapolitanischer Art

Dies ist ein Rezept meiner Großmutter mütterlicherseits. Das Kaninchen muß auch in diesem Fall gehäutet, ausgenommen und zerlegt werden. Nun erhitzt man in der Pfanne ein wenig Öl mit ein wenig Schweineschmalz (allerdings ist Schweineschmalz nicht unerläßlich, doch früher hatte man immer welches zur Hand, und es gab dem Fond einen interessanteren und zarteren Geschmack) und gibt auch noch zwei, drei zerquetschte Knoblauchzehen hinein. Wenn die Knoblauchzehen etwas bräunlich werden, nimmt man sie heraus und legt nun die leicht in Öl gewälzten Kaninchenstücke hinein. Man wartet, bis sie gut gedünstet sind, und begießt sie dann mit Weißwein. Sobald der Wein verdampft ist, gibt man in Stückchen geschnittene Tomaten dazu (ein halbes Kilo für ein Kaninchen mittlerer Größe, aber gern etwas mehr, wenn Sie mögen). Streuen Sie Salz und Paprika darüber, noch besser, Sie legen eine halbe rote Pfefferschote hinein, allerdings müssen Sie daran denken, sie zum Schluß herauszunehmen.

Sie können auch ein paar Basilikumblätter beigeben oder aber einige entsteinte, in Stückchen geschnittene schwarze Oliven. Wählen Sie von diesen beiden Zutaten die, die Sie am liebsten mögen. Und dann lassen Sie alles ruhig zu Ende kochen.

Hasenpfeffer

Der Hase muß länger abhängen als anderes Fleisch: acht Tage sind richtig. Dann zieht man ihm das Fell ab, nimmt ihn aus, säubert und zerlegt ihn in Stücke, die man mindestens zwei Tage (wenn es drei sind, um so besser) in einem edlen Rotwein mariniert; eine mit Gewürznelken gespickte Zwiebel wird mit hineingelegt, ebenso Sellerie, Mohrrüben, eine Stange Zimt, ein paar Lorbeerblätter, ein paar ganze schwarze Pfefferkörner. Wenn Sie zu kochen anfangen, lassen Sie eine halbe in Scheiben geschnittene Zwiebel in einem Gemisch aus Butter und Speck dünsten. Dann legt man die eben in Mehl gewälzten Hasenstücke hinein; wenn sie schon eine Weile gekocht haben, fügt man die Gemüse bei, die in der „Marinata" gelegen haben (geben Sie sie vorher durchs Sieb), sowie die gehackte Hasenleber. Zuletzt bedeckt man alles mit dem Wein der „Marinata". Nun läßt man bei schwacher Hitze weiterkochen, bis der Wein verkocht und eine schöne dicke Sauce entstanden ist.

Zum Schluß legen Sie den Hasen auf die Platte, streichen die Sauce durchs Sieb und gießen sie darüber. Ich muß gestehen, daß dieses eine etwas persönliche Variation des klassischen Rezepts ist. Ich mache es so, weil ich es bequemer finde und weil es mir besser schmeckt. Hoffentlich schmeckt es Ihnen auch.

Ehemänner am Herd

Bis vor wenigen Jahren machte jede gute Mutter es sich zur Pflicht, ihrer heiratsfähigen Tochter unter vielen anderen Ratschlägen auch den zu erteilen, „den Mann am Gaumen zu nehmen", das heißt, ihn mit Leckerbissen und besonders guten Gerichten zu verwöhnen. Und die gute Mutter war überzeugt, daß die wahre und überlegene Kunst, den Mann fest an sich zu fesseln und sich seine Liebe zu erhalten, für eine gute Gattin darin zu bestehen hatte, daß sie gemäß dem Sprichwort „Die Liebe geht durch den Magen" alle Probleme und Schwierigkeiten des Ehelebens löste.

Heute ist dies eine wahrhaft veraltete Auffassung, die von der neuen liberalen Einstellung, die glücklicherweise die moderne Ehe bestimmt, umgestoßen wurde. Doch der Grundgedanke bleibt davon unberührt; höchstens könnte man sagen, daß er heute für beide Ehepartner gilt. Auch der Mann kann nämlich heute eine neue liebevolle Beziehung herstellen, ein Mißverständnis oder einen Groll aus dem Wege räumen, indem er seine Frau „am Gaumen nimmt". Daß der Ehemann sich ab und zu an den Herd stellt und es ihm Spaß macht zu kochen und daß er sich rühmen kann, ein wohlgelungenes Gericht zubereitet zu haben: Das ist ein schönes Zeichen der Eintracht und Heiterkeit in der Familie.

Die Männer, die sich „altmodisch" nennen, aber in der Vergangenheit nichts gelernt haben und in der Gegenwart einfach nicht zur Kenntnis nehmen, daß die Frau heutzutage arbeitet und sich auf allen sozialen Gebieten betätigt – diese Männer werden an meinen Überlegungen Anstoß nehmen oder sich sogar darüber empören. Wie – so werden sie sagen –, ein Mann mit Schürze und am Herd, genau wie eine Hausfrau? Nun ja, warum nicht? Es sind ja gerade die Männer mit ihren unpassenden, veralteten Ideen über die Gesellschaftsentwicklung, die diese – nennen wir sie „kulinarische" – Therapie am nötigsten hätten. Bei ihren Ideen müssen ihre Familienbeziehungen ja nur so überquellen von Problemen!

Und gerade an sie, das heißt an jene Ehemänner, die das Bild der modernen Frau noch starrsinnig ablehnen, wende ich mich und fordere sie auf, in diesem Buch herumzustöbern und einige meiner Rezepte auszuprobieren. Ich wette, sie werden mir dankbar sein.

Aber wie dem auch sei, da die Mehrzahl meiner Leser natürlich Frauen sind, sage ich ihnen: Das Kochen soll Ihnen Spaß machen und keine lästige Gewohnheit sein. Es soll Ihnen Spaß machen, und Sie sollen stolz sein, wenn Sie etwas zubereitet haben, für das Ihr Mann und Ihre Kinder Ihnen Komplimente machen.

Eier und Gemüse

Mit Eiern und Gemüsen kann man unzählige Gerichte herstellen; man kann seine Phantasie walten lassen und viele Erfindungen machen. Meiner Ansicht nach hängt der Erfolg eines Essens sehr oft gar nicht so sehr davon ab, daß es ein regelrechtes Fleisch- oder Fischgericht ist (das andere ebensogut zubereiten können), sondern vielmehr davon, daß man etwas Ungewöhnliches, wie etwa die hier beschriebenen Gerichte, herstellt. Wohlverstanden, diese Gerichte können die Funktion von Beilagen haben, doch ich sehe sie gerne auch als „Hauptdarsteller". Gewisse Gemüsesorten, gewisse Zubereitungsarten für Auberginen, Peperoni und so weiter können mich bisweilen in eine Begeisterung versetzen, wie ich sie für andere Gerichte nicht aufbringe. Fast alle Gerichte, die nun folgen, eignen sich ebensogut wie jene im Kapitel über Vorspeisen, lauwarm oder kalt gegessen zu werden, und daher sind sie auch ausgezeichnet für Feste, Partys und Picknicks im Freien geeignet.

Eier mit Tomaten

Bereiten Sie die Sauce zu, wie ich sie für Spaghetti beschrieben habe, aus einem halben Kilo Tomaten, drei Löffeln Öl, einem Löffelchen Tomatenmark, einer halben in dünne Scheibchen geschnittenen Zwiebel, Salz, Pfeffer und ein paar Blättchen Basilikum. In diese Sauce geben Sie sechs Eier hinein – vorsichtig, damit das Eigelb ganz bleibt; einige Minuten, und die Eier sind fertig. Sie können sie auch in der Sauce verrühren; in diesem Fall kann man sie auch zum Garnieren gerösteter Brotschnitten verwenden.

Eier und Curry

Pro Person werden zwei hartgekochte Eier abgepellt, der Länge nach halbiert, das Eigelb wird herausgenommen und mit einer Béchamelsauce vermengt. Das Rezept dafür beschreibe ich Ihnen nicht vollständig, da es wohlbekannt ist, sondern ich erinnere Sie nur daran, daß man Butter in einer Pfanne zerläßt und mit Mehl, kochender Milch, Salz, Pfeffer und – in unserem Fall – einer reichlichen Dosis Curry (die Menge hängt vom persönlichen Geschmack ab) verrührt. Nachdem Sie das Eigelb mit dieser Sauce gut vermengt haben, ist die Füllung bereit. Sie füllen sie nun in die übriggebliebenen Eiweißschiffchen.

Schließlich legen Sie die gefüllten Eierhälften dicht nebeneinander in eine feuerfeste Form, bedecken sie mit Béchamelsauce und stellen sie etwa zehn Minuten in den Backofen.

Eierkuchen mit Zucchetti

In Rom ist es ein alltägliches Gericht, könnte man sagen, aber man ißt es sich nie über. Man hat mir beigebracht, es genau nach Tradition zuzubereiten. Die Zucchetti werden gewaschen und in dünne Scheiben geschnitten – etwa 100 g –, dann gibt man sie in die Pfanne mit einem Löffel Öl, das man nach und nach mit ein paar Löffeln Wasser verlängert, damit die Zucchetti weich werden. Nun schlägt man sechs Eier in eine Schüssel, fügt die Zucchetti bei, eine Prise Salz und Pfeffer, eine Handvoll feingewiegte Petersilie und schüttet alles in die Pfanne. Man bäckt den Eierkuchen von beiden Seiten. Gewöhnlich wird dieser Eierkuchen in Öl gebacken; er schmeckt aber viel würziger, wenn man ihn in Schweineschmalz bäckt.

Eierkuchen mit Zucchettiblüten

Ist der Eierkuchen mit Zucchetti ein Leckerbissen, so ist der Eierkuchen mit Zucchettiblüten ein seltenes und auserlesenes Gericht. Die Zubereitung ist nicht viel anders: Ich habe festgestellt, daß der

Eierkuchen besser gelingt, wenn man die Zucchettiblüten in mehr oder weniger gleich große Stücke schneidet, die man mit Öl und einer Prise Salz einen Augenblick in die Pfanne legt. Dann gibt man sie zu den geschlagenen Eiern und darf nicht vergessen, gehackte Petersilie beizufügen. Darauf bäckt man alles in der Bratpfanne.

Eierkuchen mit Artischocken

Auch dieser Eierkuchen ist eine wunderbare römische Spezialität. Zwei oder drei Artischocken werden gründlich geputzt, wobei man die Spitzen entfernt, und in Schnitze geschnitten. Bevor man die Schnitze in die Pfanne gibt, empfiehlt es sich, sie in mit Zitronensaft gesäuertes Wasser zu legen, damit sie nicht schwarz werden. Die so vorbereiteten Artischocken werden mit zwei Löffeln Öl (oder Schweineschmalz, wie man es früher machte), Salz und Pfeffer in der Pfanne geschmort. Wenn der Fond zu sehr eindickt, gießt man Wasser dazu. Sobald die Artischocken gar sind, gibt man sechs geschlagene Eier und etwas gehackte Petersilie in die Pfanne, ohne sie vom Feuer zu nehmen. Man läßt alles noch ein paar Minuten auf dem Herd, damit die Eier gerinnen und sich mit den Artischockenschnitzen gut vermischen. Der Eierkuchen ist fertig.

Eierkuchen mit Nierchen

Kaufen Sie einige Nierchen, putzen sie sorgfältig, wobei Sie die äußeren Häutchen entfernen, schneiden sie in Scheiben und nehmen dabei das schwammige Fettgewebe heraus, das in der Mitte sitzt und schlecht schmeckt. Zerlassen Sie in einer Pfanne bei starker Hitze zwei Löffel Butter mit einigen zerquetschten Knoblauchzehen. Wenn der Knoblauch goldgelb zu werden beginnt, geben Sie zwei Löffel Erbsen hinein und lassen sie kochen. Unterdessen schlagen Sie in eine Suppenterrine vier oder fünf Eier und fügen Salz, Pfeffer, zwei Löffel geriebenen Parmesankäse sowie die in Scheiben geschnittenen Nieren bei. Nun nehmen Sie die Knoblauchzehen aus der Pfanne und schütten die Eier mit den Nieren hinein. Geben Sie acht: Der Eierkuchen mit den Nierenscheiben darin wird ziemlich hoch, deshalb braucht er ein paar Minuten länger.

Auberginenpilzchen

Dies ist eine der einfachsten Zubereitungsarten für Auberginen; man stellt damit eine Beigabe her, die jedes beliebige Gericht belebt.
Die Auberginen werden mitsamt der Schale in Schnitze geschnitten, wobei man den inneren Teil mit den Samen entfernt. Dann zerschneidet man auch die Schnitze, so daß es lauter kleine Stückchen werden (nämlich die „Pilzchen"), die man in der Pfanne schmoren läßt. Man

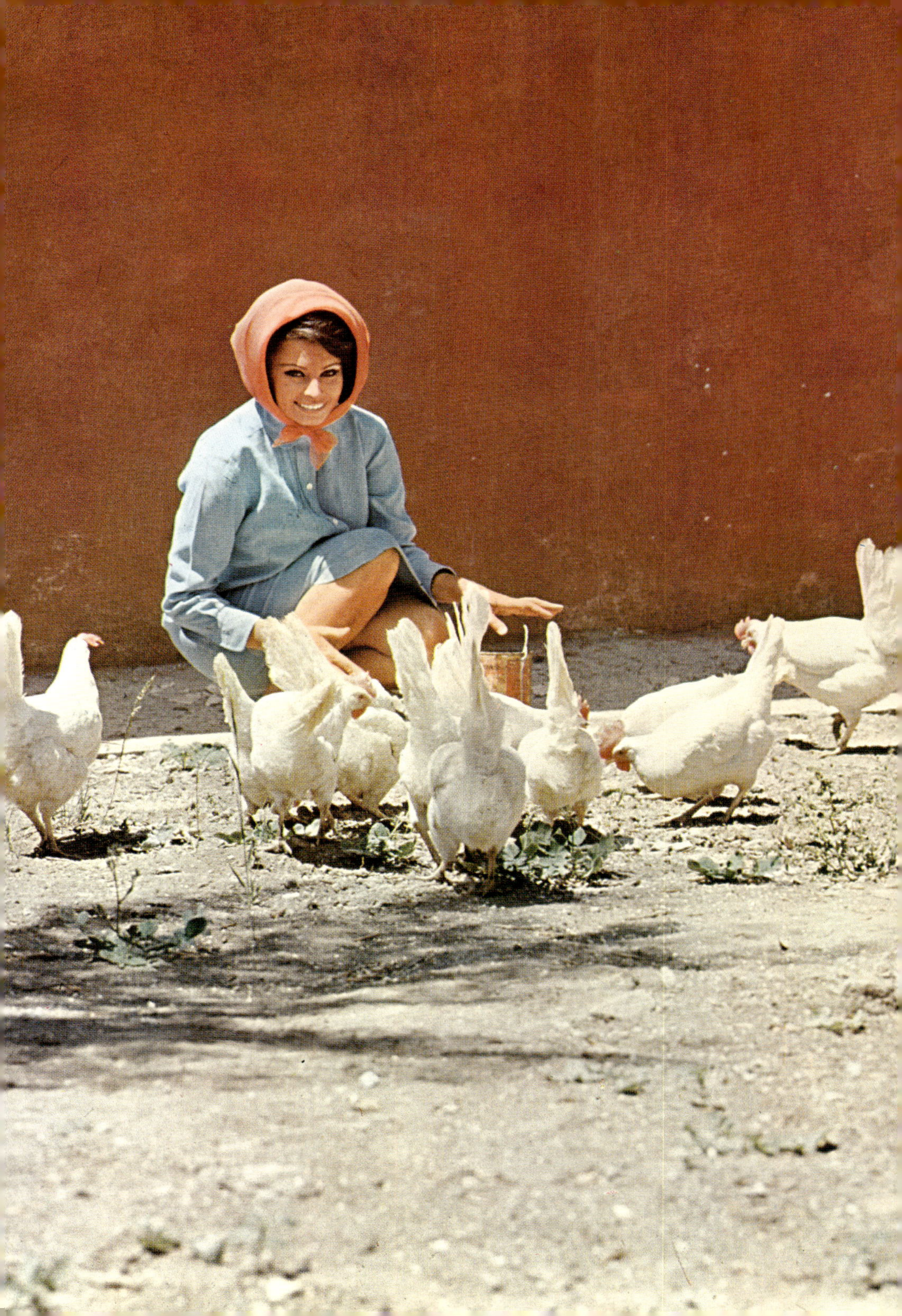

Der Gutshof von Marino liefert Sophia frische Eier und scharrende Hühner.

(FOTO SECCHIAROLI)

darf nicht zu reichlich Öl nehmen, damit das Auberginenfleisch nicht damit durchtränkt wird, ja, es sollte sogar etwas trocken und knusprig bleiben. Man erhitzt das Öl mit zwei oder drei zerquetschten Knoblauchzehen darin, bevor man die Auberginenpilzchen hineinlegt, und läßt sie bei mäßiger Hitze mit einer Prise Salz und einer Prise Pfeffer kochen. Zuletzt kann man eine Handvoll gehackte Petersilie hineingeben. Eine Variante, die meiner Meinung nach den Geschmack der Auberginen sehr schön hervorhebt, besteht darin, daß man während des Kochens ein paar Tomatenstückchen beifügt.

Gebratene Auberginen

Zuerst säubern Sie die Auberginen, schälen sie aber nicht ab, sondern entfernen nur den Stengel. Dann halbieren Sie sie der Länge nach, höhlen das Innere ein klein wenig aus, um die Samen herauszunehmen, und ritzen das Fleisch mit einem Messer kreuz und quer ein, damit sie besser durchbraten. Streuen Sie auch etwas Salz und Pfeffer über jede Auberginenhälfte und außerdem eine Prise von sehr feingehacktem Knoblauch. Nun nehmen Sie eine Backschüssel, fetten sie mit Öl ein, legen die Auberginenhälften dicht nebeneinander, den noch mit der Schale bedeckten Teil nach unten. Träufeln Sie noch etwas Öl darüber, und lassen Sie bei mäßiger Hitze im Backofen backen.

Panierte Auberginen

Schneiden Sie die Auberginen der Länge nach in Scheiben von etwa einem halben Zentimeter, nicht dicker, aber auch wieder nicht zu dünn. Dann bestreuen Sie die Scheiben auf einem großen Teller mit Salz, legen einen zweiten Teller darüber und auf diesen irgendeinen schweren Gegenstand. Der Zweck ist, daß die Auberginen mit dem Salz leicht gepreßt werden, damit sie etwas von ihrem bitteren Geschmack verlieren („ihn verjagen", wie man in Neapel sagt). Nun läßt man sie zwei bis drei Stunden ruhen, dann spült man sie ab und trocknet sie. Darauf wird eine Scheibe nach der andern in geschlagenem Eigelb, dann in Mehl gewälzt und gebraten; sie werden sehr schmackhaft.

Auberginen „a scapece"

„Scapece" ist die besondere, in Süditalien übliche Art zu marinieren. Die Auberginen werden in ziemlich dicke Scheiben oder in Viertel geschnitten und in siedendem Salzwasser gekocht, wobei man sorgfältig darauf achten muß, daß man sie herausnimmt, solange sie noch fest sind. Dann trocknet man sie gut ab, drückt sie sogar ein wenig aus, um so gut wie möglich das Wasser zu entfernen, mit dem sie durchtränkt sind; allerdings darf man sie dabei nicht zerbrechen. Nun läßt man sie abkühlen, legt sie in eine Suppenschüssel, würzt sie mit ein paar Löffeln Öl (70-80 g für ein Kilo Auberginen) und Essig (halb Öl, halb Essig), außerdem einer Prise Salz, etwas Oregano, ein paar gehackten oder in dünne Scheibchen geschnittenen Knoblauchzehen, ein paar Pfefferkörnern oder, besser noch, einigen Stückchen roter Pfefferschoten. Rühren Sie alles um, decken Sie die Suppenschüssel zu, und lassen Sie diese Auberginen einen, besser zwei Tage in der Marinade durchziehen.

Gebratene Peperoni

Dies ist die einfachste Art, sie zuzubereiten, und doch ist es für uns Neapolitaner immer ein Fest, sie so zu essen. Die Peperoni werden einfach in Streifen geschnitten, in reichlich brutzelndes Öl getaucht und mit Salz bestreut; dann zieht man sie triefend (aber nicht allzu triefend!) heraus.

Peperoni in der Pfanne mit Kapern und Oliven

Dies ist die üppigere Version der gebratenen Peperoni. Man fängt genauso an wie beim vorigen Rezept, indem man die Peperoni in Streifen schneidet und in einer reichlichen Menge Öl brät. Kurz bevor sie gar sind, nimmt man sie heraus und läßt sie gut abtropfen. Nun gießt man einen Teil des Öls aus der Pfanne, legt die Peperoni wieder hinein, gerade so, daß sie „a puccia" sind, wie wir sagen, und nicht im Öl schwimmen. Nun fängt man wieder an, sie zu braten, und fügt folgendes bei: eine feingehackte Knoblauchzehe (für ein Kilo Peperoni), einen oder – je nach Geschmack – zwei Löffel Kapern, eine Handvoll entsteinte und zerkleinerte schwarze Oliven. Zum Schluß streuen Sie noch eine Prise Pfeffer und eine Handvoll gehackter Petersilie darüber.

Geröstete Peperoni

Es gibt Leute, die geröstete Peperoni den gebratenen vorziehen; denn auf diese Weise kann man ihnen das äußere Häutchen besser abziehen, und dann ist der Geschmack noch feiner. Doch damit es einem gelingt, muß man die Technik kennen. Es wird so gemacht: Die Peperoni werden, so wie sie sind, auf dem Grill oder im Backofen geröstet. Dann wickelt man sie in ein Blatt Papier ein und läßt sie abkühlen. Danach ist es viel leichter, das äußere Häutchen abzuziehen, ohne sie naß machen zu müssen (denn das beeinträchtigt ihr Aroma), man befeuchtet nur ab und zu die Fingerspitzen mit Wasser. So erhält man das gute Fruchtfleisch, das man in Streifen schneidet und mit Öl, Basilikum und Kapern würzt. Dies kann alles roh zubereitet werden, oder man gibt es für nur sehr kurze Zeit in die Pfanne.

Peperoni, mit Auberginen gefüllt

Es gibt viele Arten, Peperoni zu füllen, und jede ist sehr lecker. Die klassische Füllung macht man mit Paniermehl, Rosinen, Pinienkernen und so weiter. Doch ich habe die folgende Variante am liebsten. Zuerst werden die Peperoni geröstet, wie im vorigen Rezept erklärt, und sorgfältig vom äußeren Häutchen befreit. Die Auberginen werden zu „Pilzchen" hergerichtet, nach dem ebenfalls vorher beschriebenen Rezept. Doch zu den Auberginen kann man außer dem Öl, dem Knoblauch und der Petersilie auch noch Kapern und entsteinte schwarze Oliven beifügen, um den „Reigen der Gewürze" zu bereichern, außerdem auch ein zuvor abgespültes und vom Salz befreites Sardellenfilet, wenn Sie das mögen. Das ist die Füllung, mit der Sie die Peperoni farcieren, die dann dicht nebeneinander in die Bratpfanne gelegt werden. Man beträufelt sie noch mit Öl und stellt sie für wenige Minuten in den Backofen.

Peperoni, mit Spaghetti gefüllt

Auch diese Art, Peperoni zuzubereiten, ist typisch neapolitanisch, und sie ist sehr einfach. Rösten Sie die Peperoni, wie vorher beschrieben, ziehen Sie die Haut ab, füllen Sie sie mit gekochten Spaghetti, die bereits mit Tomatensauce und Mozzarellastückchen angerichtet und abgekühlt sind. Legen Sie diese Peperoni dicht nebeneinander in die

Bratpfanne, genau wie die mit Auberginen gefüllten. Träufeln Sie etwas Öl darüber, streuen Sie Salz darauf, und stellen Sie sie in den Backofen, damit sie heiß werden.

Tarato

Dies ist ein griechisches Gericht, das ich gegessen habe, als wir auf der Insel Hydra „Il ragazzo sul delfino" („Der Knabe auf dem Delphin") drehten, und das ich köstlich fand.
Man braucht dazu geröstete Peperoni und Auberginen. Die Peperoni werden im Ganzen auf dem Grill geröstet, dann wird ihnen vorsichtig das äußere Häutchen abgezogen. Die Auberginen kann man in ziemlich dicke Scheiben geschnitten kochen; dann zieht man ihnen ebenfalls die Haut ab. Nun wird sowohl das Peperoni- als auch das Auberginenfleisch sehr fein gehackt, in einer Suppenschüssel gut gemischt und so viel Joghurt dazugegeben, daß eine einzige Masse entsteht. Außerdem fügt man noch zerstoßenen, breiigen Knoblauch dazu, Salz, Pfeffer, ein paar Tropfen Öl und etwas Zitronensaft.
Im Sommer am Meer, nach einem guten gebratenen Fisch und mit einer Schnitte hausgebackenem Brot schmeckte es wirklich herrlich.

Zwiebeln, süßsauer

Man braucht frische zarte Zwiebeln, die noch voller Saft sind. Beginnen Sie damit, daß Sie in der Bratpfanne einen Fond aus Schweineschmalz und zerlassenem Speck zubereiten. Zu diesem Fond geben Sie gehacktes Schinkenfett, ein paar gehackte Zwiebelchen und eine ebenfalls gehackte Knoblauchzehe (über die Mengen kann man verschiedener Meinung sein; das wichtigste ist, daß der Fond würzig schmeckt). In diesen Fond legen Sie nun die Zwiebelchen hinein. Um ihnen den sehr starken, stechenden Geruch zu nehmen, legen manche Leute sie vorher ein paar Stunden unter fließendes kaltes Wasser; aber auch das ist eine Frage des Geschmacks. Wenn die Zwiebelchen goldgelb werden, fügen Sie etwas Zucker bei, dann Wasser und Essig (halb und halb), bis sie bedeckt sind. Lassen Sie diese Flüssigkeit verdampfen, bis über den Zwiebeln nur noch eine leichte Sauce bleibt: Nun sind sie fertig.

Bohnen in der Pfanne mit Tomaten

Bohnen sind eine vorzügliche Beigabe zu sehr vielen Gerichten, wenn man die Zeit für die langweilige Tätigkeit findet, die darin besteht, an beiden Seiten die Spitzen abzuschneiden und den Faden an der Seite abzuziehen, den man sonst zwischen den Zähnen wiederfindet. Wenn Sie das getan haben, ist das meiste geschafft. Außerdem gibt es auch schon fadenfreie Bohnen zu kaufen. Dann brauchen Sie nur die Spitzen abzuschneiden.

Kochen Sie die Bohnen in reichlich Wasser, das Sie leicht salzen. Unterdessen geben Sie etwas Schweineschmalz, Speck, Butter oder Öl, also irgendein Fett in die Pfanne, in dem Sie eine geschnittene Zwiebel dünsten. Zu diesem Fond geben Sie ein paar in Streifen geschnittene oder gehackte Tomaten. Nach einer Viertelstunde fügen Sie auch die gut abgetropften Bohnen bei. Wenn sie gar sind, würzen Sie mit Salz, Pfeffer und gehackter Petersilie.

Karotten mit Ei

Man braucht kleine, zarte Karotten, ein halbes Kilo. Sie werden geschabt, gewaschen, getrocknet und mit einem Löffel Butter in den Topf gegeben. Dann verlängert man den Fond mit etwas Fleischbrühe, fügt auch ein wenig Mehl bei, eine reichliche Prise gehackte Petersilie sowie eine Messerspitze Muskatnuß. Nun läßt man zugedeckt bei schwacher Hitze langsam dünsten, ohne daß es zum Sieden kommt. Wenn die Karotten weich sind und eine schöne Sauce entstanden ist, nimmt man den Topf vom Herd, gibt aber noch eine Prise Salz, ein Eigelb und einen Löffel Zitronensaft dazu. Dann stellt man das Ganze noch mal aufs Feuer und rührt um, bis sich alles bindet. Sobald das Ei gerinnt, ist das Gericht fertig. Man kann es sehr gut mit gerösteten Brotschnitten servieren.

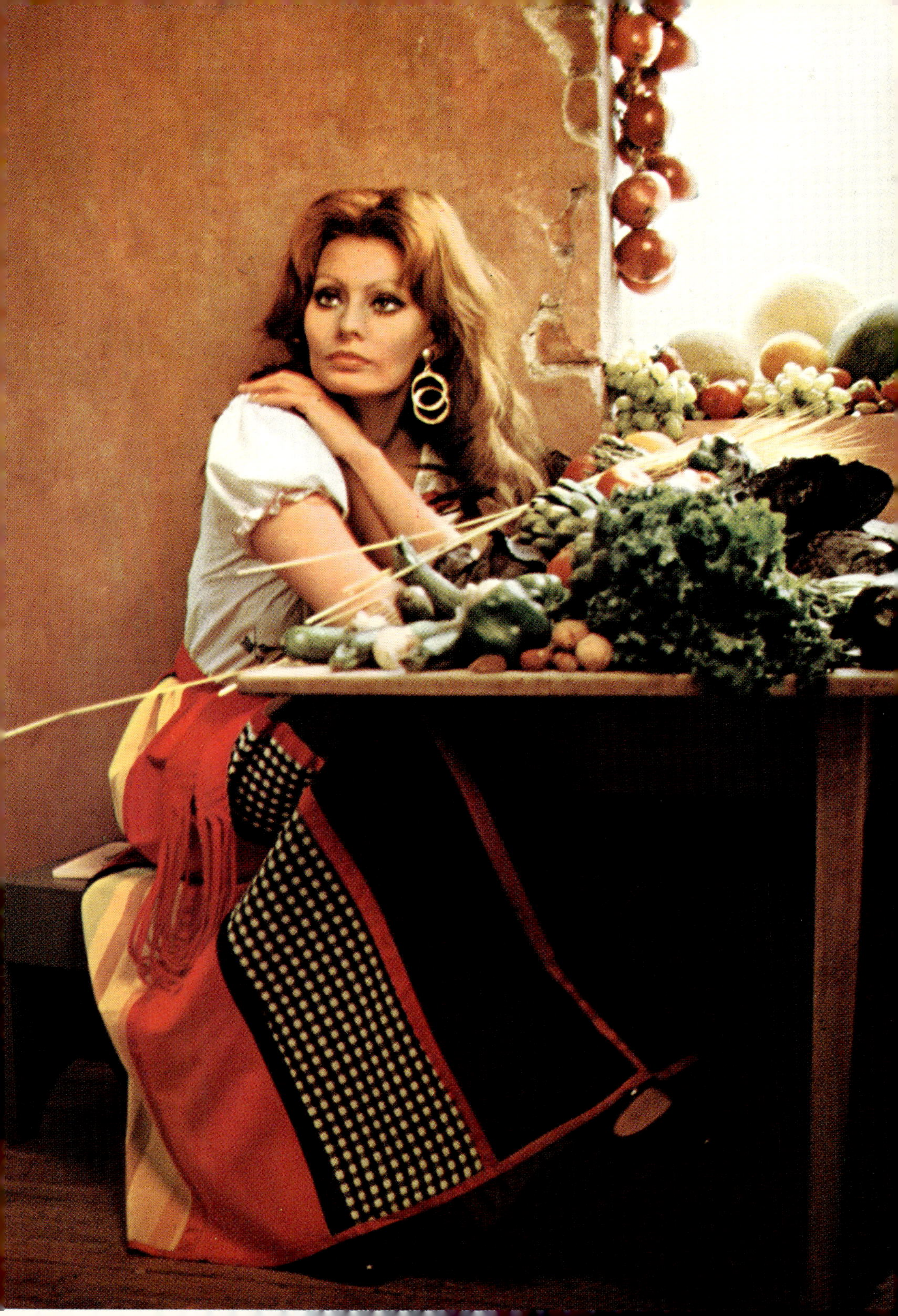

*Für Salate und die Minestrone
nimmt Sophia die frischsten, verschiedenartigsten Gemüse.*

(FOTO SECCHIAROLI)

Gefüllte Tomaten

Die Tomaten sollten ziemlich groß sein. Man wäscht sie, halbiert sie der Breite nach und entfernt das Innere. Für die Tomatenhälften, die nun kleinen Schüsselchen gleichen, bereitet man eine Füllung zu: Mit wenig Öl läßt man eine gehackte Zwiebel in der Pfanne brutzeln, gibt etwas Sellerie und Petersilie hinein, beides fein gehackt, einige in Stückchen geschnittene Pilze (wenn die Pilze gedörrt sind, muß man sie vor Gebrauch in lauwarmem Wasser aufquellen lassen) sowie Salz und Pfeffer. Dann nimmt man die Pfanne vom Herd und fügt dieser Mischung etwas in Milch eingeweichte und ausgedrückte Brotrinde bei, geriebenen Parmesankäse und Eier: das Mengenverhältnis hängt ganz vom persönlichen Geschmack ab; wichtig ist nur, daß eine ziemlich weiche Masse entsteht. Wenn die Tomatenhälften damit gefüllt sind, legt man sie nebeneinander in eine mit Butter ausgestrichene Backform; dann garniert man sie mit einem Butterflöckchen und stellt sie in den Backofen. Aber nicht sehr lange, damit sie nicht zu sehr einschrumpfen: 10–15 Minuten genügen.

Artischocken nach römischer Art

Von all den verschiedenen Arten, Artischocken zuzubereiten, habe ich die klassische „römische Art" am liebsten; es ist nicht dasselbe wie Artischocken „alla giudia", die in einer riesigen Pfanne gebraten werden, weshalb es sehr schwierig ist, sie im Haus zu machen. Kaufen Sie also für sechs Personen ein Dutzend Artischocken, entfernen Sie die äußeren Blätter, die am härtesten sind, schneiden Sie die Spitzen ab, legen Sie sie ins Wasser, in das Sie den Saft einer halben Zitrone geträufelt haben, um zu verhindern, daß die Artischocken schwarz werden. Unterdessen hacken Sie zwei Knoblauchzehen und vermengen sie mit einem Löffel gehackter Minze, 50 g Paniermehl, einer Prise Salz und Pfeffer und träufeln Öl über das Ganze. Nun ziehen Sie die Artischocken aus dem Wasser, lassen sie gut abtropfen, öffnen sie vorsichtig in der Mitte und stopfen einen Teelöffel Füllung hinein, so weit Sie können. Stellen Sie die Artischocken aufrecht dicht nebeneinander in die Backform, träufeln Sie Öl darüber, gießen Sie bis zur halben Höhe kaltes Wasser hinein, streuen Sie Salz und Pfeffer darauf, und stellen Sie alles in den Backofen. Das Gericht braucht bei mäßiger Hitze eine Stunde Backzeit. Dann und wann schöpfen Sie mit einem Löffel Sauce aus der Schüssel und gießen sie über die Artischocken.

Blumenkohl nach alter Art

Man läßt einen schönen Blumenkohl von etwa anderthalb Kilo in leicht gesalzenem Wasser sieden, nimmt ihn aber sehr „al dente" wieder heraus. Dann schneidet man ihn in kleine Stücke und legt ihn in die Pfanne, in der bereits mit ein paar Löffeln Öl einige Knoblauchzehen goldgelb gedünstet sind. Gleich darauf gibt man zwei Löffel Rosinen dazu.

Später, wenn der Blumenkohl schon beinahe gar ist (er braucht etwa 25 Minuten), fügen Sie noch eine Handvoll feingewiegte Petersilie bei.

Zucchetti in Eiersauce

Dies ist ein altmodisches Rezept, das ungerechterweise heute wenig angewandt wird, aber das mir eines der schmackhaftesten zu sein scheint.
Die Zucchetti – ein halbes Kilo für sechs Personen – müssen gut gewaschen, in Scheiben geschnitten und mit wenig Butter und einer Prise Salz zum Dünsten in die Pfanne gelegt werden. Man stellt sie warm und bereitet inzwischen die Sauce zu: In einer feuerfesten Form verquirlt man drei Eier (eins für je zwei Personen) mit wenig Butter, etwas Salz und etwas Zimt. Diese sehr feste Masse wird dann verdünnt, indem man Wasser oder eine kalte, leichte Fleischbrühe sowie einige Tropfen Essig beifügt; dann stellt man alles im Wasserbad aufs Feuer und rührt fortwährend um, damit die Sauce von neuem fest wird. Das wär's: Richten Sie die Zucchetti auf einem großen Teller an, streuen Sie geriebenen Käse (Parmesan- oder Schafkäse) darauf, gießen Sie die Sauce darüber und servieren Sie.

Gefüllte Zucchetti

Die Zucchetti sollten ziemlich fleischig sein; man rechnet mindestens eine pro Kopf. Man wäscht sie, trocknet sie ab, halbiert sie der Länge nach und höhlt das Fruchtfleisch aus, wobei man aber das Äußere, das knapp ein Zentimeter dick sein muß, nicht verletzen darf. Die Füllung macht man aus etwa 150 g Rindfleisch, einem Löffel geriebenem Parmesankäse, einem Ei, einer Prise Salz, etwas Pfeffer und etwas Muskatnuß. Man verknetet alles gründlich, füllt damit die Zucchetti, und zwar so, daß die Füllung den Rand überragt. Die so zubereiteten Zucchetti werden in der Backform schön in einer Reihe und dicht nebeneinander mit wenig Öl und Schweineschmalz (oder nur Öl) gebacken.

Erbsen mit Ei

Man läßt etwa 50 g in Würfel geschnittenen Schweinebauch mit einem Fond aus Öl und gehackter Zwiebel schmoren. Dann gibt man die Erbsen hinein – ein halbes Kilo –, läßt weiterkochen, verlängert mit ein paar Löffeln Wasser oder Brühe und streut, wenn nötig, Salz und Pfeffer darüber. Wenn die Erbsen fast gar sind, verquirlt man in einer Schüssel drei Eier mit zwei Löffeln Paniermehl und zwei Löffeln geriebenem Schafkäse (oder in Ermangelung von Schafkäse mit irgendeinem anderen pikanten Käse).

Diese Mischung gießt man in die Pfanne über die Erbsen und vermengt alles recht behutsam; sobald die Eier anfangen zu gerinnen, ist das Gericht fertig.

Endivien mit Schinkenspeck

Die Endivie ist eine der beliebtesten römischen Gemüsesorten, und das Rezept, das ich Ihnen jetzt gebe, ist in den letzten Jahren aufgekommen.
Man braucht ein paar schöne Endivienbüschel, die gewaschen, sorgfältig von den Erdresten gereinigt und dann in reichlich siedendem Salzwasser im Ganzen gekocht werden (allerdings nur kurz, damit sie nicht zerfallen). Dann nimmt man sie mit dem Schaumlöffel aus dem Wasser und halbiert sie der Länge nach. Unterdessen haben Sie in einer Pfanne Öl erhitzt, mit ein paar Knoblauchzehen darin, die Sie herausnehmen. In dieses Öl geben Sie 50 g in kleine Streifen oder Würfel geschnittenen Schinkenspeck, dann die Endivien, die man noch mit Pfeffer und Salz bestreut.

Endivien mit Sardellen

Das Originalgericht, von dem die Variante mit dem Schinkenspeck herstammt, ist die „Endivie mit Sardellen".
Die Büschel werden gekocht und halbiert, wie vorher beschrieben. In die Pfanne gibt man ins heiße Öl zu den Knoblauchzehen auch einige zuvor gewaschene und entgrätete Sardellen. Man wartet, bis sie sich auflösen, legt dann die Endivien hinein und bestreut sie mit Salz und Pfeffer: Sobald sie schön weich und würzig sind, fügt man noch einige Pfefferminzblättchen bei, bevor man sie vom Herd nimmt.

Spargel mit Käse

Spargel ißt man für gewöhnlich mit gebratenem Ei darüber; oder man ißt nur die Spargelspitzen in der Suppe. Ich beschreibe Ihnen noch eine andere Methode, die in Italien sehr beliebt ist.
Zuallererst kochen Sie den Spargel nach Vorschrift, das heißt, zu einem Bündel zusammengebunden, die Köpfe nach oben, die aus dem leicht gesalzenen, kochenden Wasser herausschauen, damit nur der Dampf ihnen die erwünschte Zartheit gibt. Sobald der Spargel gar ist, nimmt man das Bündel auseinander, macht aber neue, kleinere Bunde von je sechs Spargelstangen und wickelt jeden Bund in eine Scheibe weichen Käse ein: Emmentaler oder Fontina aus dem Aostatal eignen sich am besten. Nun fettet man eine Backform mit But-

ter ein, legt die Spargelbunde in horizontaler Lage hinein und stellt sie so lange in den Backofen, bis der Käse zu verlaufen beginnt, ohne richtig zu schmelzen: Der Spargel ist fertig. Wenn Sie wollen, können Sie unmittelbar vor dem Servieren auch noch einen Teelöffel Tomatensauce auf jeden Bund gießen.

Weiße Bohnen mit Schweineschinken

Dies ist ein römisches Gericht mit uralter Tradition. Ich weiß wohl, daß es schwierig ist, die passenden Zutaten aufzutreiben; aber für mich ist dieses Gericht ein solcher Genuß, daß ich nicht darauf verzichten möchte, es unter meinen persönlichen Rezepten aufzuzählen. Ich schlage auch einige Varianten vor, so daß Sie, wenn nicht genau das Originalgericht, so doch wenigstens ein sehr ähnliches zubereiten können.
Die weißen Bohnen (Saubohnen) sind natürlich einfach große Bohnen, ein Gemüse, das die Römer sogar roh essen, mit Schafkäse, den ich außerhalb von Rom immer nur sehr schwer auftreiben konnte. Das Schinkenstück ist dem Schweinebauch ähnlich, nur sehr viel zarter; denn es ist wirklich der Schinken mit dem delikatesten und süßesten Speck. Die Hauptsache ist, daß Sie wenigstens die großen Bohnen haben, sagen wir ein halbes Kilo. Man schält sie aus der Hülse, ohne das äußere Häutchen der einzelnen Bohnen zu berühren; dann läßt man sie in einem Topf kochen mit 100 g in Würfel geschnittenem Schweineschinken (man kann auch das weichste und zarteste Bauchfleisch nehmen, das man findet), 60–70 g Schweine-

schmalz oder irgendeinem anderen Fett und einem Löffel gehackter Zwiebel (die man vorher gedünstet hat). Man kocht alles bei starker Hitze, fügt, wenn nötig, ein paar Löffel Wasser bei und streut Salz und Pfeffer darüber.

Erbsen mit Schinken

Man läßt eine halbe feingewiegte Zwiebel mit 100 g gehacktem Speck in der Pfanne dünsten. Dann gibt man ein halbes Kilo Erbsen, von der kleinen, süßen Sorte, hinein; ferner einige Körnchen Salz und etwas Zucker sowie eine Prise Pfeffer. Dann und wann gießt man, wenn nötig, ein paar Löffel Fleischbrühe dazu. Wenn die Erbsen fast gar sind, fügt man 150 g in Streifen geschnittenen rohen Schinken bei.

Fenchel mit Kräuteressig

Erhitzen Sie ein paar Löffel Öl in der Pfanne, dann lassen Sie einige gewaschene und entgrätete Sardellenfilets darin zergehen. In dieser Sauce lassen Sie die Fenchel kochen (rechnen Sie eine Knolle pro Person), die Sie vorher gewaschen, geschält und geviertelt haben. Streuen Sie während der Kochzeit Salz und Pfeffer darüber, dann gießen Sie ein halbes Glas Essig, und zwar den aromatischen Kräuteressig, dazu,

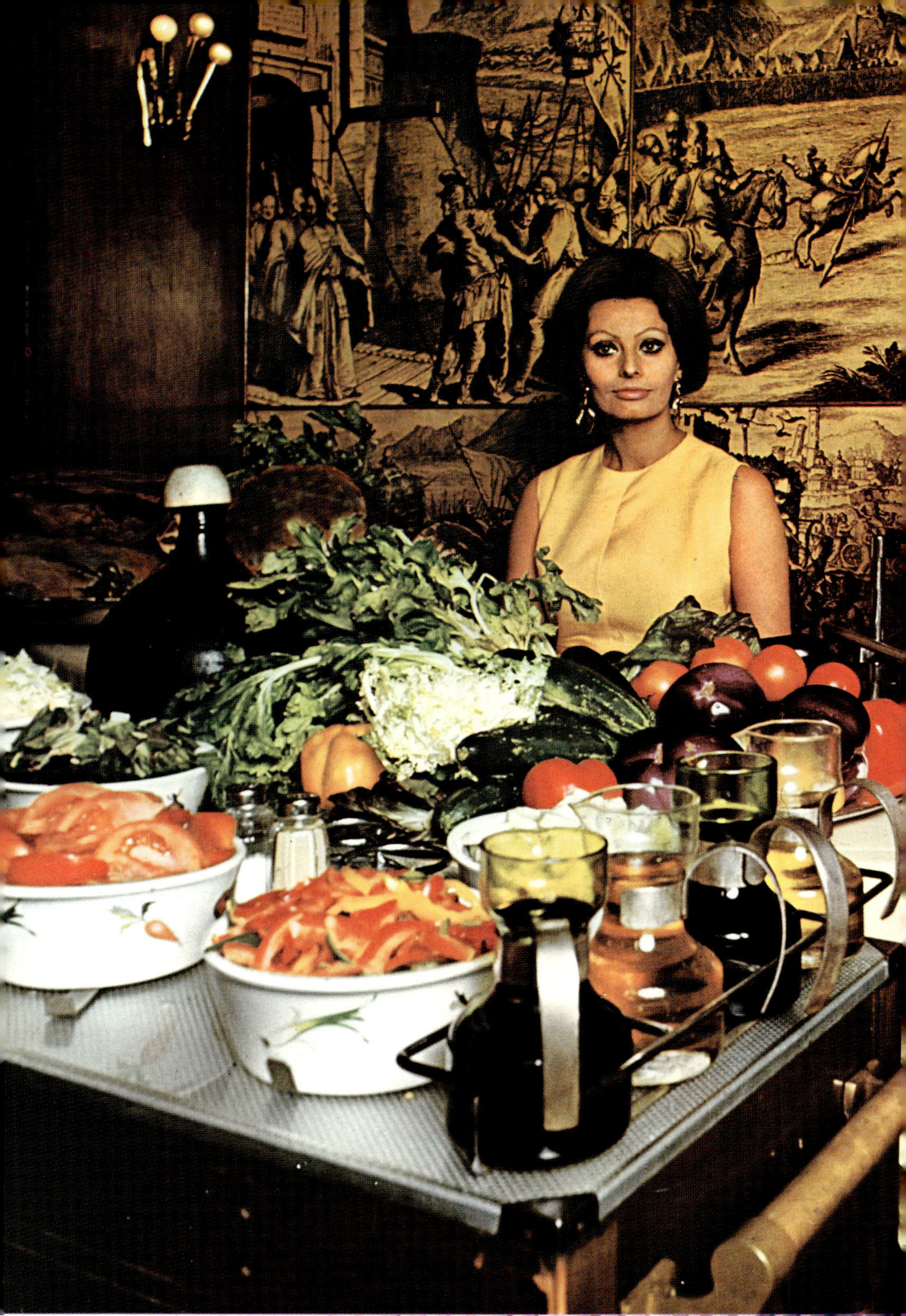

*Sophia zwischen duftenden frischen
und vorbereiteten Früchten und Gemüsen.*

(FOTO SOLDATI)

in dem Sie eine Löffelspitze Senf aufgelöst haben. Kochen Sie weiter, bis die Fenchel weich, jedoch nicht zerfallen sind. Zum Schluß schmecken Sie noch mit einigen Tropfen Tabasco ab.

Gefüllte Kartoffeln

Es müssen ziemlich große und feste Kartoffeln sein. Man kocht sie mit Schale (eine pro Kopf), schneidet die Spitze ab und höhlt sie vorsichtig aus, wobei man die Hülle ein halbes bis ein ganzes Zentimeter dick läßt. Dann bereiten Sie die Füllung zu, die auf verschiedene Arten gemacht werden kann. Was mich betrifft, so schlage ich vor, in jede Kartoffel einige Mozzarellastückchen hineinzutun, ein Eigelb, das man möglichst ganz hineingießen sollte, eine Prise Salz, dann wieder Mozzarellastückchen und ein kleines Stück Sardelle. Nun setzt man die abgeschnittenen Kartoffelspitzen wieder an ihren Platz zurück, so daß es aussieht, als seien die Kartoffeln wieder ganz; dann legt man sie nebeneinander in eine Backform und stellt sie ein paar Minuten in den Backofen, bis die Mozzarella innen Fäden zu ziehen beginnt und sich mit dem Ei bindet.

Frizon

Ein großer Gemüsetopf wird in ganz Italien in Ehren gehalten. In Emilia nennt man ihn „Frizon", und auch wir können ihn so nennen, denn ich befolge genau das Rezept, wie ich es in der dortigen Gegend kennengelernt habe.
Zuerst geben Sie reichlich Olivenöl in den Kochtopf und lassen in Streifen geschnittene gelbe, grüne und rote Peperoni darin dünsten, dann geben Sie in nicht allzu dünne Scheiben geschnittene Zwiebeln und ebenfalls in Scheibchen geschnittene Zucchetti dazu. Wenn auch diese Gemüse gedünstet sind, legen Sie zerkleinerte Tomaten hinein (Sie haben sicher schon begriffen, daß es bei diesem Frizon nicht auf das Mengenverhältnis ankommt; machen Sie es nach Ihrem Gutdünken, nur muß ein bißchen von allem darin sein); würzen Sie mit Salz und Pfeffer, und lassen Sie weiterkochen, bis die verschiedenen Gemüse weich, aber nicht verkocht sind, damit ihr ursprünglicher Geschmack erhalten bleibt.

Variante:
Zu diesem Gemüsegemisch kann man auch frische Salsiz beigeben, die mit allem zusammen kocht und dem Ganzen einen kräftigeren Geschmack gibt. Dadurch entsteht sogar ein regelrechtes, ergiebiges Hauptgericht, das sehr würzig und eine wahre Gaumen- und Augenfreude ist.

Gemüsetorte aus Emilia

In Emilia heißt diese Torte „Erbazzone", in der Lombardei „Scarpazza". Es handelt sich dabei immer um gehackte rote Rüben oder Spinat, oder halb und halb, mit verschiedenen Zutaten. Aber in Emilia macht man sie mit Blätterteig, in der Lombardei nicht. Den Blätterteig bereitet man, wenn möglich, mit ein wenig Schweineschmalz zu; zum Beispiel verknetet man (für sechs Personen) 200 g Mehl mit 40 g Schweineschmalz und fügt auch ein paar Löffel Wasser dazu. Daraus macht man einen Teig, mit dem man eine Springform auslegt und auch die Torte zudeckt. Doch zuerst muß die Füllung zubereitet werden: mit drei Kilo roten Rüben oder Spinat, die gekocht, gut ausgedrückt und mit 70 g gehacktem Speck, ebensoviel Butter und einer gehackten Knoblauchzehe in den Topf gegeben werden. Zuletzt hackt man auch noch das Gemüse, vermischt es mit drei Eiern und 150 g geriebenem Parmesan. Diese Füllung gibt man in die mit Blätterteig ausgelegte Springform und bedeckt sie mit einem Deckel aus Blätterteig. Das Gericht ist auch kalt und aufgeschnitten köstlich. Ausgezeichnet für Partys und Picknicks im Freien.

Gemüsetorte aus der Lombardei

In der Lombardei habe ich ungefähr die gleiche Torte gegessen, nur ohne Teig. Der Unterschied besteht darin, daß die Gemüse, die man genauso zubereitet wie beim vorherigen Rezept, mit einer Handvoll Rosinen, Pinienkernen, einer Prise Zimt und ein paar zerstoßenen Biskuits gewürzt werden. Die Mischung gibt man in eine gut gebutterte und mit Paniermehl bestreute Backform. Darüber streut man noch einmal Paniermehl, gibt einige Butterflöckchen obendrauf und stellt die Form zum Backen in den Backofen.

Parmigiana

Dies ist ein erstaunliches Gericht, aber auch ein unerfindliches Rätsel für mich. Warum heißt es „Parmigiana", während das Gericht doch „neapoletanissimo" ist, ein Ruhm der neapolitanischen Küche? Historische Ungerechtigkeit, unfreiwillige Zweideutigkeit oder lokalpatriotische Verschwörung? Jedenfalls, hier sage ich Ihnen, um was es geht.
Schöne Auberginen, sagen wir ein Kilo, werden geputzt und in Scheiben geschnitten, die etwas weniger als ein halbes Zentimeter dick sein sollten. Man legt sie in einen Teller, streut grobes Salz darüber, bedeckt sie mit einem zweiten Teller, den man beschwert, damit der bittere Saft aus dem Auberginenfleisch austritt. Nach einigen Stunden spült man die Auberginen ab, trocknet sie, drückt sie sacht ein wenig

aus, damit sie so trocken wie möglich werden. Nun werden sie, so wie sie sind, in reichlich brutzelndem Öl gebraten. Bereiten Sie auch eine Sauce zu mit durchs Sieb gedrückten Tomaten (etwa die gleiche Menge wie die Auberginen, etwa 800 – 900 g), die man mit einer Prise Salz und einigen Blättern Basilikum, aber ohne Öl in die Pfanne gibt. Man braucht nur zu warten, bis das Tomatenwasser verkocht, damit die Sauce eindickt. In diesem Moment gießen Sie in eine mit Öl ausgestrichene Backform zuerst ein paar Löffel dieser Sauce, geben eine Schicht gebratene Auberginen hinein, streuen geriebenen Parmesankäse darüber und machen eine Schicht aus dünnen Mozzarellascheibchen mit ein paar Blättern Basilikum und einem Löffel verquirltem Ei. Nun fangen Sie wieder von vorn an mit der Sauce, den Auberginen, Parmesan, Mozzarella, Ei und dann noch einmal, so daß Sie von allem mindestens drei Schichten haben. Die letzte Schicht muß jedenfalls Tomatensauce sein. Stellen Sie alles 40 – 45 Minuten in den heißen Backofen.

Varianten:
Dieses Gericht, das im ganzen italienischen Mittelmeergebiet sehr beliebt ist, kann man auch so machen, daß man die Auberginen in Ei und Mehl wälzt, bevor man sie brät, denn dadurch werden sie zarter im Geschmack. Man kann auch halb Auberginen und halb Zucchetti nehmen, dann ist es noch köstlicher.

Pilze auf Weinblättern

Dieses Rezept ist eine großartige Entdeckung, die ich in Ligurien kennengelernt habe.
Man braucht dazu fleischige Pilze, wie etwa Eierschwämme oder Steinpilze. Man entfernt die Stiele, ritzt die Hütchen kreuzförmig ein, beträufelt jedes einzelne mit ein paar Tropfen Olivenöl, dem Sie vorher eine Prise Salz, Pfeffer und eine Handvoll gehackter Petersilie beigemengt haben. Nun bereitet man das Grillgitter vor, unter das man außer Holz oder Holzkohle eine leichte Schicht Weinblätter gelegt hat. Darüber werden nun die Pilze gebraten, die man, die Hütchen nach oben, auf den Grill legt. Wenn die Weinblätter verbrennen, strömen sie einen köstlichen Duft aus und geben den Pilzen ein fast berauschendes Aroma. Mehr gehört nicht dazu.

Gefüllte Pilze

Auch für dieses Rezept braucht man große, fleischige Pilze. Sie werden geputzt, die Stiele entfernt, die Hütchen werden der Breite nach vorsichtig eingeschnitten und ganz leicht mit Salz bestreut. Dann werden sie mit einer Mischung gefüllt, die man aus einem verquirlten Ei, zwei Löffeln geriebenem Parmesankäse, einer Prise feingewiegter Petersilie sowie einer gehackten Knoblauchzehe zubereitet. Diese Füllung reicht für viele Pilze aus, denn für jeden braucht man nur ein kleines Löffelchen voll. Die so hergerichteten und mit einem Zahnstocher zusammengehaltenen Pilze werden mit Öl beträufelt und bei starker Hitze in der Backform gebraten. Unmittelbar vor dem Servieren kann man noch ein paar Butterflöckchen und noch mehr gehackte Petersilie daraufgeben.

Parmesan- und Trüffeltorte

Wenn Sie Parmesankäse und auch Trüffeln lieben, werden Sie feststellen, daß dieses Gericht nicht nur so etwas wie eine Energiebombe ist, sondern auch höchsten Genuß bereitet.
In eine mit Butter ausgestrichene Backform legt man eine Schicht in Scheibchen geschnittene weiße Trüffeln. Über die Trüffeln kommt eine Schicht Parmesankäsestreifen, dann eine zweite Schicht Trüffeln, wieder eine Schicht Parmesankäse. Sie können auch drei Schichten machen, wenn Sie den Gedanken verlockend finden. Man beträufelt alles mit Öl, stellt es für wenige Minuten in den Backofen, nur so lange, bis der Käse weich zu werden beginnt und sich mit den Trüffeln bindet. Aber wenn Sie meinen, das Gericht sei zu schwer, können Sie es auch so machen: Bereiten Sie eine Polenta zu (wie ich sie beschrieben habe), und nehmen Sie eine etwa ein Zentimeter dicke Scheibe davon, um daraus die erste Schicht in der Backform zu machen. Auf diese Polentaschicht legen Sie die Käse- und Trüffelschichten. Vielleicht schmeckt dann das Gericht sogar noch besser.

Kartoffelsalat

Die bescheidenen gekochten Kartoffeln sind eine ausgezeichnete Beilage zu sehr vielen Gerichten mit Saucen. Man ißt sie auch mit großem Genuß als Salat, mit Öl, Essig und Petersilie angemacht. Diese Art Würze kann noch vervollkommnet werden, indem man sie so anmacht, wie es in Italien auf dem Lande noch Brauch ist. Beschreibt man es, kommt es einem nicht wie etwas Besonderes vor; aber ich versichere Ihnen, es ist eine Art Magie darin.

Kochen Sie also die Kartoffeln in der Schale, pellen sie ab und schneiden sie in Scheiben, nicht zu dicke und nicht zu dünne. Verrühren Sie Essig und Öl, die Menge, die man normalerweise braucht, um die Kartoffeln kalt anzumachen, aber erhitzen Sie es in einem kleinen Pfännchen; dann geben Sie eine Handvoll feingewiegte Petersilie und eine oder zwei winzig klein gehackte Knoblauchzehen dazu. (Sie können den Knoblauch auch weglassen, aber das wäre schade!) Lassen Sie kurz aufkochen, und gießen Sie die Sauce sofort über die Kartoffeln. Was habe ich Ihnen gesagt? Es ist wirklich eine ganz einfache Sache, und doch wird der Salat auf diese Art sehr viel schmackhafter und würziger.

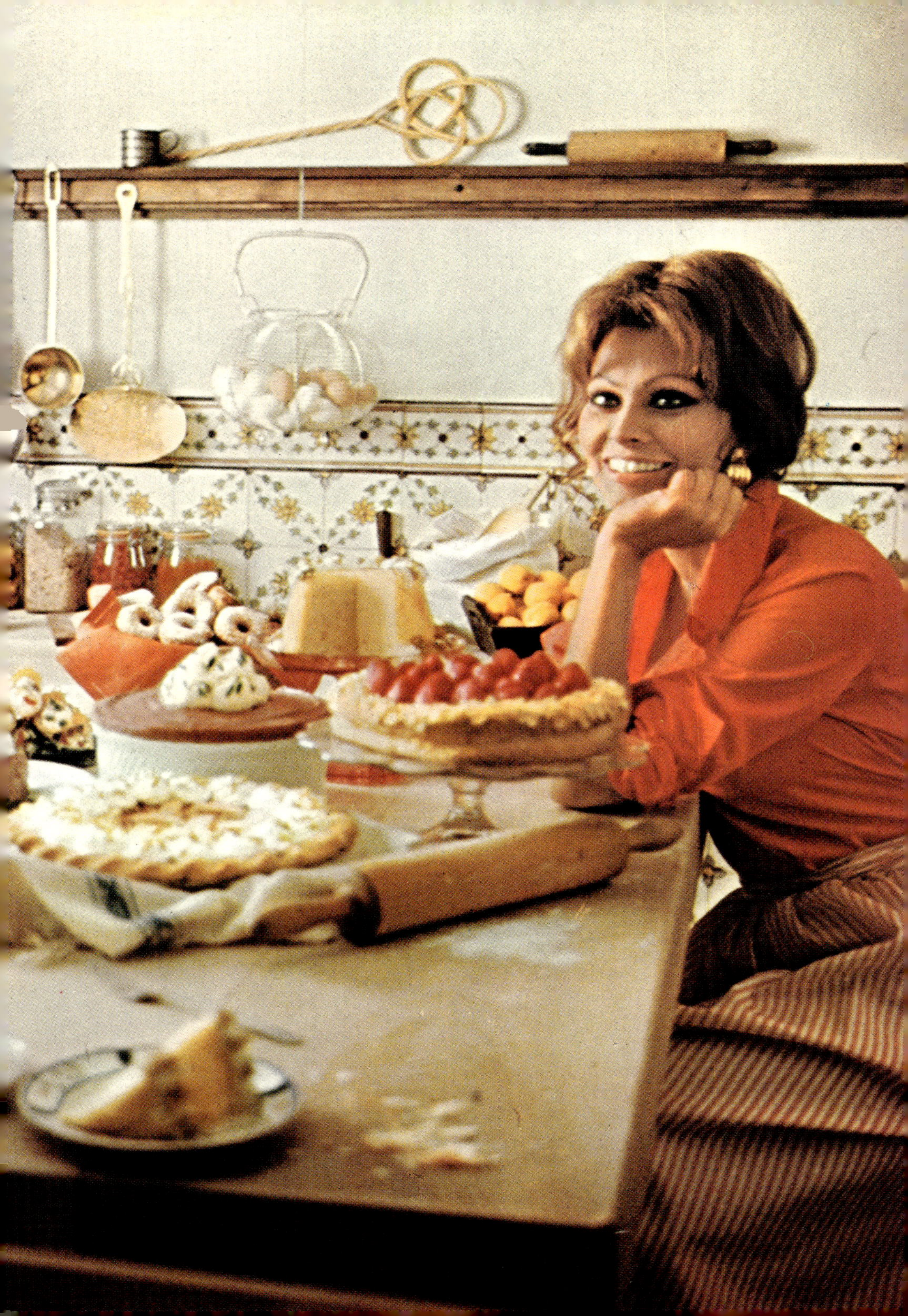

Sophias Ruhm:
die von ihr selbst im Haus zubereiteten Süssigkeiten.

(FOTO SOLDATI)

Süßspeisen

Ich weiß wohl, daß man heute zu Hause selten Süßspeisen selbst zubereitet. Es ist praktischer, sie schon fertig zu kaufen, nicht nur, um sich Zeit und Mühe zu ersparen, sondern vor allem auch deswegen, weil die Zuckerbäcker-Laboratorien besser ausgerüstet sind. Aber mir gefällt immer der Gedanke, eine Süßspeise eigenhändig zuzubereiten. Es ist etwas, was eine vertraute, häusliche Atmosphäre schafft, ein Gefühl von warmer Zuneigung und Freundschaft. Schön, wenn man zu jemandem sagen kann: „Diesen Nachtisch habe ich für dich gemacht, weil ich weiß, daß du ihn magst." Es ist eine nette Art, Liebe und Zuneigung zu zeigen, und vielleicht viel poetischer, als ein Geschenk zu machen oder eine im Laden an der Ecke gekaufte Schleckerei anzubieten. Ein schwieriger Augenblick, eine Spannung können mit einer solchen Geste oft freundlich überwunden werden. Meinen Sie nicht? Außerdem ist es lustig und entspannend, mit Zucker, Vanille und Schlagsahne in der Küche zu hantieren. Versäumen Sie also nicht, etwas Süßes zuzubereiten, zum Beispiel, bevor Sie ein paar Freunde zum Tee empfangen oder – noch wirkungsvoller – bevor Sie sich mit ihnen an den Pokertisch setzen.

Eierschnee

Die Eier, sagen wir sechs, werden aufgeklopft, das Gelbe vom Weißen getrennt, das Eiweiß mit dem Schneebesen geschlagen, wobei man ein Körnchen Salz und eine Prise Zucker hineingibt und so lange weiterschlägt, bis die Masse fest geworden ist. Unterdessen haben Sie ein Liter Milch in einem recht großen Topf aufs Feuer gestellt. Wenn die Milch kocht, geben Sie nach und nach löffelweise die Masse hinein: Sie werden sehen, daß diese „Schnee-Eier" noch etwas fester werden, und wenn Sie sie behutsam mit der Schaumkelle herausnehmen, sind sie ganz leicht, halten aber schön zusammen. Richten Sie sie auf einer Platte an, gießen Sie eine Creme darüber, die man aus der übriggebliebenen Milch und dem vorher beiseite gestellten Eigelb leicht zubereitet. Um dieser Creme einen charakteristischen Geschmack zu geben, können Sie noch ein Gläschen Kognak beifügen.

Schokoladen-Mousse

Ich gestehe Ihnen, dies ist die Süßspeise, die ich am liebsten mag und die der gefährlichste Feind meiner Schlankheitsdiät ist. Ich brauche sie nur zu sehen und kann nicht mehr widerstehen – wie der Teenager gegenüber dem erfahrenen, berufsmäßigen Verführer.
Zuerst bereite ich eine klassische Creme nach englischer Art zu. Ich

lasse ein Liter Milch zusammen mit 200 g Zucker und einem halben Vanillestengel aufkochen. In diese Milch, die ich vom Herd genommen habe, gebe ich das verquirlte und mit kalter Milch verrührte Gelb von zehn Eiern hinein. Dann stelle ich sie im Wasserbad wieder aufs Feuer und rühre immerfort mit dem Quirl (es ist auch zu empfehlen, vorher alles durchs Sieb zu gießen, um eventuell kleine Klümpchen zu entfernen). Sobald die Creme sämig zu werden beginnt, nehme ich den Topf vom Herd und lasse sie abkühlen. Dies ist, wie ich schon sagte, die klassische englische Creme. Doch jetzt fügen Sie 700 – 800 g geschlagene süße Sahne bei und geben ein paar Löffel bitteren, naturreinen Kakao dazu. Verrühren Sie alles kalt (die großen Küchenchefs machen das sogar auf einem Eisblock), bis die Masse schaumig wird. Das ist die Schokoladen-Mousse. Nun bleibt nichts weiter zu tun, als sie in eine große Glasschüssel zu füllen und in den Kühlschrank zu stellen.

„Bavarese" (Bayerischer Pudding auf italienische Art)

Der „Bavarese" ist in Wirklichkeit eine in ganz Italien weitverbreitete Süßspeise, vielleicht viel weiter verbreitet als in Bayern, von wo er seinen Namen bekommen hat. Es gibt eine lombardische Version davon, die vom berühmtesten Kochbuchautor, Pellegrino Artusi, vor fast einem Jahrhundert aufgezeichnet worden ist. Und es gibt auch noch andere Versionen davon. Ich kenne die folgende:

Lassen Sie sechs Eier kochen, bis sie hart, aber nicht allzu hart sind. Dann pellen Sie die Schale ab, nehmen das Eigelb heraus, verrühren es mit 100 g Butter, streichen es durchs Sieb, fügen 180 g Zucker und einen Teelöffel Vanille bei, rühren wieder alles um, geben zwei oder drei Löffel grob gehackte Walnüsse hinein und rühren die Masse so lange um, bis sie wirklich geschmeidig wird. Nun nehmen Sie eine Puddingform und träufeln Rum hinein. Außerdem nehmen Sie Biskuits (möglichst die sogenannten „Savoiards" – Löffelbiskuits – oder eine ähnliche Sorte) und beträufeln eine Hälfte mit Rum, die andere mit Alkermes (Mittel zum Rotfärben von Gelees, Säften und so weiter). Mit diesen Biskuits legen Sie den Boden und die Seitenwände der Puddingform aus. Dann gießen Sie die Masse hinein und decken sie mit Biskuits zu, die Sie wieder in Rum oder Alkermes getaucht haben. Lassen Sie den „Bavarese" einige Stunden im Kühlschrank erstarren.

Krokant

Von allen Süßspeisen, die mit Mandeln zubereitet werden, ist diese vielleicht am beliebtesten in Italien. Es ist sehr einfach, sie zuzubereiten. Aber man braucht dazu einen Kupfertopf, der nicht verzinnt ist und dessen Boden möglichst nicht flach, sondern ein wenig gewölbt ist.
Die Mandeln – etwa ein Kilo – übergießt man mit kochendem Wasser und läßt sie dann im Backofen auf dem Blech trocknen. Inzwischen stellt man den Kupfertopf mit einem Kilo Zucker und ein wenig Wasser aufs Feuer, nur so viel Wasser, daß der Zucker sich darin

auflöst. Sobald der Zucker eine rötliche Färbung annimmt, gibt man die Mandeln hinein. Dann vermengt man alles und rührt bei schwacher Hitze so lange um, bis der Zucker ein typisch sandiges Aussehen bekommt. Aber man muß immer weiterkochen, damit der Zucker bräunt und karamelisiert und die Mandeln einhüllt. Jetzt schüttet man die Masse auf eine dünn eingefettete Marmortischplatte, läßt sie abkühlen und schneidet sie in kleine Stücke.

Eine sehr beliebte Variante besteht darin, daß man in dem Augenblick, in dem man die Mandeln in den Topf schüttet, der Masse etwas geschmolzene Schokolade beigibt.

Pumpkin Pie

Ich mag alle Puddings sehr gern, aber den amerikanischen Pumpkin Pie liebe ich besonders, und zwar aus dem einfachen Grund, weil er mit Kürbis zubereitet wird. Man braucht dazu den sehr süßen Kürbis, den man auch in Italien vor allem in der Poebene findet, wo ich gelernt habe, wie man viele Gerichte macht und genießt. Jetzt sage ich Ihnen, wie ich diesen Pudding zubereite; hoffentlich mache ich keinen Fehler.

Sieben Sie eine Tasse weißes, mit einem Löffelchen Salz vermischtes Mehl. Dann vermengen Sie einen Löffel Butter mit einem Löffel Schweineschmalz oder anderem Fett, rühren sie geschmeidig und fügen sie bei. Nun verrühren Sie diese Masse gründlich, wobei Sie einen oder zwei Löffel lauwarmes Wasser zu Hilfe nehmen, und bereiten daraus einen nicht allzu dünnen Teig, mit dem Sie eine Tortenform auslegen. Dann wird die Creme hergestellt, die man in die Tortenform einfüllt, und zwar so: Bringen Sie ein viertel Liter Milch zum Sieden, geben Sie zwei Löffel Butter hinein, zwei Eigelb, 100 g Zucker, einen Teelöffel Zimt, eine Messerspitze Muskatnuß, eine Messerspitze gestoßene Gewürznelken, ein paar Körnchen Salz und eine Prise Ingwer. Diese Masse wird nun mit 250 g Kürbisfleisch (das man vorher in Schnitze geschnitten, im Backofen gebacken und durchs Sieb gestrichen hat, so daß ein Püree entstanden ist) in einer Schüssel vermengt. Verwenden Sie zum gründlichen Verrühren möglichst einen Schwingbesen aus Weidenruten und nicht aus Metall. Wenn die Masse schön weich und elastisch geworden ist, geben Sie, um Ihr Werk zu vollenden, zwei zu Schnee geschlagene Eiweiß hinein. Nun rühren Sie noch einmal alles gründlich um, gießen die Creme in die mit Teig ausgelegte Tortenform und stellen sie ungefähr zehn Minuten lang bei starker Hitze in den Backofen; dann lassen Sie bei mäßiger Hitze noch etwa eine halbe Stunde weiterbacken. Servieren Sie den Pudding lauwarm, nicht heiß. Schlagsahne paßt ausgezeichnet dazu.

„Bocconotti"

Auch diese Süßspeise gehört zum unerschöpflichen kulinarischen Reichtum meiner Heimatstadt Neapel und ganz Süditaliens. Man stellt einen süßen Teig her aus einem halben Kilo Mehl, 50 g Zucker und soviel Wasser, wie man braucht, um eine ziemlich weiche, aber immer noch feste Masse zu erhalten (um den Teig noch zu verbessern, kann man zwei oder drei Löffel Öl hineinrühren). Der Teig wird dünn, aber nicht allzu dünn, ausgerollt, dann sticht man Scheiben von etwa sechs bis acht Zentimeter Durchmesser aus. Auf jede Scheibe legt man einen Löffel voll Amarellen- oder Quittenmarmelade, dann klappt man die eine Hälfte über und drückt die Ränder zusammen, damit die „Bocconotti" die Form von Halbmonden bekommen. Man bepinselt noch mit Eigelb und stellt sie für ungefähr zwanzig Minuten in den Backofen.

Variante:
Man kann auch nur die Hälfte der „Bocconotti" mit Marmelade und die andere Hälfte mit einer beliebigen Creme füllen.

„Zeppole" (Brezel, Kringel)

Ich möchte Sie auch mit den „Zeppole" bekannt machen, die das Glück meiner Kindheit in Neapel waren, eine volkstümliche Süßspeise, die gut und fröhlich schmeckt und zur Fastnachtstradition gehört. Seitdem ich in Rom lebe, vergeht kein Jahr, ohne daß mir meine Tante Dora eine große Menge Zeppole aus Pozzuoli schickt – sie ist nämlich vollkommen überzeugt, daß ich ohne diese Süßigkeit eine schlimme Fastnacht voller trauriger Vorbedeutungen verleben würde. Deshalb erzähle ich Ihnen, wie meine Tante sie macht.
Stellen Sie ungefähr ein halbes Liter Wasser aufs Feuer. Warten Sie, bis es zu kochen beginnt, und schütten Sie unter ständigem Rühren ein halbes Kilo Mehl hinein (in Neapel macht man es so: auf soundso viel Becher Wasser soundso viel Becher Mehl), bis eine ziem-

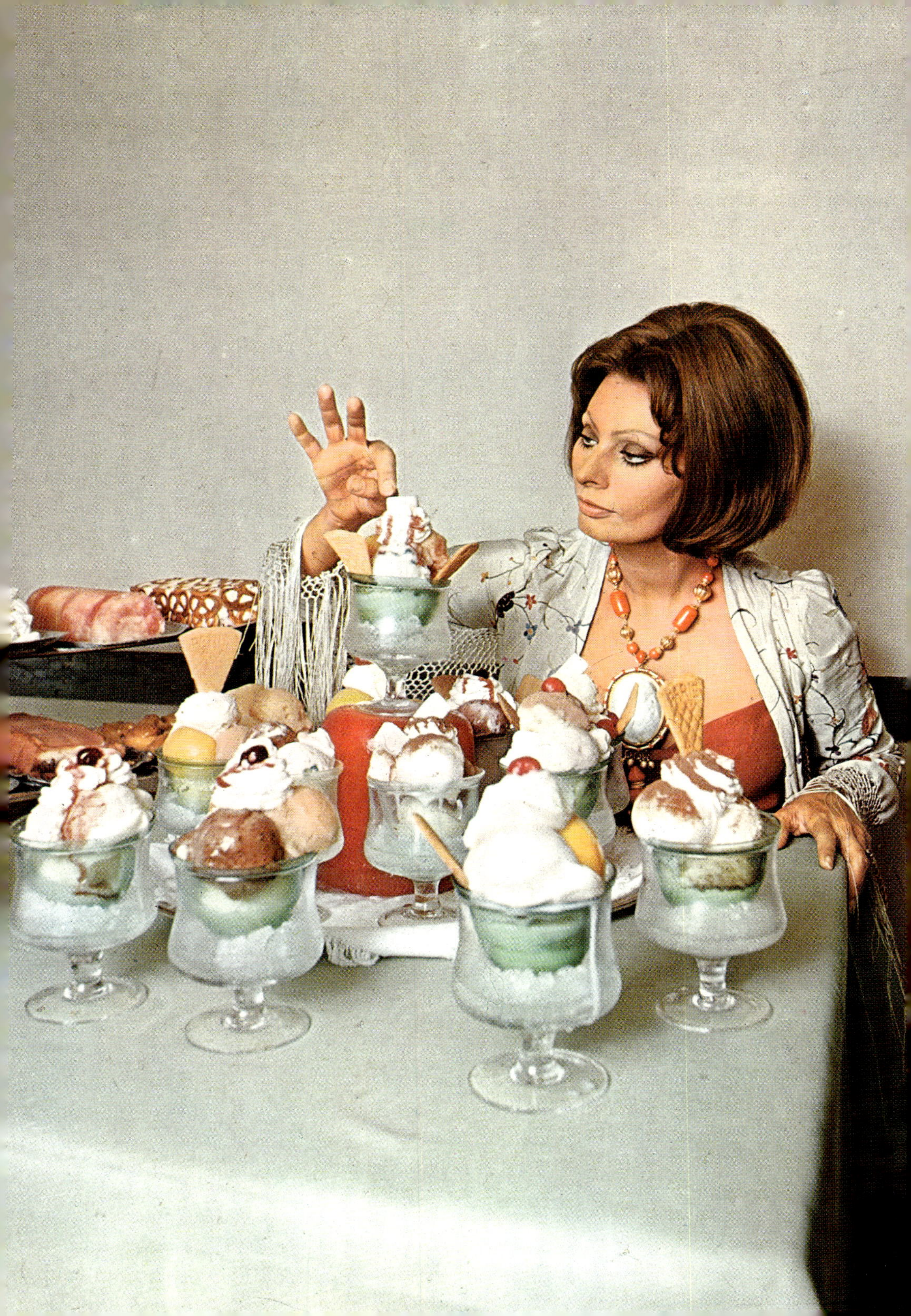

*Sophia schickt sich an, das Startzeichen
zum* flambé *einer ihrer Eistorten zu geben.*

(FOTO SOLDATI)

lich feste Masse entsteht, die man an einem Stück aus dem Topf löst, auf einer dünn eingeölten Marmortischplatte ausbreitet und so lange mit der Teigrolle bearbeitet, bis ein flacher Fladen entsteht, der mürbe und elastisch ist. Nun zerschneiden Sie diesen Fladen in fingerbreite Streifen von etwa zwanzig Zentimeter Länge, die Sie zu Brezeln oder Kringeln formen. Damit wäre das meiste getan. Diese Brezelchen, die Zeppole, werden in reichlich brutzelndem Öl bei nicht allzu starker Hitze gebacken. Wenn sie schön knusprig sind, nimmt man sie heraus, läßt sie abtropfen und legt sie in einen Teller, in dem Zucker und Zimt vermischt sind. Wenn man auch obendrauf noch Zucker und Zimt gestreut hat, sind sie fertig, und man kann sie auf den Tisch stellen.

Quarktorte

Der Tortenboden wird aus Mürbeteig gemacht, den man mit der Mischung aus Quark und anderen Zutaten bedeckt. Um den Mürbeteig zuzubereiten, vermischt man 200 g Mehl, 100 g Butter, 100 g Zucker, ein Ei und ein Eigelb, eine Prise Salz und das Abgeriebene einer Zitrone. Dieser Teig braucht nur wenig gerührt zu werden, weil er sonst zu elastisch wird. Wenn er allerdings auseinanderzufallen droht, kann man ihn etwas besser binden, indem man ein wenig kaltes Wasser beifügt. Dann wickelt man den Teig in ein Handtuch ein und läßt ihn mindestens eine Stunde ruhen. Unterdessen vermengt man in einer Schüssel ein halbes Kilo Quark mit 200 g Zucker, einem ganzen Ei und zwei Eigelb, zwei Löffeln Rosinen, zwei Löffeln Pinienkernen, abgeriebener Zitronenschale, einigen Würfelchen Orangeade und Zitronat. Die Mengen dieser Zutaten richten sich nach dem persönlichen Geschmack; denn die Torte verändert sich nicht, wenn ein bißchen mehr Zitronat, mehr Pinienkerne oder Rosinen darin sind; es muß nur alles gut verteilt sein. Schließlich teilt man den Mürbeteig in zwei Hälften, die man dünn ausrollt. Die eine verwendet man, um den Boden und die Seitenwände der Form auszulegen, die man vorher mit Butter ausgestrichen hat. Auf diesen Teig legt man nun die Füllung. Die andere Hälfte des Teigs schneidet man in schmale Streifen und legt sie kreuzweise auf die Füllung. Da von dieser zweiten Teighälfte etwas übrigbleibt, verwenden Sie es dafür, um eine schmale Rolle, eine Kordel, daraus zu drehen, die Sie rund um den Tortenrand legen. Nun bepinseln Sie die Kordel und die Teigstreifen mit verquirltem Ei und stellen die Form für eine halbe Stunde bei mittlerer Hitze in den Backofen. Servieren Sie die Torte kalt, nachdem Sie noch etwas Vanillezucker darübergestreut haben.

Quarkscheiben mit Orange

Diese sizilianische Süßspeise ist eine sehr vereinfachte Variante des Themas Cassata, Cannoli und so fort.
Man braucht nur den Quark mit Zucker, Orangeade und Zitronatwürfelchen zu vermengen. Für ein Kilo Quark reichen 200 g Zukker und eine Handvoll kandierte Früchte. Mit dieser Masse garnieren Sie Mürbeteigscheibchen, die Sie schon vorher zubereitet haben. Wenn Sie keine Lust haben, den Mürbeteig selbst herzustellen, können Sie

sich immer mit verschiedenen schon fertigen Biskuits oder Napfkuchen behelfen. Zuletzt reiben Sie über jede mit Quark garnierte Scheibe eine reichliche Menge frische Orangenschale. Es ist eine sehr einfache Süßspeise, wie Sie sehen; aber sie schmeckt sehr lecker und sieht auch wunderhübsch aus.

Gewürzter Quark

Die römische „Ricotta" (Quark) ist milde, aber sehr schmackhaft und bildet die Grundlage für viele Süßspeisen, nicht nur für die vorher beschriebene Quarktorte. Sie schmeckt auch ausgezeichnet unangemacht oder einfach nur auf vielerlei Arten gewürzt. Zum Beispiel habe ich sie so zum erstenmal Peter Sellers in meinem Haus in Marino in der Nähe von Rom vorgesetzt. Peter war so begeistert davon, daß er mich jetzt ohne Umstände immer um eine „Ricotta" bittet, wenn er bei mir zu Gast ist. Man legt den Quark in eine Schüssel, sagen wir ein halbes Kilo, dann streut man drei oder vier Löffel Zucker darüber (oder noch mehr, wenn Sie wollen; doch sollte man nicht übertreiben), dann die gleiche Menge bitteren Kakao und gießt ein paar Gläschen Kognak dazu. Man vermengt und verrührt alles und serviert.

Varianten:
Man kann den Quark nur mit Zucker und Zimt würzen oder auch mit Zucker, Zimt und irgendeinem aromatischen Likör (einem Fruchtschnaps, zum Beispiel), oder man würzt ihn mit Zucker, geröstetem, feingemahlenem Kaffee und Kognak.

Apfelküchlein nach römischer Art

Ich weiß, die amerikanischen Apfelküchlein schmecken köstlich. Aber ich mag auch die „nach römischer Art" sehr gern, und deshalb möchte ich Sie damit bekannt machen.
Die Äpfel sollten schön fleischig und fest sein. Man sticht das Kerngehäuse mit dem entsprechenden Werkzeug aus, schält die Äpfel, schneidet sie in Scheiben, legt sie in eine Schüssel, würzt sie mit Zucker und Likör (zum Beispiel Anis) und läßt sie eine halbe Stunde durchziehen. Unterdessen bereitet man den Teig zu: Für ein Kilo Äpfel braucht man 200 g Mehl, das man mit drei oder vier Gläsern kaltem Wasser verknetet, einen Teelöffel voll von demselben Likör, in dem die Äpfel durchweichen, und eine Prise Salz. Zum Schluß gibt man noch zwei zu steifem Eierschnee geschlagene Eiweiß dazu. In diesen Teig taucht man die Apfelscheiben ein, bevor man sie in die Pfanne mit viel brutzelndem Öl legt. Sobald jedes Küchlein knusprig goldgelb wird, nimmt man es heraus, läßt es sorgfältig abtropfen, streut Vanillezucker darüber und serviert die Küchlein schön heiß.

„Apfelbrot"

Vermengen Sie in einem Kochtopf 450 g Zucker mit 300 g kaltem Wasser und bringen es zum Kochen. Unterdessen schälen Sie 1200 g Äpfel, schneiden sie in ein halbes Zentimeter dicke Scheiben und stechen selbstverständlich die Kerngehäuse aus. Geben Sie die Äpfel in den Zuckersirup hinein, der sich im Topf gebildet hat, und lassen Sie sie ganz langsam bei schwacher Hitze dünsten, wobei sie dann und wann mit größter Vorsicht umgerührt werden müssen. Wenn sie beinahe gar sind, fügt man auch das Abgeriebene einer schönen Zitrone bei, 60 g Orangeade und 60 g Zitronat. Dann führen Sie ein letztes Mal um und nehmen den Topf vom Herd. Gießen Sie die Masse in eine Kuchenform, und lassen Sie sie ein paar Stunden erkalten. Vorm Servieren stellen Sie die Form mit Ihrem „Apfelbrot" ganz kurz in kochendes Wasser und stürzen es. Servieren Sie es erst, nachdem Sie Kirschsirup darübergeträufelt haben.

Erdbeertorte

Man macht einen Mürbeteig aus 200 g Mehl, 100 g Butter, 100 g Zucker, einem ganzen Ei sowie einem Eigelb, einer Prise Salz, dem Abgeriebenen einer halben Zitrone. Dann vermengt man alles gut, ohne es jedoch schaumig zu rühren. Wasser wird nur beigefügt, wenn man sieht, daß der Teig auseinanderzufallen droht. Nun wickelt man ihn in ein Tuch und läßt ihn an einem kühlen Ort ruhen. Nach dieser Ruhepause rollt man den Teig glatt, legt damit eine eingebutterte Springform aus und stellt sie in den Ofen. Bei dieser Torte muß tatsächlich der Teig allein backen, wie ich in einem berühmten Restaurant in Frankreich erfahren habe, als ich mich neugierig danach erkundigte (höchstens kann man, um sicher zu sein, daß der Teig nicht aufquillt, irgendeine beliebige Gemüsefüllung darauflegen, die man dann wieder abnimmt und wegwirft). Damit hätten wir also das „Gefäß": Wenn es innen und außen goldgelb und gar ist, verziert man es zuerst mit einer dünnen Schicht Johannisbeergelee, darauf legt man die Erdbeeren, am besten die kleinen, duftenden Walderdbeeren, und, wenn Sie meinen, noch Schlagsahne.

Himbeertorte

Bereiten Sie einen Teig zu aus 200 g Mehl, 100 g Butter, 60 g Zucker, einem Eigelb, einer Prise Salz und einer Löffelspitze Zimt. Mit diesem Teig legen Sie eine Springform aus und stellen sie etwa zwanzig Minuten in den Backofen. Dann bereiten Sie die folgende Creme zu: Stellen Sie drei Becher Milch mit einem Stengel Vanille in einem Topf aufs Feuer; verquirlen Sie drei Eier mit einem Löffel Zucker, und fügen Sie die Vanillemilch den Eiern bei. Verrühren Sie gut, und gießen Sie diese Creme auf den Tortenboden. Nun geben Sie auf die Creme eine Schicht Himbeeren, über die Sie noch einen Hauch Zucker streuen. Über das Ganze verteilen Sie schließlich noch zwei Eiweiß, die Sie mit zwei Löffeln Zucker zu Schnee geschlagen haben. Stellen Sie die Torte kurze Zeit in den Ofen, bis das Eiweiß wie Meringe (Schaumbaiser) wird, und servieren Sie.

Kastanienküchlein

Die Kastanien – etwa ein halbes Kilo – müssen zuerst geröstet werden. Dann, nachdem man sie aus der Schale gelöst hat, werden sie mit 100 g Zucker, einem halben Stengel Vanille und soviel Milch, bis sie damit bedeckt sind, aufgekocht. Wenn sie ganz weich sind, werden sie abgeschüttet und durch ein feines Sieb gestrichen. Das so entstandene Püree wird nun mit drei Eigelb und einem großen Stück Butter vermengt. Diese Masse zerteilt man in kleine Stücke, die man zu kleinen Pfannkuchen plattdrückt, in verquirltem Ei, dann in Paniermehl wälzt und in viel brutzelndem Öl bäckt. Zuletzt legt man sie auf ein Blatt Löschpapier. Bevor man serviert, bestreut man sie reichlich mit Zucker.

Kastanienrolle

Die Kastanien werden so zubereitet wie beim vorherigen Rezept: geröstet, geschält, dann mit Zucker und Vanille in Milch gekocht. Dann werden sie durchs Sieb gestrichen und mit ein wenig Likör gewürzt (wählen Sie selbst; ein Kirsch oder ein Apricot Brandy paßt ausgezeichnet dazu); schließlich formt man aus diesem Püree auf einem Bogen Ölpapier eine etwa ein Zentimeter dicke Scheibe. Auf diese Scheibe legt man eine zweite, etwas kleinere Scheibe aus Marmelade (die von der gleichen Frucht sein kann, aus der der Likör gemacht ist). Nun ist nichts weiter zu tun, als die beiden Scheiben ins Ölpapier einzurollen und ruhen zu lassen. Unmittelbar vorm Servieren entfernen Sie das Papier und schneiden die Rolle in Scheiben. Ein bißchen Schlagsahne paßt sehr gut dazu, wenn Sie wollen.

Gebratene Magnolienblüten

Dieses Gericht mag einem seltsam vorkommen, und doch gehört es zur klassischen Renaissancetradition. In manchen Gegenden Italiens wird es bei sehr raffinierten Essen noch gemacht. Es sind Blütenblätter, die hervorragend schmecken, das versichere ich Ihnen; aber die größte Schwierigkeit besteht darin, sie aufzutreiben. Bei meinem Haus in Marino, auf den „Colli romani", stehen drei riesige Magnolienbäume auf dem weiten Vorplatz vor dem Haupteingang. An Frühsommerabenden dringt ihr zarter und milder Duft bis in mein Schlafzimmer. Er kündigt Sonnentage, blauen Himmel, sattgrüne und farbenprächtige Pflanzen und schöne reife Früchte an. Man kann also wählen unter meinen Magnolien – und ich suche die aus, deren Blütenblätter ziemlich fleischig, aber weich sind. In der Küche behandle ich sie dann in folgender Weise: Aus 100 g Mehl, zwei Eiweiß und 100 g Zucker mache ich einen Teig, in den ich die Blütenblätter eintauche, ohne sie hineinfallen zu lassen, so daß sie überall bedeckt sind. Dann backe ich sie in reichlich Öl, bis sie goldgelb werden. Ich lege sie auf Löschpapier, damit es das Fett aufsaugt, und bestreue sie mit Zucker. Diese Magnolienblüten könnten eine prächtige Überraschung für Ihre Gäste sein.

Varianten:
Anstelle von Magnolienblüten können Sie auf die gleiche Weise Orangen- oder Akazienblüten oder Veilchen backen.

Bananenschiffchen

Ziemlich große und reife Bananen werden auf einer Seite geöffnet, ein Streifen Schale wird herausgeschnitten, so daß man das Bananenfleisch herausnehmen kann, ohne die übrige Schale, die die Form eines Schiffchens behält, zu sehr zu beschädigen. In einer Schüssel zerdrücken Sie das Fleisch von sechs Bananen, geben drei Löffel Zucker bei, etwas Zimt und ein Gläschen Rum (oder auch mehr, je nach Geschmack). Stellen Sie diese Mischung kalt. Inzwischen vermengen Sie in einer anderen Schüssel 150 g geraspelte Kokosnuß mit zwei Löffeln Zucker und zwei steifgeschlagenen Eiweiß. Wenn das Ganze geschmeidig ist, geben Sie das verrührte Bananenfleisch in diese Schüssel und vermischen alles, wobei Sie versuchen sollten, es mit leichter Hand zu tun. Mit dieser Mischung füllen Sie die Schiffchen, die Sie gut gewaschen und außen vielleicht sogar geschabt haben. Nun legen Sie sie in eine mit Butter ausgestrichene Backform und stellen sie ungefähr zehn Minuten in den Backofen. Dann werden die Schiffchen herausgenommen, mit reichlich Rum begossen, angezündet und serviert.

Melonen mit Erdbeeren

Eine kleine Melone pro Kopf. Man schneidet an der Seite des Stengels einen Deckel ab, nimmt nach und nach Samen und Fruchtfleisch heraus (wobei man einen silbernen Löffel verwenden muß, weil das Fleisch sonst schwarz wird), zerschneidet das herausgeschälte Fleisch in Würfelchen (oder formt Kügelchen, wofür es ein besonderes Werkzeug gibt), legt ein paar davon wieder in die Melone hinein und streut Zucker darauf. Nun macht man eine Schicht aus kleinen Erdbeeren (die größeren schneidet man in Stücke), über die man einige Tropfen Zitronensaft träufelt. Fahren Sie fort mit einer Schicht Melonenwürfel, Zucker, Erdbeeren, Zitronensaft. Zum Schluß befeuchten Sie alles mit Alkohol, Kognak, weißem Rum oder mit einem Kirsch- oder Aprikosenlikör. Nun legen Sie den zuvor abgeschnittenen Deckel wieder an seinen Platz. Stellen Sie die Melonen bis zum Servieren in den Kühlschrank.

„Gelu 'i muluni" (Gefrorene Wassermelone)

In Sizilien, ganz besonders in Palermo, macht man dieses zauberhafte Dessert.
Dazu braucht man das Fleisch einer gerade richtig ausgereiften Was-

sermelone: Man streicht es durchs Sieb und gibt es in einen Topf – es mögen drei oder vier Kilo sein – mit 750 g Zucker und 250 g Stärkemehl. Man verrührt alles gut und läßt es wenige Minuten aufkochen. Dann nimmt man es vom Herd, gibt ein kleines Päckchen Vanille hinein, 50 g Schokoladenstückchen, 50 g Zitronat und Orangeade sowie 100 g ausgekochte, geschälte und grob gehackte Pistazien. Man rührt noch einmal gut um, damit alles sich gleichmäßig verteilt, füllt es in eine feste Form und stellt es mindestens drei Stunden in den Kühlschrank.

Süße „Tarallucci"

Diese Tarallucci sind so etwas wie Kringel oder Ringe. In Neapel sind sie mit der Vorstellung von Festen und Vergnügungen verbunden. Es gibt sogar ein volkstümliches Sprichwort, mit dem man zum Ausdruck bringt, daß sich alles in Wohlgefallen aufgelöst hat: „Tutto è finito a tarallucci e vino" – bei Tarallucci und Wein ist alles wieder gut.
Tarallucci werden so zubereitet: In einer Schüssel vermengt man drei Eier, einen Löffel Zucker und einen Löffel Likör (Kirsch oder Slibowitz oder einen anderen Fruchtschnaps). Dann fügt man 300 g Mehl bei, verknetet alles zu einem Teig und mischt noch einen halben Teelöffel Vanille und ein Löffelchen Zimt hinein. Den ziemlich fest gewordenen Teig zerschneidet man in schmale Streifen, die man zu Kringeln oder Ringen an den Enden zusammenfügt. Dann bäckt man sie in reichlich brutzelndem Olivenöl.

Anmerkung: Eine Verfeinerung besteht darin, daß man die Tarallucci herausnimmt, wenn sie erst halb gar sind, mit der Messerspitze ringsherum einritzt und wieder ins brutzelnde Öl zurücklegt. Zum Schluß läßt man sie auf Löschpapier trocknen. Kalt schmecken sie sogar noch besser als warm.

Zabaione

In Italien, besonders im Süden, ist es Brauch, ein jungvermähltes Paar mit einer scherzhaften Anspielung zu feiern: Überall, wo die beiden eingeladen oder empfangen werden, bietet man ihnen einen schönen „Zabaione" an. Damit gibt man zu verstehen, daß die Frischvermählten es nötig haben, wieder zu Kräften zu kommen in diesen Tagen der „liebevollen Überforderung". Aus demselben Grunde kann man gelegentlich bei uns in einer Bar beobachten, wie ein junger Mann mit lauter Stimme einen Zabaione verlangt und dabei stolz um sich blickt, um zu verstehen zu geben, daß er gerade von einem leidenschaftlichen Liebesabenteuer kommt. Vielleicht stimmt es gar nicht, und er will sich nur aufspielen; aber es bleibt doch eine Tatsache, daß der „Zabaione" als ein besonders wirksames Stärkungsmittel angesehen wird.

Am besten bereitet man einen Zabaione, meiner Meinung nach, im Wasserbad zu. Schlagen Sie vier Eigelb in eine Schüssel, geben Sie 100 g Zucker und einen knappen Löffel Wasser hinein, und verrühren Sie alles gründlich, wie gesagt, im Wasserbad. Wenn Sie sehen, daß die Masse geschmeidig und glatt wird, fügen Sie etwas Marsala hinzu, ungefähr ein halbes Glas: aber nicht alles auf einmal, sondern nach und nach unter ständigem Rühren. Dann schlagen Sie alles kräftig mit dem Schwingbesen, bis das Gemisch schaumig wird. Einige geben außer dem Marsala auch noch eine Prise Zimt hinein; und ich finde, daß es sehr gut dazu paßt. Mit Zabaione kann man auch gut Biskuitrollen füllen; jedenfalls werden Sie mit dieser Süßspeise immer unbestrittenen Erfolg haben.

Mein Mann ist eine „Roulade"

Im Verlauf einiger Gespräche mit Schriftstellern oder Journalisten, denen ich mein Leben erzählte, habe ich mich mehrmals dabei ertappt, daß ich von einer ebenso alten wie harmlosen Marotte von mir sprach, nämlich der, den Menschen, die ich gern habe oder die mich interessieren, den Spitznamen einer bestimmten Speise zu geben. Seit langem nenne ich zum Beispiel Carlo Ponti, meinen Mann, „Roulade" (und auf den Seiten dieses Buches können Sie feststellen, wie gern ich dieses Gericht mag!). Aber auch bei meinen Freundschaften oder zufälligen Begegnungen bin ich geneigt, eine bestimmte Person sofort mit einem Gericht in Verbindung zu bringen.
Da es sich immer um Leute handelt, die mir gefallen, und da es etwas Positives bedeutet, wenn ich sie „Fettuccine" oder „Zeppole" oder „Frittata" nenne, haben meine Interviewer oft eine psychoanalytische Interpretation daraus abgeleitet. Eine Interpretation, die mich überzeugt, und zwar diese: Meine frühe Kindheit während des Krieges und die Entbehrungen, unter denen ich in jener Zeit gelitten habe, müssen mir einen unbedingten Respekt vor der Nahrung eingeimpft haben, nach der es einen so sehnlich verlangte und die in jenen Jahren doch nur mühsam aufzutreiben war.
Und es trifft auch noch etwas anderes zu. Alle Etappen meines Lebens und meiner beruflichen Karriere sind von meinem verbissenen Willen gekennzeichnet, Geborgenheit und Sicherheit zu erlangen. Ich habe viel kämpfen müssen, besonders im Bereich meines Privatlebens; aber jedesmal habe ich das errungen, was ich wollte, und es handelte

sich nie um Launen oder Hirngespinste. Die Nahrung ist das Symbol für Sicherheit, das mich immer begleitet hat und mir heilig geworden ist.

Wenn Sie mir eines Tages begegnen, sei es am Kochherd oder Ellbogen an Ellbogen auf einer Party oder am Arbeitsplatz – und wenn ich Sie dann unversehens „Bratkartöffelchen" oder „Schinken" oder „gefüllter Truthahn" nenne oder Sie mit dem Namen irgendeines anderen Gerichts rufe, dann müssen Sie sich an die Seiten dieses Buches erinnern und wissen, daß Sie mir sofort sympathisch gewesen sind.

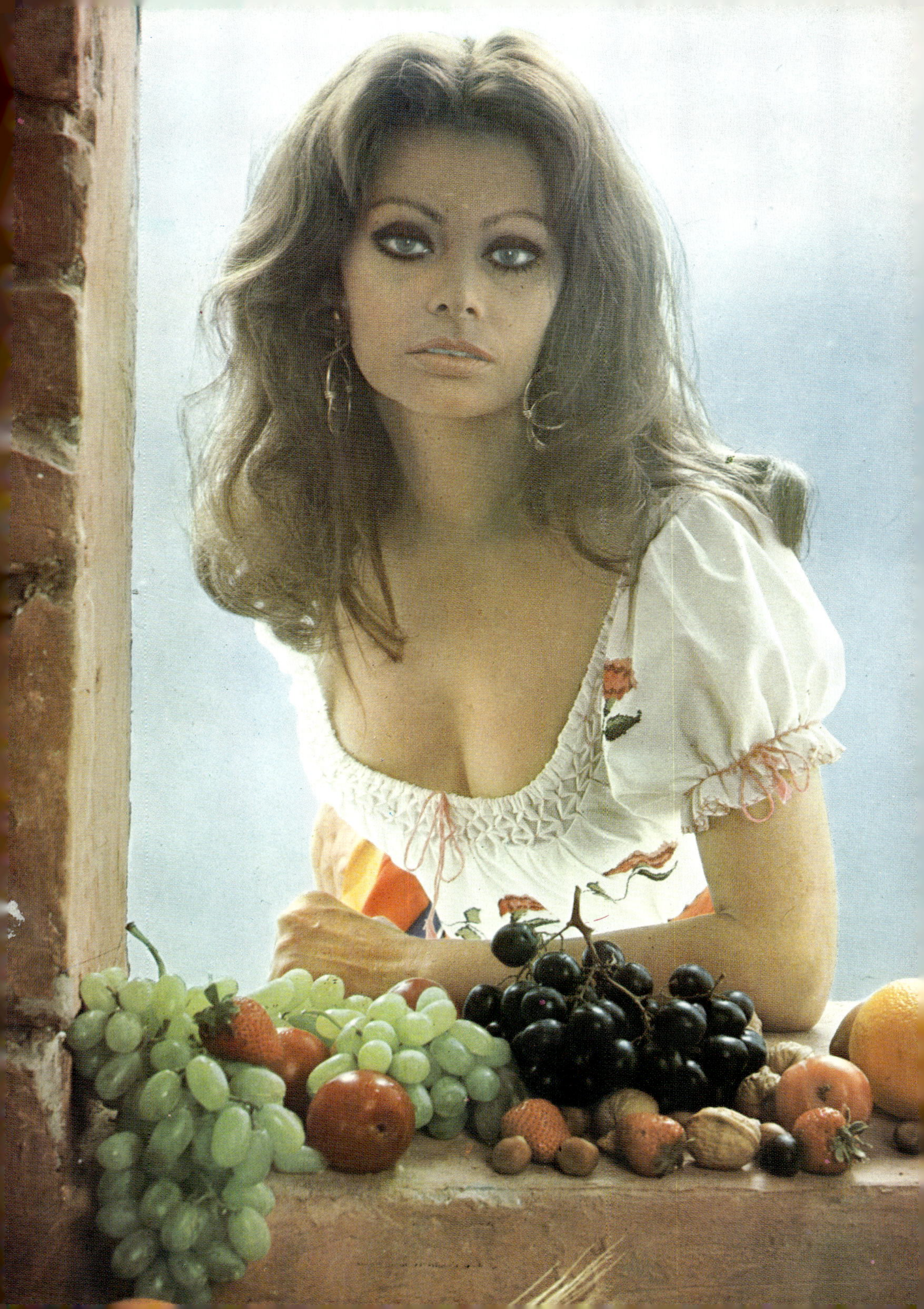

*Sophia wie gemalt:
Dame mit Früchten.*

(FOTO SECCHIAROLI)

Meine Rezepte
von A(al am Spieß) bis Z(wiebelpâté)

Aal am Spieß	178
Aal auf Holzkohlenglut	177
Aal in Tomatensauce	180
Aal, marinierter	179
„Apfelbrot"	320
Apfelküchlein nach römischer Art	320
Artischocken nach römischer Art	287
Artischocken und harte Eier	26
Auberginen „a scapece"	278
Auberginen, gebratene	277
Auberginen, panierte	278
Auberginenpilzchen	274
Austernspießchen	170
Avocados, pikante	33
Baccalà „alla vizcayna"	184
Baccalà, gebratener	182
Baccalà, geschnittener, mit Tomaten	183
Baccalà im Salat	182
Baccalà nach Livorner Art	183
„Baccalà" vom Grill	180
Bananenschiffchen	325
Bandnudeln mit scharfer Knoblauchsauce (Trenette mit „Pesto")	59
„Barbecue"-Saucen	205
„Bavarese" (Bayerischer Pudding auf italienische Art)	310
Beefsteak mit Kapernsauce	205
Beefsteak mit Pilzen	202
Beefsteak mit Zwiebeln	202
Blumenkohl nach alter Art	288
Blumenkohlminestra	123
„Bocconotti"	313
Bohnen in der Pfanne mit Tomaten	283
Bohnen mit Kaviar	27
Bohnen mit Schwarte	129
Bohnen, weiße, mit Schweineschinken	293
„Braciola"	195
Brotschnitten, geröstete, mit Auberginenmayonnaise	16
„Bruschetta"	24
„Bucatini alla matriciana" (Hohlnudeln nach Amatricianer Art)	62
„Busecca" (Fleck, Kutteln nach Mailänder Art)	230
„Caponata"	28
Chateaubriand	207
Chateaubriand, mariniertes	208
Curryhuhn	244
Eier mit Tomaten	271
Eier und Curry	271
Eierkuchen mit Artischocken	273
Eierkuchen mit Nierchen	274
Eierkuchen mit Nieren	233
Eierkuchen mit Zucchetti	272
Eierkuchen mit Zucchettiblüten	272
Eierschnee	309
Eierschwämmchensalat und Gruyère	18
Endivien mit Sardellen	292
Endivien mit Schinkenspeck	291
Ente mit Orangen	256
Erbsen mit Ei	290
Erbsen mit Schinken	294
Erbsenminestra	124
Erdbeertorte	321
Fasan, gebratener	251
Fasan in der Sauce	253
Fasan in Kastaniensauce	255

Fasan, in Ton eingehüllt	254
Fenchel mit Kräuteressig	294
Fettuccine, Lasagne und Tagliatelle	81
Fettuccine mit viererlei Käse	83
Filet à la Loren	35
Fisch im Backofen mit Fleischsauce	173
Fisch vom Grill	169
Fischsalat	171
Fischsalat, polynesischer	171
Fleisch, gekochtes	198
Fleischkloß nach orientalischer Art	214
Fleischklößchen	213
Fleischragout nach Genueser Art	191
Fleischragout nach neapolitanischer Art	191
„Fonduta"	130
Frizon	298
Gans, gebratene	260
„Gelu 'i muluni" (Gefrorene Wassermelone)	326
Gemüsetorte aus der Lombardei	300
Gemüsetorte aus Emilia	299
Gnocchi	93
Gnocchi, grüne	94
Gnocchi mit Gorgonzola	94
Gnocchi nach römischer Art	98
Hasenpfeffer	264
Himbeertorte	322
Hohlnudeln nach Amatricianer Art	62
Huhn am Spieß	237
Huhn, gefülltes (wie Spanferkel zubereitet)	241
Hühnchen „alla diavola"	237
Hühnchen (oder Kaninchen) nach Jägerart mit Peperoni (Pfefferschoten)	238
Hühner- oder Kaninchenfrikassee	242
Hummercocktail	172
Kalbfleisch „alla pizzaiola"	215
Kalbfleisch „Piccatine"	215
Kalbsbraten im Backofen	214
Kalbsbraten mit Thunfischsauce	217
Kalbs-„Scaloppine" („Escalopes")	217
Kaninchen in Tomatensauce nach neapolitanischer Art	263
Kaninchen, süßsauer	262
Kapaun, gefüllter, gekocht	246
Kapaun, gekocht	245
Karotten mit Ei	284
Kartoffeln, gefüllte	297
Kartoffelsalat	304
Kastanienküchlein	323
Kastanienrolle	323
Kotelett nach Bologneser Art	209
Kotelett nach Mailänder Art	208
Krebssalat mit Äpfeln	18
Krokant	311
Kürbisse, marinierte kleine	27
Lachsschaum in Schälchen	16
Lammbraten im Backofen mit Erbsen und Ei	225
Lammgulasch mit Erbsen	224
Languste mit Portwein	175
Lasagne, grüne	87
Lasagne im Backofen	84
Leber nach venezianischer Art	229
Magnolienblüten, gebratene	324
Maisschnitten	154
Maisschnitten mit Nieren	155
Mechoui	227
Meerrettichschnitten	17
Melonen mit Erdbeeren	326
Minestra mit Teigwaren und Kartoffeln	123
Minestrone	124
Minestrone mit Reis oder Teigwaren	125
Mussaka	226
„Napoletanine"	34
Neapolitanische Schnitten	23
Nieren mit Schweinebauch	231

Nieren nach Carnacina	232
Nudelauflauf Nr. 1	68
Nudelauflauf Nr. 2	70
Nudeln mit Ei überbacken	71
Parmesan- und Trüffeltorte	303
Parmigiana	300
Passatelli	89
Pasteten mit Krabbenfüllung	22
Peperoni, gebratene	279
Peperoni, geröstete	280
Peperoni in der Pfanne mit Kapern und Oliven	279
Peperoni, mit Auberginen gefüllt	281
Peperoni, mit Spaghetti gefüllt	281
Perlhuhn mit Reisfüllung	247
„Peveradasauce"	206
Pilze auf Weinblättern	302
Pilze, gefüllte	302
Pizza, gebratene, auf einfache Art	144
Pizza, gebratene neapolitanische	143
Pizza im Backofen Nr. 1	147
Pizza im Backofen Nr. 2	148
Pizza, kleine, mit Salsiz (Hartwurst)	145
Pizza mit Krausblattsalat	146
Pizza mit Mozzarella und Sardellen	145
Pizza mit Quark	147
Polenta	153
Polenta mit Gorgonzola	156
Polenta-Auflauf	157
„Porchetta"	219
Pumpkin Pie	312
Quark, gewürzter	319
Quarkscheiben mit Orange	318
Quarktorte	317
„Ratatouille"	32
Rebhühner in der Pfanne	261
Reis nach Fischerinnenart (mit Krabben und Venusmuscheln)	108
Reis nach Genueser Art	107
Reissalat	107

Rindfleisch, gekochtes, „alla pizzaiola"	200
Rindfleisch, gekochtes, mit Tomaten	200
Rindfleischragout	211
Rindfleischspießchen mit Trüffeln	197
Rindsgulasch mit Kartoffeln	212
Risotto nach Mailänder Art	110
Roastbeef	197
Roastbeef im Salz	201
Roquefortcreme	24
Roquefortsauce	207
„Rotolone" (Große Rolle)	92
Rouladen	195
Salat aus Mozzarella (oder frischem Weichkäse) und Tomaten	25
„Saltimbocca alla romana"	216
Sandwiches	36
Sardinen „a beccafico"	176
Schlackwurst „im Hemd"	220
Schmorbraten mit Pilzen	210
Schokoladen-Mousse	309
Schweinsfuß, gefüllter, mit Linsen	223
Schweinsragout	218
Sellerieschiffchen Nr. 1	15
Sellerieschiffchen Nr. 2	15
Spaghetti „alla carbonara" (nach Köhlerinnenart)	63
Spaghetti, Knoblauch und Öl	51
Spaghetti mit Artischockensauce	58
Spaghetti mit Lorbeer	57
Spaghetti mit Pilzsauce	59
Spaghetti mit rohem Tomatensaft	50
Spaghetti mit Sardellenbutter	53
Spaghetti mit Tomaten	49
Spaghetti, zerbrochene, mit Zucchetti	54
Spargel mit Käse	292
Spießchen	23
Spießchen nach Seemannsart	170
„Supplì"	111
Tagliatelle mit Ragout nach Bologneser Art	88
Tagliatelle mit Trüffeln	87

„Tarallucci", süße	327
Tarato	282
Teigwaren im Backofen	68
Teigwaren mit Auberginen	64
Teigwaren mit Kichererbsen	126
Teigwaren und Bohnen	127
Teigwaren und Linsen	128
Thunfischfrikadellen	21
„Tiella" von Reis, Kartoffeln und Miesmuscheln	115
Tomaten, gefüllte	287
Tortellini (Gefüllte Teigringe)	90
Truthahn, gebratener	248
Truthahnbrust, gefüllte	249
Truthahnbrust nach Bologneser Art	250
Vermicelli mit Sauce à la Sophia	60
Vermicelli mit Venusmuscheln	52
Wachteln, gebratene	261
Wassermelone, gefrorene („Gelu 'i muluni")	326
Zabaione	328
„Zeppole" (Brezel, Kringel)	314
Zucchetti, gefüllte	290
Zucchetti in Eiersauce	289
Zucchine oder Zucchetti „a scapece" (Marinierte kleine Kürbisse)	27
Zwiebeln, süßsauer	283
Zwiebelpâté	21

Was dieses Buch bringt

Ich bitte zu Tisch	9
Vorspeisen/Partygerichte	13
Wenn man an den Gast denkt...	41
Teigwaren	43
Die acht Gebote fürs Teigwarenkochen	45
Phantasie und unverfälschte Speisen	73
Hausmachernudeln	79
Von den Tischmanieren und vom Rauchen	101
Reis	105
Von Tischmanieren und den Händen	117
Minestra (Gemüsesuppe)	121
Wenn es viele Gäste sind...	135
Pizza	139
Auch das Auge will seinen Teil	149
Mais	151
Vom Wein	161
Fisch	167
Der unbeschreibliche Geschmack	185
Fleisch	189
Wild und Geflügel	235
Ehemänner am Herd	267
Eier und Gemüse	269
Süßspeisen	307
Mein Mann ist eine „Roulade"	331